ԳՐԱԿԱՆԱՇՈՒՆՉ
ՊՏՈՅՏ՝
ԱՅԲՈՒԲԵՆԻ ՏԱՌԵՐՈՒՆ ՀԵՏ

- *Ուղղագրական կանոններ*
- *Բառագիտութիւն*
- *Կէտադրութիւն*

Գիրքը կը պարունակէ հայերէնի դասական ուղղագրութեան վերաբերեալ քերականական որոշ կանոններ եւ բացատրութիւններ, որոնք կը միտին հարթել արեւմտահայերէնի նմանահնչիւն տառերէն ծնունդ առնող ուղղագրական բարդութիւնները: Առանձին գլուխով բացատրուած է հայերէնի կէտադրական համակարգը ամբողջովին: Բազմաթիւ օրինակներով ցոյց տրուած է նաեւ բառերու ստուգաբանութիւնը կատարելու մեթոտը:
Ուղեցոյցը նախատեսուած է հասարակական լայն գործածութեան համար: Անկէ կրնան օգտուիլ մանաւանդ սփիւռքահայ դպրոցներու ուսանողներն ու ուսուցիչները, խմբագիրներ, մամլոյ աշխատակիցներ ու գրասէրներ:

Ճառոյեան Լեւոն
Գրականաշունչ պտոյտ՝
այբուբենի տառերուն հետ

ՀՏԴ 811.19
ԳՄԴ 81.51
Ճ 326

ISBN 978-9939-0-3999-2

ՍՈՅՆ ՀԱՏՈՐԸ ԼՈՅՍ Կ'ԸՆԾԱՅՈՒԻ

ԱՄԵՐԻԿԱՅԻ

ՀԱՅ ԱՒԵՏԱՐԱՆՉԱԿԱՆ ԸՆԿԵՐԱԿՑՈՒԹԵԱՆ (AMAA)

ԽՐԱԽՈՒՍԱՆՔՈՎ ԵՒ ՆԻՒԹԱԿԱՆ ԱՋԱԿՑՈՒԹԵԱՄԲ:

Հեղինակը իր երախտիքը կը յայտնէ AMAA-ի գործադիր փնօրէն փիար Զաւէն Խանճեանի, որուն սրտին մէջ մասնայատուկ տեղ կը գրաւեն հայ դպրոցն ու հայ ուսանողը:

ԻԲՐԵՒ ՆԱԽԱԲԱՆ

Քերականական այս համեստ աշխատանքը ծնունդ առաւ գոհացում տալու համար սուր պահանջքի մը։

Ուսուցչական իմ երկարամեայ պաշտօնավարութեան ընթացքին մի՛շտ ցաւով անդրադարձած եմ, թէ հայկական երկրորդական վարժարաններու բարձրագոյն կարգերու մեր սիրելի տղաքն ու աղջիկները, որոնք թեկնածու են շրջանաւարտութեան, ջախջախիչ մեծամասնութեամբ իրենց մայրենի լեզուն անթերի ուղղագրութեամբ գրելու անկարող են։

Մեր այս տղաքը, յաճախ, չեն գոհացներ մեր ակնկալիքներուն նուազագոյն տոկոսն իսկ։ Կը գրեն առանց տրամաբանութեան, առանց բառապատկերներու յիշողութեան, առանց յենարան ունենալու ո՛րեւէ գիտական կամ քերականական կանոն։ Կը գրեն «ըստ կամս»...։ Հետեւաբար, կը շշմեցնեն մեզ ու կը խոցեն մեր սիրտը՝ ամէնէն շատ գործածուած ու առօրեայ խօսակցութեանց մէջ օգտագործուող բառերո՛ւ իսկ սխալագրութեամբ։ Ընդվզում կը յառաջացնեն մեր մօտ՝ նոյնիսկ բայերու խոնարհումի կաղապարտիպ վերջաւորութիւններուն կամ գոյականներու հոլովաձեւերուն ուղղագրութեանց կոպիտ խախտումներով...։

Ուղղագրութիւնը հի՛մքն է գրաւոր լեզուին։

Ընդունինք, որ արեւմտահայ-սփիւռքահայ մեր իրականութեան մէջ՝ հայերէնի ուղղագրութիւնը լուրջ դժուարութիւններու դէմյանդիման կը բերէ մեզ։ Ասիկա, մասամբ, եթէ արդիւնքն է այբուբենի բաղաձայն շարք մը գիրերուն հնչիւնային հարազատութեան աղաւաղումին (դարերու հոլովոյթով յառաջացած կամքէ անկախ պատճառ մը), միւս կողմէ ալ՝ բնական հետեւանքն է մեր դպրոցներէն ներս ուղղագրութեան դասերուն հետեւողական նուազումին կամ առհասարակ «ուղղագրութիւն» հասկացութեան նկատմամբ ցուցաբերուած պաշտօնական անտեսումին, արհամարհանքին։

Ճիշդ այս կէտէն մեկնելով՝ ներկայ ուղեցոյցը կը փորձէ օժանդակ գործիք մը դառնալ ուսանողին ու դասատուին ձեռքը հաւասարապէս, բառնալ կարենալու համար բոլորս տագնապեցնող ուղղագրական գլխաւոր ու հիմնական դժուարութիւնները, այնքան՝ որքան կարելի է։

Սփիւռքեան մեր քերականութեան դասագիրքերուն մէջ, ընդհանրապէս, առանձին գլուխի մը տակ, համառօտ տրուած են արդէն ուղղագրական կանոններ, բացատրուած են օրէնքներ։ Հայերէնաւանդ մեր հմուտ ուսուցիչներէն ոմանք ալ, գնահատելի նախաձեռնութեամբ, պատրաստած ու հրատարակած են ուղղագրական փոքրածաւալ ուղեցոյցներ, միշտ օգտակար ու բարերար։

Ներկայ ուղեցոյցը, սակայն, քիչ մը կը տարբերի իր նախորդներէն՝ նախ իր բնոյթով, ապա նաեւ նիւթին մերձենալու իր սկզբունքով։

Ինչպէս արդէն ուղեցոյցին խորագիրը կ՚ըսէ, այս ձեռնարկը «գրականաշունչ պտոյտ» մըն է ուղղագրութեան, կէտադրութեան ու մասամբ ալ բառագիտութեան անդաստանին մէջ։ Զոր ու ցամաք «օրէնսգիրք» մը չէ ան, այլ գերազանցապէս **ԸՆԹԵՐՑՈՒՄԻ ԳԻՐՔ ՄԸ***, ուր մատչելի լեզուով ու դիւրահասկնալի բացատրութիւններով սեւեռումի կ՚ենթարկուին մեր այբուբենէն 21 տառեր՝ իրենց յարուցած ուղղագրական բարդութիւններով։ Այս երկու տասնեակ տառերը, զոյգ առ զոյգ վերցուած, այբուբենի այն գիրերն են, որոնք ուղղագրական համակարգին մէջ նմանահնչիւն են. բաղաձայններէն՝* **Բ-Փ, Գ-Ք, Դ-Թ, Հ-Յ, Ձ-Ց, Չ-Ջ, Ռ-Ր, Վ-Ւ***, իսկ ձայնաւորներէն՝* **Ե-Է** *եւ* **Ո-Օ***, որոնց վրայ իբրեւ 21-րդ տառ կ՚աւելնայ «Ը» գիրը, որ չփոթի առարկայ կը դառնայ իր ստուերին՝ «սուղ ըմ»-ին սարքած խաղերուն պատճառաւ...։*

Ինչպէս պիտի նկատէ ընթերցողը, տառերու հետ այս պտոյտը մէկ կողմէ պիտի փորձէ սրբագրել մեր ուղղագրական սխալները եւ նուազագոյնի իջեցնել զանոնք, միւս կողմէ ալ պիտի առաջնորդէ մեզ դէպի մեր լեզուին խորհրդաւոր ոլորտները։ Տեղ մը՝ բառերու իմաստի ճշդում, այլ տեղ՝ ստուգաբանութիւն, տեղ մը՝ հարցում, անոր կողքին՝ կատակախառն պատասխան մը, տեղ մը՝ առնչակից գրական տեղեկութեան մը մատուցում, այլ առիթով մը՝ հայեացք դէպի պատմութիւն...։ Իսկ վերջին 20 էջերուն մէջ՝ գործնական կէտադրութիւն։

Այս ամբողջը՝ ի սէր մեր լեզուական գանձարանին վերապրումին ու յաւերժացման։

*

Ամէն տարի, աշնան, երբ կը հնչէ զանգը վերամուտին ու դպրոցները կը վերաբանան իրենց դռները, ես մտքով կը թռչիմ դէպի սփիւռքի հայկական վարժարանները։

Կ՚ուզեմ ուղեկցիլ բոլոր կարգերու հայ աշակերտներուն ու անոնց հետ թեւանցուկ՝ մտնել դասասենեակ ու ներկայ ըլլալ բացառապէս հայերէն լեզուի դասապահերուն։

Հայկական վարժարաններէ ներս, մեզի համար, ամէնէն էական դասապահերը հայերէնի պահերն են, ուր իրարու կը հանդիպին հայ աշակերտն ու հայերէնաւանդ ուսուցիչը՝ զրոյցի նստելու համար մեր գրականութեան, մշակոյթին, պատմութեան եւ ոսկեղնիկ լեզուին շուրջ։

Ե՛ս ալ պիտի ուզեմ մասնակցիլ այդ կարօտալի զրոյցին։ Զրուցել թէ՛ աշակերտներուն, եւ թէ՛ մանաւանդ դասատուներուն հետ։

Պիտի ուզեմ սարքել հրապարակային զրոյց մը՝ իմ ու հայաշխարհի բոլո՛ր հայերէնաւանդ ուսուցիչ-ուսուցչուհիներուն միջեւ։ Զրոյց մը, որուն կրնան միանալ նաեւ գրասէրներ, ընթերցասէրներ, մշակութասէրներ, իրենց մայրենիին սիրահար կամ իրենց լեզուին մաքրութեան նախանձախնդիր երէց թէ կրտսեր հայորդիներ։

Պիտի ուզեմ, որ երկարօրէն զրուցենք մեր փառաւոր արեւմտահայերէնին շուրջ։ Օրակարգի բերենք մեր լեզուական ու յա՛տկապէս ուղղագրական դժուարութիւնները։

Ահա՛ կը սկսիմ իմ զրոյցին, կամ եթէ կ՚ուզէք՝ իմ պտոյտին։

Այո՛, հաւաքական պտոյտ մըն է ասիկա՝ դէպի մեր լեզուին գանձատունը, ուր բառերու աշխարհը կը բանայ իր խորհուրդները եւ հրաշալիքներ կը պարզէ մեր դիմաց...։ Պտոյտ մը, որու ընթացքին քիչ մը քերականութիւն պիտի սերտենք, քիչ մը ջուր պիտի ըմպենք մեր մշակութային ու տոհմիկ ակունքերէն ու քիչ մըն ալ պիտի երջանկանանք մեր ինքնութեամբ։

Հալէպ — **ԼԵՒՈՆ ՇԱՌՈՅԵԱՆ**

ՇԱՌՈՅԵԱՆԱԿԱՆ ՋՐՈՅՑՆԵՐ

Ի՞նչ կը կարծէք որ ըլլայ բովանդակութիւնը այն գրոյցին, որուն կրնայ յանձնուած ըլլալ Շառոյեան...: Գուշակ ըլլալու պէտք չկայ կանխորոշելու համար, որ ան պիտի ըլլայ կա՛մ հայ գրականութիւնը, կա՛մ հայ լեզուն, կա՛մ հայոց պատմութիւնը,– այլ խօսքով՝ որեւէ դիպաշար որ հայեցի է, հայութիւն կը բուրէ ու մանաւանդ կ'ուզէ անով համակել ընթերցողն ալ՝ յուշիկ քայլերով մօտենալով անոր, յարուցելու անոր հետաքրքրութիւնը եւ առանց վիրաւորելու զայն՝ յիշեցնելու անոր, թէ հայագիտութիւնը մեր աչքէն ու գիտութենէն կը ծածկէ որքա՛ն թաքուն գանձեր, որոնք արժանի են «գրոց յիշատակութեան»:

Եւ յուսախաբ չ'ըներ բնաւ:

Ներկայ հաւաքածոն առաջին ակնարկով կը թուի ըլլալ ուղղագրական մէկ սեղմ ուղեցոյցը արեւմտահայերէնի ամենայաճախուած ու երբեմն անյաղթահարելի թուող սխալներուն, սակայն հազիւ քանի մը էջ խորացած՝ ընթերցողը կ'անդրադառնայ, որ ուղղագրական կարեւոր գիտելիք մը իւրացնելու կողքին՝ վերահասու դարձաւ նաեւ գրական, պատմական, մշակութային բազմաթիւ գիտելիքներու, որոնց այլապէս դժուար թէ առիթը ունենար այսպէս ընտրովի ու համատեղ հանդիպելու, եւ ան ամէն քայլին պիտի վարձատրուի գեղեցիկ գիւտով մը ու խելացի առաջարկով մը:

Այսպէս, օրինակ, Բ. գլուխին ընդմէջէն ճամբայ կ'ելլենք կամ կը կարծենք ելած ըլլալ ծանօթանալու համար «ը» ձայնաւորի հանգամանքներուն մեսրոպեան ուղղագրութեան ծիրէն ներս: Սա վեր ի վարոյ ծանօթ կանոններու ցանկ մըն է, որուն համարժէքը կրնաք գտնել այլուր եւս. սակայն ահա Շառոյեան միակն է, որ ունի նկատողութիւն մը, որ կը վերաբերի այս ձայնաւորի մէկ դարաւոր կիրարկութեան. ան դժգոհ է որ արտասանուող ու այլուր չգրուող **ը** տառը կը գրուի ոտանաւորներու մէջ, երբեմն առատօրէն, այնպէս ալ խճողելով, չըսելու համար խեղաթիւրելով գրութեան տեսքը: Առ այս ան կը բերէ հայր Ալիշանէն օրինակ մը.

«Ա՛յ իմ լուսնակ գեղեցիկ, աստուածավառ դու լապտեր,
Զոր առաջնորդ գիշերոյ ըդրաւ յերկինս ինքըն Տէր.
Կոյր մըթութեան ա՛չք անփակ, սըրտիս այլ դու աչք կու տաս,
Երբ շողշողուն շըղթայով կախուած շարժիս յիմ վըրաս»:

Վե՛ց անիմաստ ը-եր որոնք կը քաշքշուին եւ կը խճողեն այս մէկ քառատողը, որ ահա դարերէ ի վեր այս նոյն անհաճոյ տեսքով ալ կը մտնէ մեր դասագիրքերուն մէջ՝ խաթարելով մեր դպրոցականներու այնքան դժուար իւրացուցած կանոնները: Իմաստ մը ունի՞ն ասոնք,– անշուշտ ո՛չ, ուրեմն ինչո՞ւ յումպէտս քաշքշել: Որքա՛ն նման երեւոյթներ կան, որոնց առաջքը պէտք է առած ըլլային մեր կրթական վերին մարմինները, սակայն... մատը շարժող չկայ, իսկ թէ Շառոյեանի մը կոչը՝ զանոնք ջնջելու, որքա՞ն օգտակար կ՚ըլլայ,– պատահականութիւնը գիտէ:

Այսքանով գոհացած չէ ան. հիմա հարց կը ծագի, թէ ինչպէ՞ս պէտք է միօրինակ գրենք ը բովանդակող յատուկ անունները, ուր երկուութիւնները բանակ կը կազմեն. օրինակ՝ Գըլնճեան-Գլընճեան-Գըլընճեան,Ֆընտքեան-Ֆնտըքեան-Ֆընտըքեան, Ֆըչճեան-Ֆչըճեան-Ֆըչըճեան... հապա՞ Շխրտըմեանը, որ կրնայ տալ Շըխրտմեան-Շխըրտմեան-Շխրտըմեան, Շխըրտըմեան, Շըխրտըմեան... շարունակե՞նք, բայց արդէն գլխապտոյտը սկսաւ, եւ ահա ասոնք բոլորը կը հանդիպին. ամէն ոք խելքը փչածին պէս կը գրէ. գոնէ միօրինակ գրէ, քանի շատ կը պատահի որ նոյն գրողը նոյն յօդուածին մէջ երկու-երեք տարբեր ձեւերով գրէ: Եւ ահա ասոնք ալ ցաւ մըն են, որուն մասին մտածող չկայ, խօսող ալ չկայ, բարեբախտաբար կայ Շառոյեանի սրտցաւութիւնը, որ թերեւս մոմ մը վառէ տիրող անտարբերութեան խաւարին մէջ:

Մինչդեռ կարելի էր, օրին, անուններու ու մականուններու ցանկ մը պատրաստել, եւ այդ ցանկը պէտք է պատրաստէին «իշխանութեան» իրաւասութիւնները կրող ծիրանաւորները, որոնք այնքան լաւ գիտեն փայլիլ իրենց անտարբերութեամբ ու տգիտութեամբ:

Ասով ալ չ՚աւարտիր հարցը. անդին կը մնան ը-ով վերջացող թուականները՝ **եօթը-ութ(ը)-ինը-տասը**..., որոնք ինկած են

Շառոյեանի լուսարձակին տակ եւ որոնք ... հասարակ մանրուք մը չեն բնաւ. Բացէ՛ք անցած դարուն գրուած արեւմտահայ բոլոր բառարանները, դրէ՛ք զանոնք քով-քովի ու փորձեցէք գիտնալ, թէ ինչպէ՞ս պիտի գրուին այս չորս թուականները ու պիտի չարաչար սխալիք ու զառածիք: Ոչ մէկուն ըսածը կը բռնէ միւսին, եւ դուք բացարձակապէս պիտի չյաջողիք լուծումի մը յանգելու: Ինչպէս հաւաքականօրէն ալ չենք յանգած, եւ այսօր ամէն արեւմտահայ ունի այս չորսը գրելու իր սեփական «աշխարհահայեացքը», որ բոլորովին տարբեր է մնացեալ բոլորին աշխարհահայեացքներէն:

Ո՞վ պիտի լուծէ այս հարցերը, կամ թէ պիտի լուծուի՞ն անոնք, թէ՞ ոչ:

Պէտք է շնորհակալ ըլլալ Շառոյեանին, որ կը յիշէ զանոնք:

* * *

Ձեր եւ իմ համբերութիւնս հատաւ, կը կարծեմ, սակայն չեն վերջացած այս մէկ տառին առնչուող հարցերը, որոնց լուծումին այնքան սիրով յանձնուած է հեղինակը եւ որոնց մասնակից կը դարձնէ ընթերցողը եւս, անոնց բոլորին մէջ դնելով իր խոր սէրը հայ գիրի ու գրաւոր խօսքի հանդէպ, բայց նաեւ թելադրելով այն խոր մտահոգութիւնը՝ ի տես ծառացող այն մեծաթիւ հարցերուն, որոնք յատուկ են միւսներուն եւս եւ ընդհանրապէս մեր ուղղագրութեան եւ հայերէն գրաւոր խօսքի մշակոյթին:

Կը մնայ, որ մեր հասարակութիւնը գիտնայ գնահատել այս բոլոր սրտցաւ մատնանշումները, բայց մանաւանդ թափուի անհրաժեշտ ճիգը՝ բան մը փոխելու: Եթէ Շառոյեան կրնայ իր դժուար ու մռայլ առօրեային մէջ կեդրոնանալ, սեւեռել այս բոլորը ու յղել ազգին, այս վերջինը պարտի գիտնալ պատշաճօրէն ընդառաջել անոր, որպէսզի չըսուի. «Յիւրսն եկն, եւ իւրքն զնա ոչ ընկալան»:

Արմենակ Եղիայեան

«ԵՉ» ՈՒ «Է», ԵՐԱԽ, ԵՐԱԽՏԻՔ ԵՒ ԵՐԱԽԱՅ, ԷԳ, ԷՋ ԵՒ... ԷՇ

Սփիւռքահայ դպրոցի որեւէ աշակերտ, որ փորձութիւնը կ'ունենայ հայերէն լեզուով քանի մը տող մրոտելու, անպայման երկմըտանքի կը մատնուի գրեթէ բոլոր այն բառերուն դիմաց, որոնք **«ե»** կամ **«է»** տառերը կը պարունակեն։

– **«Տէր»** բառը ինչպէ՞ս կը գրուի...։ Եչ-ո՞վ, թէ՞ է-ով։

– **«Դանիէլ»** բառին ուղղագրութիւնը ինչպէ՞ս էր...։

– **«Պարտէզ»**-ը եւ **«ցորեն»**-ը ինչպէ՞ս կը գրուէին...։

Ասոնք հարցումներ են, զորս մեր աշակերտները տեւաբար կ'ուղղեն իրենց հայերէնաւանդ ուսուցիչներուն, կը ստանան ատոնց պատասխանները, առանց սակայն արմատական լուծում մը բերելու իրենց միտքը չարչրկող շփոթին. «ե՞չ», թէ՞ «է»...։

Խօսքը կը վերաբերի անշուշտ միայն բառամէջի **«ե»**-ին կամ **«է»**-ին, որովհետեւ բառասկիզբի ու բառավերջի պարագաները անշփոթելի են, չեն յարուցեր որեւէ կասկած կամ երկմտանք։

Ուղղագրական «անյաղթահարելի» նկատուած այս դժուարութիւնը կարելի է անշուշտ լայն չափով բառնալ՝ եթէ ականջ տանք քերականական որոշ օրէնքներու, բայց նաեւ՝ յաւելեալ ճիգ մը ի գործ դնենք ճանչնալու մեր ոսկեղնիկ լեզուին գեղակերտ բառերը քիչ մը աւելի՛ մօտէն, քիչ մը աւելի թափանցո՛ղ հայեացքով։

Ուստի, եկէ՛ք դարձեալ պտոյտի մը ձեռնարկենք մեր բառերու գանձարանին մէջ ու պահ մը հակինք **«եչ»** եւ **«է»** ձայնաւորներուն վրայ։

Ամէն բանէ առաջ՝ յիշեցնենք շատ պարզ ու յայտնի օրէնք մը։ Երբ բառի մը սկիզբը «ե» լսուի, այդ բառը կը գրուի «ե»-ով, որ այստեղ՝ քերականօրէն կը նկատուի երկհնչիւն՝ **«եէ»** (երբոր երկու ձայնաւորներ,– կամ ձայնաւոր մը ու կիսաձայն «յ» եւ «ւ» տառերը,– մէկ վանկի մէջ միասնաբար ու կզակի մէկ շարժումով կ'արտասանուին, կը կոչուին երկհնչիւն կամ երկբարբառ)։ Հետեւաբար, **երազ**, **երկու**, **եզակի**, **ետք**, **եկեղեցի**, **երջանիկ**, **եղբայր**, **եփել**, **երթալ**, **Եղեսիա**, **Եգիպտոս**, **Ենովք** եւ ասոնց նման «ե»-ով սկսող հարիւրաւոր բառեր տարակուսանք չեն ստեղծեր։

Յետոյ, մեր լեզուին մէջ ՈՉ ՄԷԿ ԲԱՌ «ե»-ով կը վերջանայ։ Բառավերջի «է» հնչիւնը մի՛շտ կը գրուի «է»-ով, ինչպէս օրինակ՝ **բա-**

գէ, մարգարէ, գոնէ, եթէ, Վահէ, Եղիշէ, Նունէ կամ բայերու հրամայականները՝ **վազէ՛, հանէ՛, գրէ՛, մաքրէ՛**…։ Քերականական այս բացարձակ օրէնքը, արդէն, կու գայ մասամբ թեթեւցնել «ե-է» առկայ շփոթը ու կը նեղցնէ անոր ծիրը։ Հետեւաբար, «ե-է» շփոթին դարմանելի գլխաւոր պարագան **ԲԱՌԱՄԷՋԻ** գոյավիճակն է, ուր այս երկու ձայնաւորները հնչիւնապէս կը նոյնանան։ Կը գրենք **«լեռ»** ու **«պեխ»** (ե-ով), բայց անոր դիմաց՝ ստիպուած ենք գրել **«ճէթ»**, **«կէս»** կամ **«սէր»** (է-ով)։

Ինչպէ՞ս փարատել այս երկուութիւնը։

Սերտե՛նք.

ա) Կայ չա՛տ յստակ ու բանալի օրէնք մը, որ դպրոցներու մէջ ընդհանրապէս կը բացատրուի պատշաճօրէն ու կը շեշտուի բազմիցս, եւ ըստ որուն՝ «է»-ով գրուող արմատ բառերը բարդութեան եւ ածանցումի ատեն «ի»-ի կը փոխակերպուին։ Մինչդեռ «ե»-ով գրուողները կը պահպանեն իրենց «ե»-ը։ Օրինակները անհամար են.
ԳԷՐ-գիրուկ, **ԴԷԶ**-դիզել, **ԴԷՄ**(ք)-դիմակ, դիմադրել, դիմում, **ԵՐԷՑ**-երիցագոյն, երիցուհի, **ԶԷՆ**(ք)-զինուոր, զինամթերք, զինանշան, զինել, **ՃԷԹ**-ձիթապտուղ, **ԿԷՍ**-կիսել, կիսաւեր, **ՄԷՋ**-միջուկ, միջեւ, միջնորդ, **ՄԷԶ**-միզել, միզապարկ, **ՊԱՐՏԷԶ**-պարտիզպան, մանկապարտիզպանուհի, պարտիզագնացութիւն, **ՇԷՆ**(ք)-շինել, շինանիւթ, շինարար, **ՇԷԿ**-շիկահեր, շիկնիլ, **ՊԷՏ**(ք)-պիտանի, պիտոյք, **ՍԷՐ**-սիրուն, սիրահար, սիրել, **ՎԷՃ**-վիճաբանութիւն, **ՎԷՊ**-վիպագիր, **ՎԷՐՔ**-վիրաւոր, վիրակապ, **ՎՐԷՊ**-վրիպիլ, **ՏԷՐ**-տիրակալ, տիրապետել, տիրամայր եւ այլն։ Միւս խմբաւորումէն՝ **ԼԵՌ**-լեռնային, լեռնաշխարհ, լեռնաշղթայ, **ՊԵԽ**-պեխաւոր, **ՏԵՂ**-տեղական, տեղապահ, տեղահան, **ՓԵՏՈՒՐ**-փետրաթափ, փետրազարդ, **ԲԵՌ**(ն)-բեռնակիր, բեռնակառք, **ԳԵՏ**-գետաձի, գետեզերք, **ԴԵՂ**-դեղարան, դեղաբոյս, **ԹԵՄ**-թեմակալ, թեմական, **ԼԵԶՈՒ**-լեզուանի, լեզուաբան, **ԾԵՐ**-ծերանոց, ծերակոյտ, **ՀԵՌՈՒ**-հեռադիտակ, հեռատեսիլ, **ՁԵՒ**-ձեւական, ձեւագիտութիւն, **ՄԵԾ**-մեծամիտ, մեծաւոր, մեծարժէք, **ՊԵՏ**-պետական, պետութիւն, **ՍԵՌ**-սեռային, սեռական, **ՍԵՒ**-սեւամորթ, սեւազգեստ եւ այլն։

Այս ընդհանուր օրէնքին մէջ բացառութիւնները սակաւաթիւ են։ Զորօրինակ, «**ԴԵՒ**» (սատանայ) բառին ածանցումը մեզի կու տայ «դիւային» բառը (եւ ոչ թէ «դեւային»), այնպէս ինչպէս «ԿէՏ»-ը կու տայ «կէտադրութիւն» բառը (եւ ոչ թէ «կիտադրութիւն»), իսկ «ՀՐԷՇ»-ն ալ՝ «հրէշութիւն» (եւ ոչ թէ «հրիշութիւն»)։

բ) «Ե»-ով կը գրուին այն բազմավանկ բառերը, որոնց ՎԵՐՋԸՆԹԵՐ վանկին մէջ «է» կը լսուի։ Եթէ կարենանք մտահան չընել այս ոսկի օրէնքը, այն ատեն հարթած պիտի ըլլանք մեզ մոլորեցնող ուղղագրական շփոթութեանց կարեւոր մէկ մասը։ Օրինակ՝ **աւե**-տիս, ալեւոր, **ամեհի**, **բերան**, բարեբար, **գերան**, գեղեցիկ, **գերեզ**-ման, դահեկան, **դեղին**, **դեսպան**, **դերձակ**, եկեղեցի, երեւոյթ, **երգե**-հոն, երեկոյ, **թեթեւ**, **թերի**, **կեղեւ**, **կերաս**, **ճերմակ**, **մեղու**, **մեքե**-նայ, **սեղան**, **տետրակ**, որեւէ, **Ներսէս**, **Երեւան**, **Արմենակ**, **Արմե**-**նիա**, **Քեսապ**։

գ) Երկու արմատական բաղաձայններէ առաջ միշտ «ե» կը գրուի։ Օրինակ՝ արուե**ստ**, աշակե**րտ**, բերրի, **մեղմ**, **դեղձ**, **ներկ**, **բերդ**, **խեւլք**, **խեղճ**, **խենթ**, **մեղր**, **թերթ**, **մերթ**, յաւ**երժ**, հրաժ**եշտ**, գաւ**եշտ**, **սերմ**, **տենչ**, զգ**եստ**, **փեղկ**, դիմատ**ետր**։

դ) «Հ», «ղ», «ռ» եւ «ւ» գիրերէն առաջ ալ միշտ «ե» կու գայ։ Օրինակ՝ **Նժդեհ**, **Զարեհ**, **հրդեհ**, **պատեհ**, **նեղ**, **ահեղ**, **աղեղ**, **պղպեղ**, **բիւրեղ**, **բոկեղ**, **ազատքեղ**, **փակեղ**, **սեռ**, **սխեռ**, **բեւեռ**, **արեւ**, **բա**-**րեւ**, **անձրեւ**, **տերեւ**։

ե) Երբ բառը «ի»-ով կը վերջանայ, ածանցման կամ բարդումի ատեն գայն «ե»-ի կը փոխենք։ Օրինակ՝ **ԳԻՆԻ**-գինետուն, **ԳՕՏԻ**-գօտեմարտ, **ԱՊԱԿԻ**-ապակեգործ, **ՈՍԿԻ**-ոսկերիչ, ոսկեզօծ։

զ) Մտահան չընել «ե»-ով չինուած յետադաս մասնիկները եւս, որոնցմով ունինք մեծաթիւ բառեր։ Թուե՛նք. **ԵԱԿ**-քառեակ, սեն-եակ, սպասեակ, **ԵԱՅ**-պաշտօնեայ, գործունեայ, քրիստոնեայ, **ԵՂ**-ուժեղ, թիկնեղ, հանճարեղ, **ԵՆԻ**-տանձենի, վայրենի, մայրենի, **Ե**-**ՆԱԿԱՆ**-հօրենական, միութենական, գրենական, **ԵՍՏ**-պահեստ, համեստ, գովեստ, **ԵՑԻ**-հայեցի, մշեցի, դրսեցի, **ԵՆՔ\ԵՆՑ**-Յակոբենք, Եղիայենք, Վաչէենց, Սօսիենց։

Այս ընդհանուր համայնապատկերին առջեւ՝ սխալ պիտի չըլլայ եզրակացնել, թէ «ե»-ի գործածութիւնը բառերուն մէջ շա՛տ աւելի տարածուն է ու յաճախակի, քան «է»-ն, որ սահմանափակ գործածութիւն ունի։

«Եչ-է» ուղղագրական դժուարութիւնները անյաղթահարելի չեն։ Կը հաւատամ, որ վերեւ նշուած քերականական օրէնքները կը հար-

թեն մեր դպրոցականներուն (նաեւ՝ բոլոր գրասէրներուն ու իրենց մայրենիին նախանձախնդիր հայորդիներուն) շփոթ պատճառող «գլխացաւ»երուն մեծագոյն մասը։ Անդին, օրակարգի սեղանին վըրայ կը մնան անշուշտ երկրորդական քանի մը պարագաներ եւս, որոնք կ՚իյնան զուտ մասնագիտական ծիրի մէջ եւ որոնց սերտողութիւնը կը վերապահուի հայերէնաւանդ ուսուցիչներուն եւ Հայագիտական հիմնարկներուն։

*

*Իմ սիրելի Մալխասեան բառարանը **«եչ»** տառին յատկացուցեր է* 61 *եռասիւնակ էջ։ Հոն ցանկագրուած ու բացատրուած բազմահարիւր ապրող կամ մեռեալ բառերուն մէջէն ես սեւեռումի պիտի ենթարկեմ* 3 *գոյականներ, զորս նշեր եմ արդէն իմ խորագրին մէջ.* ***«երախ»*, *«երախտիք»*** *եւ* ***«երախայ»*։**

*Սկսինք սա ԵՐԱԽ-ով, որ մեր ժողովուրդին լայն զանգուածներուն համար մոռցուա՛ծ, անօգտագործելի բառ մըն է այլեւս։ Դըպրոցներու մէջ եթէ այս բառը գործածէք՝ կա՛մ հարցական նայուածքով կը դիտեն ձեզ, կա՛մ ալ զայն կը նոյնացնեն **«երախայ»**-ին հետ...։ Երա՞խ։ Ուրկէ՞ բուսաւ այս բառը...։*

Արջը բացեր է իր երախը...

*Երախը անասուններու լայն բերանն է։ Ռնգեղջիւրին երախը։ Կոկորդիլոսին երախը։ Վագրին, արջին ու գայլին երախը։ Հայաստանի գաւառային շըրջաններուն մէջ **«երախ»**-ին իբրեւ տարբերակ կը գործածուի երբեմն **«ռեխ»** բառը, ճիշդ միեւնոյն իմաստով.*

«Կծան շների ռեխը կապում են»։ «Ոսկոր է ուզում. ռեխը մի բան քցի՝ Թող կորչի գնայ»։

*Անտառներէն, գազաններէն եւ խածան շուներէն հեռու՝ ունինք «երախ» բառով կազմուած հետաքրքրական բառ մը, որ **«երախակալ»**-ն է։ Այս բառին իմաստն է՝ դաշոյնին կամ սուրին կոթը։ Մալխասեան բառարանը արիւնատեսիլ օրինակ մըն ալ կու տայ այս առ-*

Դաշոյնն ու իր երախակալը

թիւ.«Սուրը մինչեւ երախակալը մխեց ոսոխի փորը»...

«Երախ»-ին ետին աւելցուցէ՛ք «տիւն» տառը եւ կ'ունենաք նոր բառ մը՝ ԵՐԱԽՏ։

Այս արմատ բառը առանձինն չի գործածուիր։ Սակայն մեր նախահայրերը ասով շինած են ինչ-ինչ բարդ կամ ածանցաւոր բառեր, որոնք գեղեցիկ են թէ՛ իբրեւ կազմութիւն, թէ՛ ալ իբրեւ նշանակութիւն։

«Երախտիք» բառը չէ՞ք լսած։ Վստահաբար լսած էք ու գիտէք արդէն, թէ անիկա կը նշանակէ գնահատելի արդիւնք, բարերար վաստակ ու աշխատանք, նաեւ՝ երախտագիտութիւն, շնորհակալիք։ Մամուլի մէջ երբեմն կը կարդանք.**«Վաստակաւոր ուսուցչուհին հրապարակաւ մեծարուեցաւ՝ իբրեւ երախտիք քառասնամեայ իր կրթական ծառայութեան»։**

Նոյն «երախտ» արմատէն կու գան նաեւ **«երախտաւոր»** (բարիք ընող), **«երախտապարտ»** (ան որ ինքզինք պարտական կը զգայ բարիք ընողին), **«երախտահատոյց»** (բարիքը հատուցանող), **«բազմերախտ»** (շատ բարիք գործած), **«երախտագիտութիւն»** (բարիքի դիմաց՝ շնորհակալութեան զգացում), ինչպէս նաեւ ժխտական իմաստ ցոլացնող **«ապերախտ»** ու **«երախտամոռ»** (անշնորհակալ) բառերը։

Միշտ երախտապարտ մնալով մեր լեզուն ստեղծող, բարեկարգող ու ճոխացնող անանուն երախտաւորներուն նկատմամբ, «երախտ» բառէն ոստում մը կը կատարեմ դէպի շատ գործածական ու ամէնուն ծանօթ բառ մը՝ ԵՐԱԽԱՅ։

Անմիջապէս ըսեմ, որ այս բառը կը գրուի ու կ'արտասանուի նաեւ ԵՐԵԽԱՅ ձեւով, երկրորդ ձայնաւորը (ե) նմանցնելով առաջին ձայնաւորին՝ բառը աւելի դիւրահունչ դարձնելու դիտաւորութեամբ։

Ամէնքդ ալ ներկայ եղած էք ձեր ազգականներէն մէկուն կամ միւսին զաւակներուն մկրտութեան։ Ի սկզբանէ գիտէք արդէն, թէ խորհուրդը կատարող հոգեւորականը ի՞նչ հարցում պիտի ուղղէ կնքահօր.

– Կնքահա՛յր, երախան զի՞նչ խնդրէ։

Ու պատասխանն ալ նոյնքան յայտնի է.

– Հաւատք, յոյս, սէր եւ մկրտութիւն։

«Երախայ» բառը, ուրեմն, իր հիմնական ու առաջնային իմաստով կը նշանակէ **«անկնունք, քրիստոնէական մկրտութիւն դեռ չստացած, չմկրտուած»** (Հր. Աճառեան)։ Հետեւաբար, անցեալին, երախայութիւնը կապ չունէր տարիքի հետ։ Այսինքն, քրիստոնեայ հին ընկերութեանց մէջ կային **չափահաս երախաներ**, որոնք տակաւին չէին մկրտուած...։ Հետագայ դարերուն, երբ սովորութիւն դարձաւ մկրտութիւնը կատարել մանուկ հասակին, «երախայ» բառը իր նախնական իմաստէն հեռանալով՝ ստացաւ «մանկիկ, ծծկեր նորածին» նշանակութիւնը։

Այսօր, փոխաբերական իմաստով, «երեխայ» կը կոչենք նաեւ տղայամիտներն ու փորձառութիւն չունեցող խակ անձերը...

«Երախայ» բառը գիս անպայման կ'առնչէ նաեւ մեր Ս. Պատարագին։ Եթէ քիչ-շատ կը սիրէք եկեղեցական գրականութիւն կարդալ կամ հետաքրքրուիլ կրօնագիտական նիւթերով, գիտէք թերեւս՝ թէ Ս. Պատարագին չորս հիմնական բաժիններէն երկրորդը կը կոչուի **ԵՐԱԽԱՅԻՑ ՊԱՏԱՐԱԳ** (կամ պաշտօն ճաշու)։ Այստեղ, «երախայ» բառը դա՛րձեալ գործածուած է իր նախնական հին իմաստով՝ չմկրտուող։ «Չմկրտուողներու պատարագ»։ **Ի՞նչ** կը նշանակէ ասիկա։

Ս. Պատարագին **«Երախայից պատարագ»** կոչուած բաժինը կը սկսի պատարագիչին թափօր դառնալէ ետք՝ խորան բարձրանալովը։ Այս բաժնին մէջ կ'ընթերցուի Աւետարանը, կ'արտասանուի **«Հաւատամք»**-ը, յետոյ երգեցողութիւններն ու աղօթասացութիւնները կը շարունակուին մինչեւ այն պահը՝ երբ սարկաւագը կ'ազդարարէ.**«Մի՛ ոք յերախայից, մի՛ ոք ի թերահաւատից եւ մի՛ ոք յապաշխարողաց եւ յանմաքրից մերձեսցի յաստուածային խորհուրդս»։** Այս գրաբար պատճէնին աշխարհաբար տարբերակը հետեւեալն է.**«Ոչ ոք երախաներէն, ոչ ոք թերահաւատներէն, ոչ ոք ապաշխարողներէն եւ անմաքուրներէն թող մօտենայ աստուածային այս խորհուրդին»**։ Կը տեսնուի ուրեմն, որ խորանէն կատարուած այս ազդարարութիւնը ուղղուած է երախաներուն (չմկրտուողներ), թերահաւատներուն, թեթեւ յանցանքներու համար ապաշխարողներուն եւ անմաքուր մարդոց (հիւանդ, բորոտ, դիւահար եւ այլն), որպէսզի դուրս ելլեն տաճարէն ու երթան աղօթեն գաւիթին մէջ...։ Ինչո՞ւ։ Որովհետեւ այս փուլէն ետք՝ վերաբերումով, պիտի սկսի Ս. Պատարագի երրորդ բաժինը՝ **«Հաւատացելոց**

պատարագ»-ը (կամ բուն պատարագ), որուն արտօնուած էին մասնակցիլ միմիայն այն հաւատացեալները, որոնք ՄԿՐՏՈՒԱԾ ԷԻՆ (երախայ չէին) եւ ապաշխարութեամբ նախապատրաստուած՝ ընդունելու Ս. Հաղորդութիւնը...։

Կը տեսնե՞ք, թէ ի՛նչ խորհուրդներ կը բանայ մեր առջեւ **«երախայ»** բառը...։

*

«Երախայ» բառին հետ առնչութիւն մը ունի՞ արդեօք **ԵՐԱԽԱՅՐԻՔ** բառը, որուն կը հանդիպինք մերթ ընդ մերթ՝ մեր ընթերցումներուն ընթացքին։

Ո՛չ։ **«Երախայրիք»**-ն ու **«երախայ»**-ն, ըստ երեւոյթին, ազգականական կապ մը չունին։ Այդպէ՛ս կը հաւաստիացնէ մեզ Աճառեանի **«Արմատական բառարան»**-ը։

«Երախայրիք» կը նշանակէ առաջին պտուղ, կանուխ հասած բերք, առջինեկ ստեղծագործութիւն։ Գրական գործերու համար յաճախ օգտագործուող սիրուն բնութագրում մըն է այս։ **«Բանաստեղծ Մուշեղ Իշխանի քերթողական երախայրիքը կը կոչուէր "Տուներու երգը", որ հրատարակուեցաւ 1936-ին»**, կը կարդանք կենսագրական ժողովածուի մը մէջ։

Երախայրի՛ք. բանաստեղծին անդրանիկ ստեղծագործութիւնը, առաջին երեւումը։

Աճառեան նկատել կու տայ, որ բառը կազմուեր է «երա» (=նախկին, առաջին) եւ «խայրի» (=պտուղ, բարիք) բառերուն միացումով։ Ի՛նչ զարմանալի բառակազմութիւն, մանաւանդ եթէ անդրադառնանք՝ որ «խայր» կամ «խէյր» բառը արաբերէնի մէ՛ջ եւս կը նշանակէ «բարիք»...

Երախ, երախտիք, երախայ, երախայրիք եւ... Երուխան։ Բառերը զիրար կը թելադրեն կարծէք։

Թոյլ տուէք, որ այս պտոյտը եզրափակեմ՝ ոգեկոչելով ԵՐՈՒԽԱՆԸ, որ մեծ նահատակներէն մին եղաւ 1915-ի Մեծ Եղեռնին։ **Երուանդ Սրմաքէշխանլեան** էր անոր բուն անունը։ Բայց ինք ճաշակաւոր հնարամտութեամբ մը որդեգրած էր **«Երուխան»** գրչանունը՝ անուն-մականունէն երեք վանկեր կցելով իրարու։

Երուխան բնիկ պոլսեցի էր, Խասգիւղ թաղամասէն։ Ինքնաշխատութեամբ մշակեց ինքզինք ու նետուեցաւ գրական-կրթական ասպարէզ։ Արփիարեանի, Զօհրապի, Հրանդի, Տիգրան Կամսարականի, Լեւոն Բաշալեանի նման մաս կազմեց ԺԹ. դարու Իրապաշտ շարժումին ու դարձաւ մէկը այն յայտնի գրողներէն՝ որոնց ստորագրութիւնը կը փնտռուէր Պոլսոյ «Արեւելք» ու «Մասիս» թերթերուն մէջ։ Շրջան մը կայք հաստատեց Վառնա, ուր խմբագրեց «Շարժում» եւ «Շաւիղ» անունով թերթեր։ Գրեց «Ամիրային աղջիկը» նշանաւոր վէպը ու տուաւ շարք մը սրտայոյզ պատմուածքներ՝ մի՛շտ սեւեռումի ենթարկելով կեանքը խոնարհ դասակարգի մարդոց (ձկնորսներ, բեռնակիրներ, ջրհանկիրներ, շրջուն մանրավաճառներ)։ Տարագրութեան օրերուն ձերբակալուեցաւ Խարբերդի մէջ, ենթարկուեցաւ ահաւոր տանջանքներու. շղթայակապ պտըտցուցին զինք փողոցներու երկայնքին, նախատեցին ու ծաղրեցին, ապա տարին սպաննեցին Մաստար լեռան ստորոտը՝ Խարբերդէն քիչ մը անդին։ Կինն ու զաւակներն ալ աքսորեցին Տէր Զօր...։

Երուխան

*

Այժմ եկէ՛ք մեր պտոյտը շարունակենք «եչ»-ի հարեւան ածուին մէջ։ Մտնե՛նք «է»-ի պարտէզը։

Հայերէն այբուբենի եօթերորդ այս տառը իմ մտածական աշխարհին մէջ տեղ կը գրաւէ իբրեւ խորհրդանիշը երկու երեւոյթներու.

ա) «է» գիրով կը բնորոշուի տիեզերքի ստեղծիչը, գերագոյն էակը՝ Աստուած։ Քանի որ էական բայի եզակի Գ. դէմքը «է»-ն է (եմ-ես-է) ու այդ «է»-ն կը նշանակէ **ինչ որ կայ, ան որ կայ, եղող, գոյութիւն ունեցող**, ուստի կրօնական գրականութեան մէջ այդ «է»-ն դարձած է նաեւ մակդիրը Աստուծոյ՝ իբրեւ **տեւաբար եղողի, գոյութիւն ունեցողի, յաւիտենական գոյացութեան։** Ծիշդ այս ըմբռնումէն ելլելով՝ հայկական բոլոր եկեղեցիներու խորաններուն կեդրոնական բարձրադիր կէտին վրայ թառած կը տեսնենք խոշոր

«Է» մը, Արարչագործութեան խորհրդանիշը, որ կարծէք շարունակ կը յիշեցնէ մեզի, թէ եկեղեցին Աստուծոյ Տունն է…։

բ) «Է»-ն մեր քերականութեան մէջ **բացառական հոլովի** կերտիչն է։ Բոլոր գոյականներու բացառական հոլովը ստիպուած ենք կազմել «է»-վ, նոյնիսկ եթէ այդ մասնիկին եւեւ յօդ կցենք։ Դպրոց-դպրոցի-ԴՊՐՈՑԷ-դպրոցով։ «Տղաքը դպրոցէՆ տուն վերադարձան»։ «ԴպրոցէԴ գո՞հ ես»։ «Իր տունը կը գտնուի դպրոցէՍ մէկ թաղ անդին»։ Նկատեցիք, որ հայերէնի 3 յօդերն ալ կարելի է կցել բացառական հոլովի «է»-ին, առանց ուղղագրական որեւէ փոփոխութեան։ Այս դիւրին ու հիմնական կանոնին մէջ զանցառու ըլլալ՝ կը նշանակէ կունակ դարձնել մեր քերականութեան ամբողջ համակարգին…։

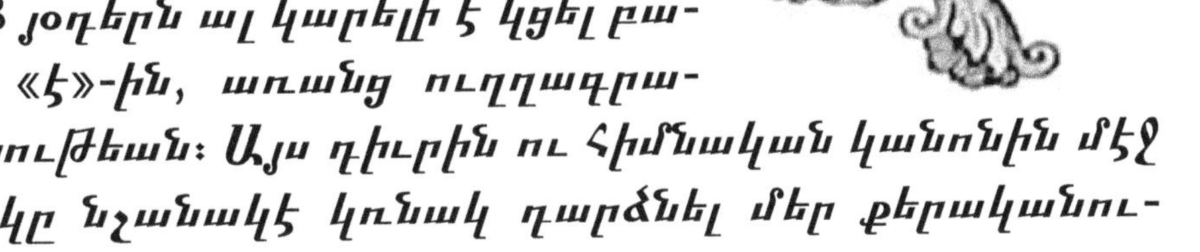

Որո՞նք են **«է»**-ի գործածութեան միւս դաշտերը։

Արդէն խօսած էինք «ե-է» ուղղագրական շփոթը բառնալու քերականական հիմնական կանոններուն մասին։ Հոս կ՚առանձնացնեմ **«է»**-ին առնչուող որոշ պարագաներ․

— Բայերու **անկատար** ժամանակները միշտ կը խոնարհուին «է»-ով։ **Կը վազէի-կը վազէիր-կը վազէր-կը վազէինք-կը վազէիք-կը վազէին** (անկատար անցեալ)։ **Պիտի եփէի-պիտի եփէիր-պիտի եփէր-պիտի եփէինք-պիտի եփէիք-պիտի եփէին** (անկատար ապառնի)։

— Հարկ է յիշեցնել էական բային խոնարհումը․ **եմ-ես-է-ենք-էք-են**։ Ուշադի՛ր՝ յոգնակի Բ․ դէմքին, որ «էք» է։ Եւ այս հիմամբ ալ՝ խոնարհումի **ներկայ** եւ **ապառնի** ժամանակներու յոգնակի Բ․ դէմքերը «է» կ՚առնեն։ **Կը տեսնեմ-կը տեսնէք-կը տեսնեն** (ներկայ)։ **Պիտի դիտեմ-պիտի դիտէք-պիտի դիտեն** (բացարձակ ապառնի)։ «է» կը պահանջեն նաեւ հրամայական եղանակի յոգնակի խոնարհումները․ **կերէ՛ք, մի՛ ուտէք**։ Կրնանք եզրակացնել ուրեմն, որ բայերու վերջաւորութեան՝ «ք» տառէն առաջ մի՛շտ «է» կը գրուի։

— Բառերու վերջաւորութեան գտնուող ԵԱՅ երկհնչիւնը ածանցումի եւ բարդումի ատեն է-ի կը վերածուի։ Օրինակ՝ քրիստոնեայ-քրիստոնէութիւն, պաշտօնեայ-պաշտօնէութիւն, գործունեայ-գործունէութիւն, հրեայ-հրէաստան։

— «է»-ով կը գրուին այն բոլոր յատուկ անունները, որոնք էՆ, էՍ, էԼ եւ էԹ հնչիւններով կ՚աւարտին։ Օրինակ՝ Արմէն, Արսէն, Աշ-

խէն, Բաբգէն, Գուրգէն, Վազգէն, Սուրէն, Քարէն (Քարէն Եփփէ Ճեմարան), Խորէն, Ռուբէն, Զաւէն, Կարէն։ Մովսէս, Վարդգէս, Յովհաննէս, Արտաշէս, Արիստակէս, Վրթանէս, Կղեմէս։ Գաբրիէլ, Մանուէլ, Սամուէլ, Դանիէլ, Իսրայէլ, Գնէլ, Բէլ, Բեթէլ, Անժէլ, Զապէլ, Միքայէլ, Ռաֆայէլ։ Էլիզապէթ, Յաբէթ, Համլէթ, Նազարէթ, Ժիւլիէթ։ Այս կանոնին ծիրը կարելի է նոյնիսկ ընդլայնել յատուկ անուններու սահմաններէն անդին, կանոնը մասամբ տարածելով այլ բառերու վրայ եւս, ինչպէս՝ պատճէն, պարէն, արդէն, ամէն, աղուէս, քարտէս, կրկէս, հանդէս, գմբէթ...

*— Մեր լեզուին մէջ ունինք նաեւ «է»-ով կազմուած շարք մը յետադաս մասնիկներ ու այդ մասնիկներով շինուած հարիւրաւոր բառեր։ Թուե՛նք. **ԱՐԷՆ**-յունարէն, չինարէն։ **ԵՐԷՆ**-հայերէն, անգլերէն, գերմաներէն, թրքերէն, արաբերէն, ասորերէն։ **ԱՒԷՏ**-ծաղկաւէտ, բուրումնաւէտ, արդիւնաւէտ։ **ԵՂԷՆ**-կերպասեղէն, ապակեղէն, բանջարեղէն, ընդեղէն, խմորեղէն։ **ԷՔ**-տնօրհնէք, ջրօրհնէք, միւռոնօրհնէք, գերեզմանօրհնէք, արժէք։ **ՉԷՔ**-կարողչէք, միջնորդչէք, կաղանդչէք։ **ՊԷՍ**-մեծապէս, հոգեպէս, կատարելապէս, վերջապէս, նմանապէս, նոյնպէս։ **ՕՐԷՆ**-հպարտօրէն, գաղտնօրէն, խստօրէն, արագօրէն, ապօրէն։*

Վերոնշեալ կանոններուն եւ ուղեցուցային թելադրանքներուն հետեւող որեւէ հայորդի, վստա՛հ կրնաք ըլլալ, անպայման պիտի կարենայ յաղթահարել ուղղագրական իր դժուարութիւնները՝ մեծաւ մասամբ։

*Անդին, օրէնքի կապանքներէն դուրս կը մնան սակաւաթիւ բառեր միայն, որոնք անառակ որդիներու նման կը կարօտին յատուկ ուշադրութեան։ Զորօրինակ, հարց կրնանք տալ մենք մեզի, թէ ինչո՞ւ նմանաձայն վերջաւորութիւն ունեցող կարգ մը բառեր ունին իրարմէ տարբեր ուղղագրութիւն։ Ինչո՞ւ **«երես»** բառը կը գրուի «եչ»-ով, իսկ **«աղուէս»**-ը՝ «է»-ով։ Ինչո՞ւ **«երեք»**-ը «եչ» կ՚առնէ, իսկ **«երէկ»**-ը՝ «է»։ Ինչո՞ւ **«Յովսէփ»**-ը կը գրենք «է»-ով, իսկ **«կանեփ»**-ը (չուաններու պատրաստութեան մէջ գործածուող բոյս մը)՝ «եչ»-ով։ Բացատրութիւն չկայ։ Պէտք է խուրացնել։*

*

*Շատ պիտի զարմանաք՝ եթէ հայերէն բառարանի մը **«է»** տառին գլուխը բանաք։ Պիտի զարմանաք՝ տեսնելով որ **«է»** գիրով սկսող բառերը չափազանց սակաւաթիւ են, գրեթէ բուռ մը։ Փորձեցէ՛ք մտքի մարզանք մը ընել ու քով-քովի շարել «է»-ով սկսող տասը արմատ բառ։ Պիտի անճրկիք։ 5-6 բառէ աւելին պիտի չկարենաք գրանել…։*

*Ես բացի Մալխասեան բառարանը ու նախ խանդավառուեցայ՝ առաջին հայեացքով նկատելով որ վեց էջ տրամադրուած էր «է»-ին։ Բայց քանի թղթատեցի այդ էջերը՝ այնքան յուսահատեցայ, որովհետեւ երախտաշատ բառարանագիրը այստեղ մէկտեղեր էր ո՛չ թէ հայերէն բառեր, այլ արեւելահայերու կողմէ օգտագործուող օտարամուտ եւ խորթ բառերու երկա՛ր շարքեր…։ Հայերէ՞ն են միթէ **էթնոլոգիան, էլեկտրաֆիկացիան, էլէվատորը, էկզարխը, էկզէման, էկոնոմիզմը, էկստենսիվը, էկրանը, էմբարգօն, էմիգրացիան, էնթուզիաստը, էվոլիւցիան, էտապը, էտիկէտը, էֆֆէկտը** եւ այլն, եւ այլն։*

Օտար ու անհարազատ պարտէզի մը տպաւորութիւնը թողուց իմ վրայ Մալխասեան բառարանի այս բաժինը։ Հոտաւէտ ու տոհմաբոյր բոյսեր չկային այստեղ, ափսո՛ս։ Պարտէզին ամբողջ մթնոլորտը վանողական էր։ Տխրօրէն փութացի դուրս ելլել այնտեղէն՝ դժուարաւ ջոկելով հոնկէ ինծի հարազատ քանի մը բառ միայն·

*– Նախ գտայ **էԳ** բառը, որ կը նշանակէ իգական սեռին պատկանող, ոչ-արական, աղջիկ, կին։ Աշխարհի առաջին նախամայր էգը Եւան էր, զոր Աստուած ստեղծեց Ադամի կողէն։ Ունինք **«էգ»**-ով կազմուած ածանցաւոր կամ բարդ բառերու շարք մը, որուն մէջ ուշադրութիւն կը գրաւէ **«որձեւէգ»** գոյականը։ **«Որձ»**-ը նոյն արուն է, արական սեռին պատկանողը։ Ուստի՝ **«որձեւէգ»** կը նշանակէ սեռայնօրէն խառնածին, սեռային յստակ դիմագծութենէ զուրկ կամ սեռափոխեալ։*

*Անմիջապէս անդրադարձայ, որ **էԳ**-ը խաղեր կրնայ սարքել մեր գլխուն՝ եթէ տառ մը աւելցնենք անոր առջեւ։ **ՄէԳ**՝ մշուշ, մառախուղ, **ՍէԳ**՝ հպարտ, խրոխտ, **ՎէԳ**՝ ոտքի ցցուն մանր ոսկոր, կոճ, **ՏէԳ**՝ նիզակ, գեղարդ։*

***«էգ»** բառը պայման է որ գործածուի յա՛տկապէս անասուններու պարագային։ էգ առիւծ, էգ փիղ, էգ կատու, էգ թռչուն, էգ մուկ։ Բացարձակապէս ներելի չէ, որ կենդանիներու համար գործածուի* «տղայ» կամ «աղջիկ» ըսելաձեւը։ Էգ անասուններէն ոմանք, արդէն, ունին առանձին անուանումներ։ Օրինակ, ոչխարին էգը՝ **մաքի**, շան էգը՝ **քած**, ձիուն էգը՝ **զամբիկ** կամ **մատակ**, թռչունին էգը՝ **մարի**, հորթին էգը՝ **երինջ**։

Միայն մարդիկն ու անասունները չե՛ն որ բաժնուած են իգական եւ արական խումբերու։ Աշխարհի բազմաթիւ լեզուներ եւս իրենց բառամթերքը բաժնած են արական ու իգական խմբաւորումներու։ Այդպէս են Ֆրանսերէնը, արաբերէնը։ Փա՜ռք Աստուծոյ, որ հայերէնը սեռի քերականական կարգ չունի. այլապէս՝ ուղղագրական մեր «լեռնակուտակ» դժուարութիւններուն վրայ պիտի աւելնար բառերուն սեռը որոշելու յաւելեալ տաղտուկն ալ...։ Ու այն ատեն՝ մեր վարժարաններէն շրջանաւարտները ո՜չ թէ երեք-չորս տող անսխալ պիտի չկարենային գրել (ինչպէս է պարագան այժմ), այլ չորս-հինգ բառ պիտի չյաջողէին քով-քովի բերել...։

ԺԹ. դարու 70-ական թուականներուն, մեր երիտասարդ տարաբախտ քերթողը՝ Պետրոս Դուրեան, փորձեց իր բանաստեղծութիւններուն մէջ իգական սեռի դերանուններ գործածել. բան մը, որ չկար մեր քերականական համակարգին մէջ։ Դուրեան «նա» ըսելու փոխարէն՝ գրեց «նէ», «ներա հետ».

> ***Ես ուզեցի պաշտել զնէ,***
> ***Սիրել ժպիտքն՝ փթիթք անհուն...***
>
> ***Ես ուզեցի միշտ քովն ըլլալ,***
> ***Մօտիկ ընել թնդիւն սրտին,***
> ***Շնչել, խմել ներա հոգին...***
>
> ***Նէ հեռացաւ ինձնէ, ըսաւ.***
> ***– Բա՛ւ սիրեցի քեզ, մնաս բարեա՛ւ։***
>
> («Դրժել»)

Ընդունելի չեղաւ սակայն ասիկա, տարածում չգտաւ։

Բայց մեր լեզուն ունի իգականակերտ մասնիկ մը, որ հրաշալի գործ կը կատարէ. ՈՒՀԻ։ Բազմաթիւ են յատուկ անունները, որոնք կազմուած են այս մասնիկով։ Թուե՛նք. Արմենուհի, Արշակուհի (յիշել տարեցոյցներու հրատարակիչ Թէոդիկի կողակիցը), Երանուհի, Հայկուհի, Տիգրանուհի, Զարուհի, Թագուհի, Սրբուհի (յիշել Սրբուհի Տիւսաբը), Մաքրուհի, Ազատուհի, Իսկուհի, Պերճուհի, Սասնուհի, Վանուհի, Բերկրուհի (վերջին երեքը՝ տեղանուններէ կազմուած) եւ այլն։

«Ուհի»-ով կը կազմուին նաեւ մեծաթիւ հասարակ անուններ. աշակերտուհի, բանուորուհի, բժշկուհի, տնօրէնուհի, արձակագրուհի, բանաստեղծուհի, խոհարարուհի, դերասանուհի, դերձակուհի, երգչուհի, հիւանդապահուհի, գործավարուհի, նկարչուհի, պարուհի, հայուհի, Ֆրանսուհի, միանձնուհի, սարկաւագուհի, դպրուհի, դրացուհի, պարմանուհի, երիտասարդուհի, սպասուհի, լուացարարուհի, տեսչուհի, ուսանողուհի, չաստուածուհի, ուսուցչուհի, բանախօսուհի, ընկերուհի, իշխանուհի, սիրուհի, հոմանուհի...։

Տակաւին ունինք **ԴՈՒԽՏ** եւ **ԱՆՈՅՇ** բառերէն կամ **ՈՒՇ** եւ **ԻՆԷ** բաղադրիչ ածանցներով չինուած իգական անուններ։ Օրինակ՝ Որմիզդուխտ, Խոսրովիդուխտ (յիշել Տրդատ Գ. արքային քոյրը), Սանդուխտ, Շահանդուխտ («դուխտ» կը նշանակէ դուստր, հետեւաբար Շահանդուխտ՝ Շահանի աղջիկ)։ Սիրանոյշ, Ազգանոյշ, Գեղանոյշ, Հայկանոյշ, Հրանոյշ, Վեհանոյշ (յիշել ամերիկաբնակ բանաստեղծուհի Վեհանոյշ Թեքեանը)։ Թագուշ, Հայկուշ, Հեղուշ, Մանուշ, Մարուշ։ Կարինէ, Մարինէ, Ատրինէ, Արմինէ, Արփինէ, Լուսինէ (յիշել շարականներու անմոռանալի մեկնաբան Լուսինէ Զաքարեանը), Եւգինէ, Հեղինէ, Մելինէ, Նարինէ, Քրիստինէ...։

*

«ԷԳ»-էն ետք գրկեցի **ԷՋ** բառը։

Գիտենք, որ ասիկա **ԻՋՆԵԼ** բային արմատն է։

Այս արմատով կազմուած ամէնէն նուիրական անունն ալ **ԷՋՄԻԱԾԻՆ**-ն է, այսինքն՝ «Միածինին իջած վայրը»։ Ամենայն Հայոց Հայրապետութեան կեդրոնը, նստավայրը։

«էջ» արմատէն կը սերին նաեւ **իջեւան** (օթեւան), **Նախիջեւան** (Ատրպէյճանի կցուած հայապատկան մարզը), **իջուածք** (կաթուած), **ելեւէջ**, **վայրէջք**, **էջք** (իջնելու գործողութիւնը), **էջքուղի** (օդակայաններու մէջ՝ օդանաւերու էջքի հարթակը), **գիջանիլ** բառերը։

Սակայն զարմանալին այն է, որ «էջ»-ը ունի բոլորովին տարբեր երկրորդ իմաստ մըն ալ, յարատեւ գործածական՝ մեր առօրեայ խօսակցութեանց մէջ. «գիրքի, տետրակի ու թերթի երես»: **«Այս գիրքը կը բաղկանայ 200 էջէ»**: **«Յօդուածս տպուած է թերթին երրորդ էջին մէջ»**: Այս արմատէն ալ կը սերին **էջահամար** կամ **էջաթիւ** (էջերու յաջորդականութիւնը ցոյց տուող թիւ), **էջախախտում, բազմաէջ, էջատակ** (գիրքի էջի մը տակը գտնուող մանրատառ ծանօթագրութեանց բաժին), **էջադիր, էջադրել** բառերը:

Այս «էջ»-ը, որ անքակտելիօրէն կ՚առնչուի գիր-գրականութեան ու տպագրութեան կալուածին, ինծի կը յիշեցնէ պարսկահայ մամուլի պատմութենէն շատ նշանաւոր հանդէսի մը անունը՝ **«Նոր էջ»**: Մօտաւորապէս կէս դար, յաճախակի երկարատեւ ընդհատումներով ու կաղացումներով հրատարակուելով հանդերձ, **«Նոր էջ»**-ն ու անոր շուրջ համախմբուած երիտասարդ «նորէջականներ»-ը տիրապետող ներկայութիւն մը եղած են իրանահայ գրականութեան մէջ:

«Նոր էջ» Թեհրան տպուող պարբերագիրք մըն էր, աւելի ճիշդ՝ գրական ժողովածու մը, տարեկան (կամ քանի մը տարին անգամ մը) միակ թիւի մը լոյս ընծայումով: 1935-էն սկսեալ մինչեւ 80-ականներ՝ անկէ լոյս ընծայուած են քսանէ աւելի թիւեր: Աշխատակիցներէն յիշենք Զօրայր Միրզայեանը, Գալուստ Խանենցը, Արշաւիր Մկրտիչը, Հրանտ Փալեանը, Աշոտ Ասլանը (Ա. Ասլըն), Ռ. Բէնը, Դեւը, Բաբգէն Հասօն, Արա Տէր Յովհաննիսեանը, Արմէն Գէսը:

Սփիւռքահայ մամուլի պատմութեան առնչուած «էջ» մըն ալ կար Պէյրութի մէջ: Հին սերունդը կրնայ յիշել Լիբանանահայ Գրական Շրջանակի տղոց նախաձեռնութեամբ հրատարակուող **«Էջեր գրականութեան եւ արուեստի»** պարբերականը, որ գոյատեւած է եօթը տարի՝ 1965–1972: Հանդէսին գլխաւոր խմբագիրն եղած է բանաստեղծ ու հրապարակագիր Գառնիկ Ադդարեան: **«Էջեր»**-ը իր շուրջ համախմբած է Սովետ. Հայաստանի բարեկամ գրողներ ու առաւելաբար ձախակողմեան գաղափարախօսութեան համակիր գրասէրներ: Մատենագէտներ ճշդած են, թէ այս պարբերականը օրկանական շարունակութիւնը հանդիսացեր է զինք նախորդող այլանուն քանի մը թերթերու («**Ժողովածու գրականութեան եւ արուեստի**», «**Մշակոյթ**», «**Գիրք գրականութեան եւ արուեստի**», «**Յառաջ-Գրական**»), որոնք 1950-էն սկսեալ շարունակ հարկադրուեր են փոփոխութեան ենթարկել իրենց անունը՝ օրինական արտօնագիր չունենալու պատճառով…:

*

Եւ վերջապէս՝ իմ հայեացքէն չուզեցի հեռացնել նաեւ **ԷՇ** բառը: Ի՞նչ յանցանք ունէր այս խոնարհ ու ծառայակամ ընտանի կենդանին, որուն քամակին նստած՝ Երուսաղէմ մուտք գործեց Քրիստոս՝ նոյնինքն Աստուածորդին…: Ու դիմաւորուեցաւ ովսաննաներով…:

Ըստ Աճառեանի՝ «**էշ**»-ը բնիկ հայերէն բառ մըն է: Կրնանք մտածել, թէ անիկա հնդեւրոպական ծագում ունի, քանի որ անգլերէն տարբերակը շատ մօտիկ է հայերէնին. ass: Հնչիւնապէս մօտիկ են նաեւ լատիներէնը (asinus), իտալերէնը (asino) ու գերմաներէնը (esel): Թրքերէնն ալ հեռու չէ հայերէնէն. **էշէք**:

Բառարանս արձանագրեր է «էշ» գոյականով կազմուած բառերու երկար ցանկ մը, ուր անգործածականները աւելի շատ են, քան գործածականները: Այս վերջիններէն յիշենք **իշուկը**, **իշապանը**, **իշամեղուն**, **իշավարին** (իշու վարուելակերպ):

Միւս կողմէ, մարդ արմանքէ զարմանք կ՚երթայ՝ երբ կ՚իմանայ որ Մեծ Հայքի Մոկք նահանգի (Վանայ լիճին հարաւը) 9 գաւառներէն երեքը կը կրէին… իշու անուններ: Ահա՛ւասիկ. **ԻՇԱՅՐ**, **ՄԻՒՍ ԻՇԱՅՐ** եւ **ԻՇՈՑ ԳԱՒԱՌ**:

Զարմանալի՛, տարօրինա՛կ երեւոյթ…:

Ի դէպ, «**իշայր**» կը նշանակէ արու էշ: Պէտք է ենթադրել ուրեմն, որ Մոկք նահանգի վերոնշեալ գաւառները նշանաւոր էին իրենց հասցուցած էշերով: Թերեւս իշաբուծութիւնը զարգացած էր այնտեղ եւ թերեւս էշերու ընտիր այդ տեսակները կ՚արտածուէին դէպի դրացի երկիրներ ու վաճառականական այս գործարքէն մեծ շահեր կ՚ապահովէին Մոկաց Աշխարհին…: Ո՞վ գիտէ:

Սակայն էշը… կը մնայ է՛շ։ **«Էշը ի՞նչ գիտէ նուշը, կ՚երթայ կ՚ուտէ փուշը»** ըսեր են մեր իմաստուն պապերը։ Եւ այս առածով՝ յայտնի դարձուցեր են, թէ էշը անխելք ու անբան անասուն է։ Ի զուր չէ, որ անարգալից արտայայտութիւններու մէջ «էշ»-ը ունի իր պատուոյ տեղը։ Մանկապարտէզի երեխաներն անգամ՝ երբ բարկանան իրարու կամ նեղանան իրարմէ, օգնութեան կը կանչեն… էշը.

– Է՛շ ես դուն…։

Բայց միայն այսքանը չէ։ Ժողովրդային ասացուածքներու ամբողջ շարք մը կայ, որ կը դառնայ «էշ»-ի առանցքին շուրջ։ Տեսակ մը «իշապատում բանահիւսութիւն»…։ Կը թուեմ տասնեակ մը միայն.

– **«Ամէն մարդ իր էշը կը քշէ»**՝ ամէն մարդ իր շահը կը հետապնդէ։

– **«Էշ ներկող»**՝ խաբեբայ (այս մէկը այն խաբեբան է, որ իր գողցած էշը վարպետօրէն կը ներկէ, ապա զայն կը ծախէ անոր նախկին տիրոջ…)։

– **«Մեծ էշը ախոռը մոռնալ»**՝ ամենակարեւոր բանը մոռնալ։

– **«Էշ կտրիլ»**՝ շուարիլ, ապշած մնալ։

– **«Էշ նահատակ դառնալ»**՝ զուր տեղ ու աննպատակ զոհուիլ։

– **«Կաղ էշով կարաւան մտնել»**՝ գործի մը ձեռնարկել առանց հարկաւոր պատրաստութեան։

– **«Ձիէն իջնել՝ էշ նստիլ»**՝ նախկին բարձր աստիճանէն վար իջնել՝ ստոր աստիճանի։

– **«Էշը կորսնցնելէ ետք փալանը փնտռել»**՝ կարեւորն ու հիմնականը կորսնցնելէ ետք՝ չնչին բաներու ետեւ իյնալ։

– **«Էշը ցեխէն հանել»**՝ ստեղծուած դժուարին կացութենէ մը դուրս գալ, ելք գտնել։

– **«Իշու ականջին մէջ քնանալ»**՝ ապուշ կտրիլ, շուրջի անցուդարձերէն անտեղեակ մնալ։

– **«Եօթը գիւղ իշու մը կռնակին բեռցնել»**՝ բացառիկ ճարպիկութիւն ցուցաբերել։

– **«Էշը ծառ բարձրացնել»**՝ անհնարին ու անկարելի բաներու մասին մտածել։

*

Էշը կրնայ մեզ զբաղեցնել տակաւին՝ եթէ ընդլայնենք մեր պրպըտումներուն ծիրը: Օրօրինակ, կրնանք փնտռել այն բառերը, որոնք իբրեւ հոմանիշ կը գործածուին իշուն. **աւանակ, երկարականջ, գրաստ, ջորի, չորքոտանի**:

Իմաստային նրբերանգներ կան սակայն այս բառերուն միջեւ:

Եթէ **«աւանակ»**-ը իսկական էշն է, ապա **«գրաստ»** բառը կը գործածուի բեռ չալկող եւ հեծկան բոլոր կենդանիներուն համար (ձի, էշ, ջորի): **«Ջորի»**-ն խառնածին գրաստն է, որ ծնունդ առած կ՚ըլլայ ձիու եւ իշու զուգաւորութենէն...: Իսկ **«չորքոտանի»**-ն աւելի ընդհանուր անուանում մըն է:

Չենք կրնար էշը պատկերացնել առանց իր կազմածքներուն: Իշապաններն ու ջորեպանները իրենց գրաստները կ՚օժտեն **համետով**, որ անասունին կռնակին ու մէջքին ամրացուած փալանն է: Համետ պատրաստող արհեստաւորները կը կոչուին **համետագործ**: Էշն իր վիզին կ՚ունենայ սանձ մը, որ **պախուրց** ալ կը կոչուի: Կաշիէ պախուրցները երբեմն ունին ցանցանման դնչակալներ՝ անասունին ցըռուկը գոցելու կամ հակակշռելու համար:

Բոլորդ ալ գիտէք, թէ իշուն ձագը կը կոչուի **քուռակ**: Արաբերէնի մէջ ալ քուռակը ունի համահնչիւն բառ մը՝ **«քըռ»**: «Էշ» բառին շուրջ միջազգային համախոհութիւն մը կայ կարծէք...:

«Քուռակ»-ին հոմանիշ է **«քուռկիկ»**-ը (ձիու կամ իշու ձագ):

Հիմա վստահ եմ որ բոլորդ ալ մտաբերեցիք մեր ազգային դիւցազնավէպի գլխաւոր հերոս **Սասունցի Դաւիթի** նշանաւոր հրեղէն ձին՝ **Քուռկիկ Ջալալին**: Ան իր յաւերժ երիտասարդ ու առոյգ կերպարանքով կը խորհրդանշէ մեր նախնեաց հրեղէն Ոգին:

Դեռ կայ Վարդան Այգեկցիի հռչակաւոր **«Աղուէսագիրք»**-ը, որուն առակներուն մէջ եւս պիտի հանդիպիք «իմաստուն» էշերու:

«Եշ»-ի ու «է»-ի պարտէզին մէջ իմ այս պտոյտը ուզեցի աւարտել երազահան մը բանալով: Բացի **«Է»**-ի գլուխը ու իմ մատը դրի **«էշ»** բառին վրայ: Ահաւասիկ այն՝ ինչ որ կարդացի հոն.

- **ԷՇ** — գիտութեան սէր, քաջութիւն, համբերութիւն, յամառութիւն:

- **ԲԵՌՑՈՒԱԾ ԷՇ** — լաւ ամուսնութիւն, երջանիկ ընկերութիւն, ապահով ճամբորդութիւն, նպատակներու իրականացում:

- **ԷՇԵՐՈՒ ՋՈՒԳԱՒՈՐՈՒՄԸ** — պատիւ եւ յաջողութիւն:

Կ՚ուզէք՝ հաւատացէ՛ք, կ՚ուզէք՝ խնդացէ՛ք...

«ԸԹ» ՏԱՌԻՆ ՍԱՐՔԱԾ ԽԱՂԵՐԸ,
ԸՍՏ ԵՒ ԸՆԴ, ԸՆԴԵՂԷՆ, ԸՆԿԵՐ ԵՒ ԸՄԲԵՐԱՆԵԼ

«Ըթ»-ը հայերէնի ութերորդ տառն է: Ձայնաւո՛ր տառ մը:

Անմիջապէս, բոլորս ալ պիտի անդրադառնանք, որ «ը» գիրը անհամար անգամներ կը գործածենք թէ՛ մեր գրաւոր եւ թէ՛ ալ բերանացի առօրեայ արտայայտութեանց մէջ՝ իբրեւ յօդ:

- Այդ մարդը ծանօթ չէ ինծի:

- Այսօրուան գործը վաղուան մի՛ յետաձգեր:

- Ակումբը փակ պիտի մնայ երկու ամիս:

- Հանդէսը կայացաւ ու աշակերտները ստացան իրենց վկայականները:

Վերի նախադասութիւններուն մէջ ընդգծուած «ըթ»-երը, բոլորն ալ, յօդ են: Զանոնք կը կոչենք ՈՐՈՇԻՉ ՅՕԴ ու կը դնենք բաղաձայնով վերջացող գոյականներու ետին: Այն պարագային, երբ գոյականը վերջանայ ձայնաւոր տառով կամ անձայն «յ»-ով մը, եւ կամ բաղաձայնով վերջացող գոյականի մը յաջորդող բառը կը սկսի ձայնաւորով, «ը» յօդը կը փոխարինուի «ն»-ով, որ նմանապէս կը նկատուի որոշիչ յօդ: Օրինակ՝

- Վաչէն ու Արան շուտ վերադարձան:

- Քոյրս իր մատանին կորսնցուց:

- Թագաւորն ու իր ծառան հիւանդացան:

Որոշիչ յօդը, ուրեմն, կը ծառայէ գոյականին որոշեալ առում մը տալու:

Մեր մամուլին մէջ յաճախ կը նկատեմ «ը» յօդի անտեղի գործածութիւն մը՝ հոլովուած բառերու ետին: Այսպէս, կը կարդանք.

- Եղբօրը անունը Հրայր էր:

- Ցուցիչ նամակ մը ղրկած էր իր մօրը:

- Հաւաքաբար աղօթեցին աշխարհի խաղաղութեանը համար:

- Իր վկայականներովը հպարտացաւ:

Նշուած չորս օրինակներն ալ ընդունելի չեն: «Եղբօր», «մօր», «խաղաղութեան» եւ «վկայականներով» հոլովուած գոյականները յօդի կարիք չունին: Խղճի ու մտքի ամենայն հանգստութեամբ թող գրենք.

- Եղբօր անունը Հրայր էր։

- Ցուզիչ նամակ մը ղրկած էր իր մօր։

-Հաւաքաբար աղօթեցին աշխարհի խաղաղութեան համար։

- Իր վկայականներով հպարտացաւ։

Ընդհանրապէս յօդ չենք դներ նաեւ տեղանուններու եւ նշանաւոր կամ պաշտօնական հանգամանք ունեցող դէմքերու անուն-մականունին ետին (ուղղական եւ սեռական հոլովներու մէջ)։ Զորօրինակ, պէտք չէ ըսել **«Եգիպտոսը աղքատ երկիր է»**, կամ՝ **«Հ. Ղեւոնդ Ալիշանը ամէնէն սիրուած Մխիթարեան բանաստեղծն է»**, կամ՝ **«Նախագահ Սարգսեանը այսօր սփիւռքահայ մտաւորականներ հիւրընկալեց»**։ Պէտք է ըսել ու գրել՝ **«Եգիպտոս աղքատ երկիր է»**, **«Հ. Ղեւոնդ Ալիշան ամէնէն սիրուած Մխիթարեան բանաստեղծն է»** եւ **«Նախագահ Սարգսեան այսօր սփիւռքահայ մտաւորականներ հիւրընկալեց»**։

«ԸԹ»-ը որոշիչ յօդ ըլլալու իր հանգամանքին կողքին՝ կրնայ նկատուիլ ՍՏԱՑԱԿԱՆ ՅՕԴ, եթէ կցուի գոյականի մը, որուն առջեւ դրուած է անձնական դերանունի սեռական հոլովներէն մէկը. **«Իմ տեսակէտը (տեսակէտս) ընդունելութիւն չգտաւ»**, **«Քու նամակը (նամակդ) ուշ ստացայ»**, **«Իր գիրքը բնաւ չկարդացուեցաւ»**, **«Մեր ամսականները չվճարուեցան»**, **«Անոնց զաւակները արտասահման մեկնեցան»**։ Յօդ մը «ստացական» կը կոչենք ուրեմն՝ երբ ան ցոյց կու տայ, թէ առարկան կը պատկանի խօսողին (Ա. դէմք), կամ խօսողին խօսակիցին (Բ. դէմք), կամ ալ երրորդ անձի մը (Գ. դէմք)։

*

Ճիշդ է, որ «ը» գիրով սկսող բառերը մեծ թիւ մը չեն կազմեր մեր լեզուին մէջ։

Մալխասեան բառարանին «ը»-ով սկսող բառերը կը գրաւեն ընդամէնը 20 էջ։ Բաղդատմամբ այլ տառերու՝ քսան էջը կը մնայ համեստ դիրքի մը մէջ. այնուհանդերձ, այսքանն ալ արհամարհելի քանակ չէ, մանաւանդ որ գործածական ու կենդանի բառերու երկա՛ր շարքեր կան այնտեղ։ Կը կատարեմ պատահական քաղուածք մը.

— **Ըլլալ**, **ըղձալ** (փափաքիլ), **ըմբոշխնել** (ճաշակել, վայելել), **ըմբռնել**, **ըմբերանել**, **ըմբոստ**, **ըմբիշ** (ըմբշամարտիկ), **ըմպել** (խմել), **ընդոծին** (բնածին), **ընդառաջել**, **ընդարձակ**, **ընդարմանալ** (թմրիլ, անզգայանալ), **ընդգծել**, **ընդգրկել**, **ընդդիմութիւն**, **ընդեղէն** (ցորեն, բրինձ, ոսպ եւ այլն), **ընդերք** (երկրին ծոցը), **ընդլայնել**, **ընդծովեայ** (ծովուն տակէն քալող նաւ), **ընդհանուր**, **ընդմիջել**, **ընդյատակեայ** (գաղտնի), **ընդոստ** (յանկարծ տեղէն վեր ելլելով), **ընդունակ**, **ընդունայն** (դատարկ, անպէտք), **ընդունելութիւն**, **ընդվզեցուցիչ** (բարկութիւն եւ ըմբոստութիւն յառաջացնող), **ընդօրինակութիւն**, **ընել**, **ընթացաւարտ**, **ընթրիք**, **ընթացիկ** (այն որ ներկայիս ընթացքի մէջ է՝ կը շարունակուի), **ընթերցանութիւն**, **ընկալագիր**, **ընկալուչ** (հեռաձայնի խօսափողը), **ընկլուզել** (կուլ տալ, ջրասոյզ ընելով խեղդել), **ընծայ** (նուէր), **ընկեր**, **ընկղմիլ**, **ընկրկիլ** (տեղի տալ, նահանջել, գիջիլ), **ընկոյզ**, **ընկճուիլ** (վհատիլ, բարոյալքուիլ), **ընձիւղիլ** (ծիլ արձակել), **ընձուղտ**, **ընտիր**, **ընտելանալ** (վարժուիլ, մտերմանալ), **ընտանիք**, **ընչազուրկ** (աղքատ), **ընչաքաղց** (արծաթասէր, ագահ)...։

Այս բոլոր բառերը, իրենց առաջին վանկին մէջ, «ը»-ով կը հընչուին ու «ը»-ով ալ կը գրուին։ Չեն յարուցեր ուղղագրական որեւէ դժուարութիւն։

Բայց **«ը»**-ն անպիտա՛ն տառ մըն է, որ կը սիրէ երբեմն խաղեր սարքել մեր գլխուն, չփոթի ու շուարումի մատնել մեզ։ Պէտք է գիտնանք խաղին օրէնքները, որպէսզի բառնանք որոգայթները ու չիյնանք ծուղակի մէջ...։

«Ճերմակ» բառին հոմանիշը գիտէ՞ք, չէ՞։ ՍՊԻՏԱԿ։ Ըս-պի-տակ։

Թէեւ բառին սկիզբը թոյլ ձեւով հնչեցինք «ըս», սակայն «ը» տառը չգրեցինք։ Այս մէկը խաղին օրէնքն է ահաւասիկ։ Ի՞նչ կ՚ըսէ մեր քերականութիւնը այս մասին.

Կան երկու տեսակ «ըթ»-եր՝ գրուող եւ չգրուող։ Այն «ըթ»-երը, որոնք կը լսուին բայց չեն գրուիր՝ կը կոչուին «սուղ ըթ»։

Եկէ՛ք սերտենք, թէ ու՞ր թաքնուած կ՚ըլլան բառասկիզբի «սուղ ըթ»-երը։

ա) ՍՊ եւ ՍՓ բաղաձայնային կապակցութիւններէն առաջ. օրինակ՝ **սպաննել**, **սպասել**, **սպառել**, **սպառնալ**, **սպասարկել**, **սպի**, **սպայ**, **Սպանիա**, **սպեղանի**, **սփիւռք**, **սփոփել**, **սփինքս**։

բ) ՍՏ եւ ՍԹ բաղաձայնային կապակցութիւններէն առաջ. **օրինակ՝ ստացագիր, ստրուկ, Ստալին, ստահակ, ստամոքս, ստեղծել, ստեղնաշար, ստեպղին, Ստեփան, ստեւ** (անասուններու բարակ մազ), **ստէպ** (յաճախ), **ստորագրութիւն, ստուար** (հոծ, խիտ), **ստուեր** (շուք), **սթափիլ, սթերլին**: **«Ստախօս»** կամ **«ստապատիր»** բառերը (սը-տախօս\սը-տապատիր) դուրս կ'իյնան այս օրինակներէն, որովհետեւ անոնց առաջին վանկին արմատը «սուտ»-ն է:

գ) ՍԿ եւ ՍՔ բաղաձայնային կապակցութիւններէն առաջ. օրինակ՝ **սկսնակ, սկիզբ, սկաւառակ, սկիւռ, Սկիւտար** (Պոլսոյ թաղամասերէն), **սքանչելի, սքողել**: **«Սքեմ»**-ը կը կարդացուի «սը-քեմ» ձեւով, քանի որ յունարենէ առնուած ու տառադարձուած բառ է:

դ) ԶԲ, ԶԳ եւ ԶՄ բաղաձայնային կապակցութիւններէն առաջ. օրինակ՝ **զբաղիլ, զբօսանք, զգուշ, զգալ, զգեստ, զգետնել, զմելի, զմայլիլ**:

ե) ՇՏ կապակցութենէն առաջ. օրինակ՝ **շտապել, շտեմարան**:

Եթէ ուշադրութեամբ վերընթերցէք վերեւ տրուած օրինակները, պիտի նկատէք որ յիշուած բոլոր բաղաձայնային կապակցութիւններէն ետք ՁԱՅՆԱՒՈՐ տառ մը կայ: Այլապէս՝ խաղին օրէնքը կը խախտի: Զորօրինակ, **«զմրուխտ»** բառը կը կարդանք **զըմ-րուխտ** ձեւով (այլ ոչ թէ՝ ըզ-մրուխտ), կամ **«սփռել»**-ը՝ **սըփ-ռել** ձեւով (այլ ոչ թէ՝ ըս-փռել), կամ **«սպրդիլ»**-ը՝ **սը-պրդիլ** ձեւով (այլ ոչ է՝ ըսպրդիլ), որովհետեւ հոս ԶՄ, ՍՓ եւ ՍՊ կապակցութիւններուն յաջորդած է բաղաձայն տառ մը...:

Այստեղ, ունինք ուշադրութեան արժանի պարագայ մը եւս:

Երբոր պիտի խոնարհենք վերեւ յիշատակուած բաղաձանային կապակցութիւններով սկսող բայերը (որոնց առջեւ հնչիւնային աներեւոյթ «սուղ ըթ» մը կայ), խոնարհումի «կը» ցուցիչը ապաթարցով կամ այլապէս ՉԵՆՔ ՄԻԱՑՆԵՐ բային, այլ կը գրենք անջատ: Օրինակ՝ **կը զգամ, կը զբաղէին, կը ստանաս, կը սքանչանայինք, կը ստեղծագործէ, կը ստորագրէ, կը սպառէք, կը սպառնայ, կը սթափին, կը շտապեմ**...:

*

«Ըթ»-ը, որ հայերէնի չորս հիմնական յօդերէն մէկն է (ս, դ, ն, ը), ներկայ է նաեւ 5-րդ յաւելուածական յօդի մը մէջ, որ «ՄԸ»-ն է:

Այս յօդը կը կոչենք ԱՆՈՐՈՇ ՅՕԴ։ Առատօրէն կը գործածենք զայն մեր խօսակցութեանց ընթացքին.

- Ծերունի ՄԸ դողդոջուն քայլերով ներս մտաւ ու խնդրագիր ՄԸ յանձնեց պաշտօնեային։

«Մը» յօդին ետեւ «ն» գիրը կ՚աւելցնենք ու զայն կը վերածենք «ՄԸՆ»-ի՝ այն պարագային երբ անիկա կու գայ էական բայէ (եմ, ես, է) կամ **«ալ»** շաղկապէն առաջ.

- Ուսուցիչ **մըն է**՝ որ գիտէ սիրցնել իր դասանիւթը։

- Միամիտ **մըն ես**, ափսո՜ս։

- Պիտի խնդրեմ, որ անգամ **մըն ալ** չխօսիս այդ մասին։

Անոնք որոնք նախաեղեռնեան շրջանի մեր գրականութեան հաւատարիմ ընթերցողներ են, նկատած ըլլալու են, որ այդ ժամանակի գրողներէն շատեր սովորութիւն դարձուցեր էին «մը» յօդին «ը» գիրը սղել ու «մ»-ն կցել ձայնաւորով սկսող յաջորդ բառին՝ ապաթարցի մը յաւելումով։ Օրինակ՝

- Ա՛լ ղրուշ **մ՚իսկ** չեմ տար իրեն։

- Դուք գրուցեցէք քիչ մը, մենք Աբիսողոմ աղային հետ պզտիկ գործ **մ՚ունինք։**

- Հերի՛ք օտար սանդուխներէ ելլեն վեր/ Ոտքերդ՝ զոր օր **մ՚ափերուս** մէջ տաքցուցի. (Դ. Վ.)։

Մեր օրերուն ապաթարցի այսպիսի գործածութեան գրեթէ չենք հանդիպիր։

Հնաբանութի՞ւն կը սեպուի արդեօք։

*

Եթէ յետադարձ հայեացք մը նետենք մեր գրականութեան անցեալի էջերուն վրայ, երեւան պիտի հանենք **«ըթ»**-ի սարքած ճարպիկ խաղերէն այլ օրինակներ եւս։

Ասոնցմէ մէկը «սուղ ըթ»-ի գրառումն է բանաստեղծական տողերու արանքին՝ տաղաչափական, վանկային կամ հնչիւնային ինչ-ինչ նկատումներով։

Այսօր կրնանք զարմանալ եւ նոյնիսկ խրտչիլ՝ տեսնելով որ հարիւր կամ հարիւր յիսուն տարի առաջուան մեր բանաստեղծները իրենց տաղերը ինչպէ՛ս կը խճողէին աւելորդ «ըթ»-երով։ Անոնք աներեւոյթ «սուղ ըթ»-երը դուրս կը բերէին իրենց թաքստոցներէն ու անոնց կու տայի՛ն լիիրաւ «ըթ»-ի կարգավիճակ։ Ահա՛ Հ. Ղեւոնդ Ալիշանի **«Լուսնկայն գերեզմանաց հայոց»** քերթուածին բնագրին առաջին քանի մը տողերը (ընդգծումները՝ իմ կողմէ)․

Ա՛յ իմ լուսնակ գեղեցիկ, աստուածավառ դու լապտեր,
Ջոր առաջնորդ գիշերոյ **դըրաւ** յերկինս **ինքըն** Տէր․
Կոյր **մըթութեան** ա՛նջք անփակ, **սըրտիս** այլ դու աչք կու տաս,
Երբ շողշողուն **շըղթայով** կախուած շարժիս յիմ **վըրաս**․

Ահա՛ Մկրտիչ Պէշիկթաշլեանի նշանաւոր **«Գարուն»**-ին Ա․ տունն ալ․

Ո՛հ, ի՛նչ անուշ եւ ինչպէս զով
Առաւօտուց **փըչես**, հովի՛կ,
Ծաղկանց **վըրայ** գուրգուրալով
Եւ մազերուն կուսին փափկիկ․
Բայց չես հովիկ իմ հայրենեաց,
Գընա՛, անցի՛ր **սըրտէս** ի բաց։

Պետրոս Դուրեանի քերթուածներն ալ լեցուն են «սուղ ըթ»-երով․

Եթէ **սընարըս** իմ տխպար
Մոմ մը **վըտիտ** ու մահադէմ,
Ո՛հ, **նըշուլէ** ցուրտ ճառագայթ,
Գիտցէ՛ք որ դեռ կենդանի եմ։

Բառերուն արտաքին կերպարանքը այլափոխող այս գրելաձեւը ո՞վ հաստատեց եւ ինչպէ՞ս նուիրականացաւ։ Մեծարենց, Վարուժան, Թէքէեան, Եղիշէ սրբազան Դուրեան, արեւելահայ ճակատէն՝ Ռ. Պատկանեան, Թումանեան եւ ուրիշներ, մինչեւ իսկ սփիւռքահայ գրականութեան Ա. սերունդէն Նիկողոս Սարաֆեանի ու Եղիվարդի նման դէմքեր անձնատուր եղած են այս գրելաձեւին։ Փաստօրէն, **«ը»**-ն ապրեր է իր փառքի՛ օրերը…։

Մեր օրերուն, երբ այս բանաստեղծութիւնները կը վերատպուին արդի դասագիրքերու մէջ, «սուղ ըթ»-երը, բարեբախտաբար, վերստին կը ղրկուին դէպի իրենց թաքստոցները…։ Եւ ասիկա, կարծեմ, «ընագրային խախտում» չի նկատուիր։

*

«Ը»-ով սկսող արմատ բառերը երբոր բարդումի կամ ածանցումի կ՚ենթարկուին (այսինքն՝ երբ նոր բառեր կը շինենք անոնցմով), բառամէջին կը պահեն իրենց **«ը»**-ն։ Օրինակ՝ խաղընկեր (խաղ+ընկեր), դասընթացք (դաս+ընթացք), երկընտրանք (երկու+ընտրանք) ու նմանօրինակ՝ անընդմէջ, անընդունելի, հիւրընկալել, հատընտիր, նորընծայ, սրընթաց, համընկնիլ, համընդհանուր, վերընձիւղիլ, որոտընդոստ, առընթեր, հակընդդէմ, ինքնըստինքեան, միանգամընդմիշտ եւ այլն։ Այս բառերը շատ չեն. սակաւաթիւ են։

Այլապէս, երկու բաղաձայններու միջեւ լսուող **«ը»** ձայնաւորը չի գրուիր, որովհետեւ հայերէնի հազարաւոր արմատ բառերէն ոչ մէկը իր մէջ **«ը»** ունի։ Առաջուր կոխկռտած կ՚ըլլանք մեր ուղղագրութիւնը՝ եթէ գրենք ձեռընտու (ճիշդը՝ **ձեռնտու**), ակընթարթ (ճիշդը՝ **ակնթարթ**) կամ լուսընկայ (ճիշդը՝ **լուսնկայ**)։

Ճիշդ այստեղ սակայն, ունինք շփոթ յառաջացնող քանի մը բառեր, որոնց մասին մեր ժամանակակից քերականագէտները կատարած են հարկաւոր պարզաբանումները ու յայտնած՝ իրենց տեսակէտը։ Ըստ այնմ, կը թելադրուի ուրեմն՝

- Չգրել «առընչութիւն» («ըթ»-ով), այլ գրել **առնչութիւն** (ճիշդ այնպէս՝ ինչպէս կը գրենք **ոչնչութիւն**)։

- Չգրել «պտըտիլ», այլ գրել **պտտիլ**։ Այսպէս գրելով հանդերձ՝ բայց պէտք է ընթերցել **պը-տը-տիլ** ձեւով։

- Տարբեր է պարագան **«գահըկէց»** բառին («ըթ»-ով), որ կազմուած է «գահ» եւ գրաբարեան «ընկենուլ» (ձգել, նետել) բառերէն։ «Գահընկէց» կը նշանակէ գահէն կամ իշխանութենէն ինկած՝ տապալած, գահազուրկ եւ պաշտօնանկ եղած։ Եթէ քիչ մը հայոց պատմութիւն կարդացեր էք՝ քանիցս հանդիպած ըլլալու էք այս բառին. **«Պարսից արքան 428 թուին գահընկէց ըրաւ հայոց Արտաշէս երիտասարդ թագաւորը ու այդպիսով ջնջեց Արշակունեաց հարստութիւնը»**։ Ի դէպ, **«ընկէց»** բաղադրիչը վերոնշեալ բային կատարեալ անցեալ ժամանակի եզակի գ. դէմքն է։ Մենք այս արմատով ունինք

«ընկեցիկ» բառը, որ կը նշանակէ ծնողաց կողմէ լքուած երեխայ, պօրինածին։

- Նմանապէս, «ըթ»-ով պէտք է գրել **«խոչընդոտ»** բառը, որ կը նըշանակէ արգելք, աշխատանք մը կամ գործունէութիւն մը խանգարող հանգամանք։ Բառը կազմուած է **խոչ+ընդ+ոտ** բաղադրիչներով։

- Այս բոլորէն դուրս՝ ունինք **քերուըտիլ, պահուըտիլ, գզուըտիլ, հոտուըտալ, լզուըռտել** բայերը, որոնք բազմապատկական իմաստ ունին եւ ուր «ըթ»-ի գոյութիւնը անհրաժեշտ է, որովհետեւ առանց անոր՝ բոլորովին այլ արտասանութիւն կը ստանան այս բառերը։ Նոյն է պարագան ժամանակ արտայայտող բառերու բացառական հոլովին՝ **այսօրուընէ, իրիկուընէ, կէսօրուընէ, գիշերուընէ, առտուընէ, վաղուընէ, առաջուընէ**..., որոնք առանց «ըթ»-ի չեն կրնար գրուիլ ու արտասանուիլ։

- Յետոյ, բառամէջի «ըթ»-ը անհրաժեշտութիւն կը դառնայ այն մականուններու պարագային, ուր բաղաձայններու կուտակում մը կայ։ Բայց գրելաձեւի երկուութիւնը անճրկումի կը մատնէ մեզ։

Արդարեւ, ինչպէ՞ս գրել Ֆրանսահայ ժամանակակից գրականագէտի մը անունը. Գրիգոր **Պըլտեա՞ն**, թէ՞ **Պըլտեան**։ Հեղինակը ի ըսկըզբանէ որդեգրած է Բ. տարբերակը ու իր բոլոր գիրքերուն ճակտին վրայ նուիրականացած է արդէն այդ գրելաձեւը։ Կը յարգենք ու կը հետեւինք։

Բայց ինչպէ՞ս վարուիլ նմանօրինակ տասնեակ այլ պարագաներու հետ. Ֆըրնտքեա՞ն, Ֆնտըքեա՞ն, թէ՞ Ֆընտըքեան...։ Գըլնճեա՞ն, թէ՞ Գըլնճեան։ Տըտըլեա՞ն, թէ՞ Տըտլեան։

Աւելի քան կէս դար առաջ խոստմնալից ու նորարար բանաստեղծ մը կ՚ապրէր Պոլսոյ մէջ. **Օննիկ Ֆչըճեան** (1931—1975)։

Հիմա, եթէ փորձենք այս տարաբախտ ու վաղամեռիկ բանաստեղծին մականունը գրել տալ տասը սփիւռքահայու, վստահ կրնաք ըլլալ՝ որ գէթ 3 տարբեր գրելաձեւեր պիտի դրուին ձեր առջեւ։ Արդէն, ռւկայ տպագիր գրականութեան մէջ իսկ՝ այս մականունը «նուաճրկած» է երկու տարբերակով. Սեդա Ծաղիկեան-Տէմիրճեանի **«Սփիւռքահայ արդի գրականութիւն»** հատորին (1994), հեղինակին յետմահու հրատարակուած **«Խենթի պատմութիւն եւ մանրապատում»** գրքին (1996) ու Կարօ Աբրահամեանի **«Ժամանակակից իսթանպուլահայ գրողներ»** ժողովածուին (2004) մէջ որդեգրուած է

Ֆրչըճեան ձեւը (զոյգ «ըթ»-ով)։ Մինչդեռ Հիլտա Գալֆայեան-Փանոսեանի **«Պոլսահայ նոր բանաստեղծութիւնը»** (1998) հատորն ու Ռ. Հատտէճեանի **«Իսթանպուլահայ նոր բանաստեղծութեան վէպը»** (2004) գործը նախընտրած են **Ֆչըճեան** ձեւը (մէկ «ըթ»-ով)։ Իսկ Պէպօ Սիմոնեանի **«Էջեր եւ նիւթեր գրականութեան»** (2007) հատորին մէջ միաժամանակ կը հանդիպինք թէ՛ **Ֆրչըճեան**-ին եւ թէ՛ **Ֆչըճեան**-ին…(էջ 196\207)։

Չկայ քերականական օրէնք մը, որ ինքզինք պարտադրէ այստեղ։ Պէտք է սակայն կառչիլ ՄԻԱՁԵՒՈՒԹԵԱՆ ՄԸ ու նաեւ՝ խուսափիլ կրկնակի «ըթ»-ի գործածութենէն. մականունը գրել այնպիսի ձեւով մը՝ որ ճիշդ հնչուի ու կարդացուի։ Հետեւաբար, կը կարծենք, յարմարագոյն ձեւն է «ըթ»-ը զետեղել նախավերջին վանկին մէջ ու գրել **Ֆչըճեան, Ֆնտըքեան, Գլընճեան, Եալտըզճեան, Շխրտըմեան, Սաղտըճեան**։ Անդին, **Մրմըեան**-ի, **Թըթուեան**-ի ու **Տլտըեան**-ի նման կրկնաձեւ մականուններու պարագային՝ «ըթ»-ը բոլորովին աւելորդ կը դառնայ ու հարկ է լրիւ հրաժարիլ անկէ։ Նոյնն է պարագան միավանկ մականուններուն՝ **Մխճեան, Մխսեան**։ «Ըթ»-ի անհրաժեշտութիւն չ՚երեւիր նոյնիսկ **Թնկըեան, Գըմզեան, Սաղըեան, Խտըեան, Մկըեան** մականուններուն մէջ, որովհետեւ ասոնք ճիշդ կը հնչուին արդէն իրենց այս գրելաձեւերով. չէ՛ն կարօտիր «ըթ»-ի նեցուկին։

- Եւ վերջապէս, չմոռնանք յիշել, թէ միակ բայը, որուն արմատին մէջ «ը» տառը սովոր ենք դնել, **«անցընել»** բայն է։ Պատճառն այն է, որ ստիպուած ենք յստակ տարբերակում մը բերել այս ներգործական բային ու անոր **«անցնիլ»** (արեւելահայերէնով՝ **«անցնել»**) չէզոք սեռին միջեւ.

- Աշակերտները քննութիւնը պիտի **անցընեն** դպրոցի մեծ սրահին մէջ։

- Ձախորդ օրերը ձմռան նման **պիտի անցնին** ու երթան։

- Փախստականները սահմանը **կ՚անցնին**՝ իրենց հետ **անցընելով** հօտ ու արջառ։

«Ը» ձայնաւորին սարքած խաղերը այսպէ՛ս են. ճարպիկ ու ճարտար։

*

«ԸԹ» տառը իր վախազդու շուքը ցոյց կու տայ նաեւ կարգ մը թուականներու վերեւ։

Սփիւռքահայ ուսանողը, ուսուցիչը, գրողը, գրաշարը, թղթակիցն ու խմբագիրը որքա՛ն կը տառապին եւ կը շփոթին՝ ամէն անգամ որ պիտի գրեն 7, 8, 9, 10 թիւերը։ Դպրոցական դասագիրքերը, հեղինակային հատորները, լրագրերն ու պարբերականները, մինչեւ իսկ բառարանները շփոթի պիտի մատնեն եւ յուսահատեցնեն գիրենք, որովհետեւ այս թուականներուն գրելաձեւին շուրջ համախոհութիւն չէ գոյացած երկա՛ր տասնամեակներ։ Ամէն մարդ գրած է ըստ իր հայեցողութեան, ըստ կամս։ Ոմանք գրած են ու կը գրեն «եօթ», «ութ», ուրիշներ՝ «եօթն», «ինն», «իննը», «տասս»...։ Սխալները կը բազմապատկուին յօղառութեան, բարդումի եւ ածանցումի ատեն եւս։

Հիմա այլեւս յստակօրէն կը թելադրուի, որ այս չորս թիւերը գրուին համաբանութեամբ՝ միեւնոյն կշռոյթով, **եօթը, ութը, ինը** եւ **տասը** ձեւով, բոլորին ալ եռեւը «ըթ»-ով։ Նոյն հետեւողութեամբ ալ պէտք է գրել **տասնեօթը, երեսունինը, հարիւր տասը, ինը հարիւր յիսունութը** եւ այլն։

Կը թելադրուի նաեւ, որ միաձեւութիւն բերուի դասական թուականներուն ալ ու մի՛շտ գրել **եօթերորդ** (ոչ թէ եօթներորդ), **ութերորդ, իններորդ** եւ **տասերորդ** (ոչ թէ տասներորդ)։

Մանր-մունր խնդիրներ են ասոնք, շատերու կարծիքով։ Բայց մեր ուղղագրութիւնը կուտակուած եւ անլոյծ մնացած հարցեր ունի դեռ։ Քայլ առ քայլ իրականացուող ուղղագրական միաձեւութիւնը մեծապէս պիտի ամրագրէ արեւմտահայերէնի քերականական համակարգը։

*

Կը վերադառնամ վերնագրիս մէջ տեղ գտած երկու կարճահասակ բառերու. **ըստ** եւ **ընդ**։

Նախ սերտենք **«ըստ»**-ը։

Ասիկա նախադրութիւն է, այսինքն՝ «կապ»-ի այն տեսակը, որ կը դրուի գոյականին կամ դերանունին առջեւ։ Գրաբարի մէջ ունեցած է բազմաթիւ ու այլազան իմաստներ, սակայն արդի աշխարհաբարի մէջ կը նշանակէ «համեմատ, համաձայն»։ Կը պահանջէ տրական հոլով խնդիր։ Ահա՛ օրինակներ.

- Յաջողակ ուսանողները **ըստ արժանւոյն** գնահատուեցան։

- **Ըստ մասնագէտներու**՝ «Քորոնա» ժահրը պիտի հնձէ տասնեակ հազարաւոր մարդոց կեանքը։

- **Ըստ երեւոյթին** (= դատելով երեւոյթէն)՝ տնտեսական տագնապը դեռ պիտի շարունակուի երկար ամիսներ։

- **Ըստ ամենայնի** (= ամէն բանով, բոլորովին) համաձայն եմ ձեզի հետ։

- Նախ պիտի սերտեմ կացութիւնը, ապա **ըստ այնմ** (= անոր համաձայն) որոշում կայացնեմ։

- **Ըստ** կէտադրական **օրէնքներու**՝ գեղչուած բառի մը տեղ բութ կը դրուի։

- Անունները ցանկագրեցինք **ըստ** այբբենական **շարքի**։

- **Ըստ իս** (= իմ կարծիքով, ըստ ինծի)՝ ներկայացուած թատերախաղը յաջող չէր։

Շատ զարմացայ ի տես բառարանիս այն նշումին՝ թէ **ստանձնել** եւ **անստգիւտ** բառերը կազմուեր են **«ըստ»** արմատով։ Ո՞ւր, ո՞ր խորշին մէջ թաքնուեր է այդ **«ըստ»**-ը...։ Իրա՛ւ որ մարգարէ պէտք է ըլլալ՝ «ըթ»-ի սարքած լարախաղացութիւններուն հետեւելու համար...

«Ստանձնել» բայը ծանօթ է անշուշտ։ Կը նշանակէ «յանձն առնել, իր վրայ վերցնել»։ Որքա՜ն յաճախակի կը լսենք **«Ես պատասխանատուութիւն չեմ ստանձներ»** նախադասութիւնը։ Այո՛, մարդիկ հոգ ու տաղտուկ շալկել չեն ուզեր։

«Ստանձնել» բառին ստուգաբանութիւնը կատարելու համար հարկադրուեցայ դիմել... գրաբարին։ Նախ պարզուեցաւ, որ բառը ունի երկու բաղադրիչ՝ **ըստ+անձն**։ Յետոյ պարզուեցաւ, որ գրաբարի մէջ **«ըստ»** նախդիրին բազմաթիւ իմաստներէն մէկն ալ **«վրայ»** նշանակութիւնն է։ Ուրեմն, **«ըստ անձին»** կը նշանակէ **«անձին վրայ»**։ Կամ եթէ գրաբարով ըսենք **«կրել ըստ մարմնոյ»**, ատիկա պիտի նշանակէ **«կրել մարմնին վրայ»**։

Հետեւաբար, **«(ը)ստանձնել»** կը նշանակէ «իր անձին վրայ ունենալ, կրել, շալկել»։ Եւ ասիկա՝ տուեալ բառին մեզի քաջածանօթ իմաստն է։

Ահա՛ ստուգաբանութիւնը բառի մը, ուր թաքնուած էր դիմակաւոր **«ըստ»** մը…։

Միւս ածական բառը՝ **«անստգիւտ»**, շատ գործածական չէ։ Անոր կը հանդիպինք գրական ցանցառ էջերու մէջ։ Կը նշանակէ «պակասութիւն չունեցող, անթերի, կատարեալ»։ **«Բնութիւնը հրաշալիօրէն կը պարգեւէր անստգիւտ գեղեցկութիւն մը»։** Բայը **«ստգտանել»** է (կ'ընթերցուի՝ «ըստ-գը-տանել», մէկու մը վրայ մեղադրելի բան գտնել), իսկ գոյականը՝ **«ստգտանք»** (կ'ընթերցուի՝ «ըստ-գըտանք», մեղադրանք, յանցանք)։ Դժուարահունչ բառեր են, եւ թերեւս այդ է պատճառը անոնց անգործածելիութեան։

Այս բառին ստուգաբանութիւնը եւս նախորդ բառին համանման է։ **«(Ը)ստ+գտանել»**։ Այսինքն՝ վրան գտնել։ Այլ խօսքով՝ մէկու մը վրայ արատ, բիծ, թերութիւն կամ յանցանք գտնել։ Կը հետեւի ուրեմն, որ **«անստգիւտ»** (ան+ըստ+գիւտ) կը նշանակէ բան մը՝ որուն վրայ բիծ կամ յանցանք չկայ։ Անթերի։

Ահա թէ ինչպէ՛ս կազմուեր են բառերը դարերու հոլովոյթին ընդմէջէն…։

*

«Ըստ»-ին մտերիմ ընկերն է **«ընդ»**-ը։

Այս եւս գրաբարեան նախադրութիւն մըն է (կապ), որ արդի աշխարհաբարի մէջ առանձինն չի գործածուիր գրեթէ։ Կրնամ յիշել **«մերթ ընդ մերթ»** կրկնաւոր բառը, որ կը նշանակէ **երբեմն-երբեմն**։ Գրաբարի մէջ սակայն **«ընդ»**-ը ունեցած է տիրապետող դիրք ու արժէք՝ այլազան ու բազմաթիւ իմաստներով։

Տասնամեակներ առաջ, երբ Հալէպ դեռ չէր կողոպտուած իր չէն ու երազային օրերէն, Ֆութպոլի մրցումներու խոշոր ծանուցումներ կը կարդայի հայահոծ թաղամասերու պատերուն վրայ. **«Հ.Մ.Ը.Մ. ընդ ՎԱՍՊՈՒՐԱԿԱՆ», «Հ.Մ.Մ. ընդ Հ.Մ.Ը.Մ.»…։** Թեւրխաշ պատանի մըն էի ու չէի հասկնար, թէ ի՞նչ կը նշանակէր **«ընդ»**։ Քիչ մը հասակ պէտք էր առնէի, քիչ մը խորանայի մեր մայրենիի ակունքներուն մէջ՝ որպէսզի հասկնայի, թէ **«ընդ»** կը նշանակէր ԴԷՄ։

Այդ երջանիկ օրերուն է նաեւ՝ որ առաջին անգամ ըլլալով ձեռք առեր էի Սիմոն Սիմոնեանի հայոց պատմութեան սքանչելի դասագիրքերը ու այնտեղէն սորվեր էի, թէ հայ գուսանները ինչպէ՞ս եր-գեր էին հայոց արեւ-աստուծոյ՝ Վահագնի ծնունդը.

Երկնէր երկին եւ երկիր,
Երկնէր եւ ծիրանի ծով,
Երկն ի ծովուն ունէր զկարմրիկ եղեգնիկն։
Ընդ եղեգան փող ծո՛ւխ ելանէր,
Ընդ եղեգան փող բո՛ց ելանէր,
Եւ ի բոցոյն պատանեկիկ վազէր.

Դասագրքին հեղինակը տուած էր վերի գրաբար տողերուն աշ-խարհաբար թարգմանութիւնն ալ, ըստ որուն՝ «**ընդ եղեգան փող ծո՛ւխ ելանէր**» կը նշանակէր «եղէգի փողէն (փողին մէջէն) ծո՛ւխ կ՚ելլէր»։ Այսինքն, «**ընդ**»-ը այստեղ կը նշանակէր «**մէջէն**» (գործա-ծուած է սեռական հոլովի հետ)։

Հիմա, երբ կը բանամ բառարանը, զարմանքով կը տեսնեմ, թէ որքա՛ն այլազան իմաստներ ունի եղեր այս պզտլիկ բառը՝ «**ընդ**»-ը, գրաբարի մէջ։ Մեր լեզուն որքա՛ն ծանր բեռներ դրած է այս կար-ճահասակ բառին նկուն ուսերուն վրայ...։ Օրինակ, երբ կ՚ըսենք «**Ակն ընդ ական, ատամն ընդ ատաման**», այստեղ՝ «**ընդ**» կը նշա-նակէ «**փոխանակ, տեղը**» (գործածեցինք սեռական հոլովի հետ)։ Երբ «**ընդ**»-ը տրական հոլովի հետ գործածուի՝ կը նշանակէ «**հետ, միասին**». օրինակ՝ «**Տէր ընդ ձեզ**» (Տէրը ձեզի հետ ըլլայ), «**ընդ նմա**» (անոր հետ), «**ընդ նոսա**» (անոնց հետ), «**ընդ նահատական մեր**» (մեր նահատակներուն հետ)։ Հայցական հոլովի հետ՝ կը նշա-նակէ «**դէպի**». օրինակ՝ «**Երթալ ընդ արեւելս**» (երթալ դէպի արեւ-ելք)։ Բացառական հոլովի հետ՝ կը նշանակէ «**քովէն, կողմէն** կամ **կողմը**». եւ այստեղ՝ յիշենք «**Հաւատամք**»-ի բոլորիդ ծանօթ տո-ղը.«...**Զարչարեալ, խաչեալ, թաղեալ, յերրորդ աւուր յարուցեալ. ելեալ ի յերկինս նովին մարմնովն՝ ՆՍՏԱՒ ԸՆԴ ԱՋՄԷ ՀՕՐ**»։ Այ-սինքն՝ «Չարչարուեցաւ, խաչուեցաւ, թաղուեցաւ, երրորդ օրը յա-րութիւն առաւ. նոյն մարմնով երկինք ելաւ եւ հօր աջ կողմը նըս-տաւ»։ Իսկ գործիական հոլովի հետ՝ կը նշանակէ «**տակ, ներքեւ**». իբրեւ օրինակ՝ յիշենք բանաստեղծ Մ. Պէշիկթաշլեանի նշանաւոր մէկ տողը. «**Ընդ աստեղօք ի՞նչ կայ սիրուն, քան զանձկալի եղբայր անուն**» (աստղերուն տակ ի՞նչ կայ սիրուն)։

*

Գիտեմ որ իմ ընթերցողները եկեղեցասէր հայորդիներ են։ Ու կրնամ ենթադրել, որ անոնք, պարբերաբար, առիթ չեն փախցներ իրենց ներկայութիւնը բերելու եկեղեցական արարողութեանց, մանաւանդ՝ Հայկական Ս. Պատարագին։

Ամէն ոք նշմարած ըլլալու է ուրեմն, որ երբ Ս. Պատարագը իր աւարտին կը հասնի (կամ երբ ազգային-մշակութային հանդէս մը պիտի եզրափակուի), հայ հոգեւորականը անպայման կ'արտասանէ **«Պահպանիչ»** կոչուած աղօթքը, որուն մէջ ալ **«ընդ»**-ը կը տեսնենք երկու տարբեր իմաստներով.

- «...Պահեա՛ եւ պահպանեա՛ զազգս հայոց **ընդ հովանեաւ** սուրբ եւ պատուական խաչիւդ քո ի խաղաղութեան...»։ Այսինքն՝ «պահէ՛ ու պահպանէ՛ հայ ազգը սուրբ եւ պատուական խաչիդ ՀՈՎԱՆԻԻՆ ՏԱԿ՝ խաղաղութեան մէջ...»։

Այնուհետեւ՝

- «Արժանաւորեա՛ գոհութեամբ փառաւորել զՔեզ **ընդ Հօր եւ ընդ Սրբոյ Հոգւոյդ**...»։ Այսինքն՝ «Արժանի՛ ըրէ գոհութեամբ փառաւորել քեզ՝ ՀՕՐ ԵՒ Ս. ՀՈԳԻԻՆ ՀԵՏ ՄԻԱՍԻՆ...»։

Ուրեմն, «ընդ»-ը տեղ մը նշանակեց ՏԱԿ, տեղ մը՝ ՀԵՏ։

Միայն ասոնք չէ՛ն։ **«Ընդ»**-ը տակաւին ունի գրաբարեան բազմերես ու բազմագոյն այլ իմաստներ ալ, որոնք կրնան յոգնեցնել ամէնէն համբերատար ընթերցողն իսկ...։ Ուստի, զանց կ'առնեմ զանոնք, նախընտրելով յիշեցնել ձեզի, որ **«ընդ»**-ը աշխարհաբարի մէջ թէեւ առանձինն չենք գործածեր, բայց զայն կցուած կը գտնենք գործածական բազմաթիւ բառերու առջեւը, երբեմն՝ առանց որ անդրադառնանք այդ իրողութեան. **ընդառաջել** (մէկու մը ցանկութեան կամ պահանջին հաւանութիւն տալ), **ընդգծել** (տակէն գիծ քաշել, ստորագծել), **ընդգրկել** (գիրկին մէջ առնել, պարփակել, բովանդակել), **ընդդիմախօսել** (հակաճառել), **ընդլայնել** (ընդարձակել, ծաւալել), **ընդհատել** (դադրեցնել, ընդմիջել, կասեցնել), **ընդհարում** (բախում), **ընդմիջում** (դադար), **ընդմիշտ** (մշտական, առյաւէտ), **ընդնշմարել** (նկատել, աչքին զարնել), **ընդվզիլ** (վիզը տնկել, ապստամբիլ), **ընդօրինակել** (բնագրին օրինակով արտագրել) եւ այլն, եւ այլն։

«Ընդ»-ը կրնանք ընդնշմարել կարգ մը կցական բառերու մէջ ալ, ինչպէս՝ **միանգամընդմիշտ** (մէկ անգամ՝ այժմ եւ ապագայի համար), **մէջընդմէջ** (մէջէմէջ), **տողընդմէջ** (երկու տողի միջեւ տող մը բաց թողլով) կամ **գիրկընդխառնուիլ** (գիրար գրկել, իրարու փաթթուիլ)։

*

Մեր լեզուին մէջ ունինք հետաքրքրական կազմուածք ունեցող բառ մը, որ թէեւ հայախօս տարրին կողմէ յաճախ կը գործածուի, սակայն անոր իմաստը, առհասարակ, անծանօթ կը մնայ ժողովրդային լայն զանգուածներուն. ԸՆԴԵՂԷՆ։

Եթէ բառարան բանանք, պիտի ըսուի մեզի, որ **«ընդեղէն»** անունին տակ կը համախմբուին այն բոլոր ուտելի հունտերը, որոնք սա կամ նա ձեւով ներկայ են մեր առօրեայ ճաշասեղանին վրայ. **ձաւար, բրինձ, ոսպ, լուբիա, կորկոտ, սիսեռ, բակլայ, ոլոռն, ցորեն**… ու տակաւին՝ **պիստակ, նուշ, ընկոյզ, կաղին** եւ այլն։ Ասոնք մաս կը կազմեն ընդեղէնի մեծ ընտանիքին։

Բայց բառը ինչպէ՞ս կազմուած է։ Մեզի ծանօթ **«ընդ»**-ը ի՞նչ գործ ունի այստեղ կամ ի՞նչ իմաստ կը կրէ։

Խաբուսի՛կ **«ընդ»** մը։

Ձեր միտքէն կրնա՞ր անցնիլ, թէ **«ընդեղէն»** բառը կազմուած է **«ունդ»** արմատով (ո՛չ թէ «ընդ») եւ **«եղէն»** վերջածանցով։ Այո՛, **ունդ+եղէն=ընդեղէն։ «Ունդ»** կը նշանակէ հունտ, սերմ, հատիկ։

Նկատեցիք անշուշտ, որ **«ունդ»** բառին առաջին տառը՝ **«ու»**-ն, փոխակերպուեցաւ **«ը»**-ի՝ ըստ հայերէն լեզուի հնչիւնափոխութեան ծանօթ մէկ օրէնքին։ Այսինքն, չըսինք ու չենք ըսեր «ունդեղէն», այլ՝ **ընդեղէն**։ Նմանապէս, **«ումպ»** (պուտ մը հեղուկ, կում) բառը կու տայ ԸՄՊԵԼ (խմել), ԸՄՊԵԼԻ (խմելիք) եւ ԸՄՊԱՆԱԿ (ջրաման), իսկ **«ունչ»** (դունչ, քիթ, ռունգ) բառը կու տայ ԸՆՉԱՑՔ, որ կը նշանակէ ՊԵԽ…։

«Ընդեղէն» բառին խնամի են **«ընդակեր»** (ընդեղէնով կերակրուող) եւ **«ընդավաճառ»** (ընդեղէն վաճառող) բառերը։

*

Եթէ լեզուաբանական հետաքրքրութիւններ ունիք ու բառարաններու էջերը դարձնելէ կամ հոսկէ-հոնէ ծանօթ-անծանօթ բառեր կարդալէ հաճոյք կ'առնէք, անակնկալները սունկի պէս գլուխ պիտի ցցեն ձեր դիմաց։ Ու շատ պիտի զարմանաք, որովհետեւ բազմաթիւ բառերու կազմութեան կերպը կամ անոնց ստուգաբանական եղափոխութեան հոլովոյթը հետաքրքրական վարագոյրներ պիտի բանան ձեր առջեւ։

Օրինակ, ամէնքս ալ որքան յաճախակի կը գործածենք **«ըմբռնել»** բայը։ «Ըմբռնել», այսինքն՝ հասկնալ, իմանալ, մտքով ու գիտակցութեամբ «բռնել», իւրացնել։ **«Դասարանին մէջ կարգ մը աշակերտներ դասաւանդուած նիւթը ըմբռնելու դժուարութիւն ունին»**, կը գանգատին երբեմն ուսուցչուհիները։ Մամուլի մէջ ալ կը կարդանք.**«Դժուար չէ ըմբռնել, թէ Թուրքիա ռազմավարական ի՛նչ շահեր կը հետապնդէ Միջերկրականի մէջ...»**։

Է՛հ, հիմա ըսէ՛ք, թէ ինչպէ՞ս կազմուած է սա բառը։ «Ըմ+բռնե՞լ»։

Բայց ի՞նչ կը նշանակէ «ըմ»։ Այսպիսի արմատ բառ գոյութիւն չունի։

Գաղտնիքը հետեւեալն է. **«ըմբռնել»** բային նախնական ձեւն է **«ընդբռնել»**։ Այո՛, «ընդ+բռնել»։ Սակայն ժամանակի ընթացքին «ընդ» վանկին «դ» տառը ինկած է, իսկ «ն» ձայնն ալ փոխակերպուած է «մ»-ի։ Ու այսպէս՝ մէջտեղ եկած է **«ըմբռնել»** բառը...։

Ձեր մտքէն կ'անցընէի՞ք նման վարկած մը։

Նոյն ձեւափոխութիւններուն առարկայ դարձած են նաեւ.

- **ԸՄԲՈՇԽՆԵԼ** (ճաշակել, վայելել). կազմութեան նախնական ձեւը՝ «ընդ+բոշխ+(ն)ել»։ «Բոշխ»-ը բուսական կերակրատեսակ մըն է։

- **ԸՄԲԵՐԱՆԵԼ** (բերանը փակել, լռեցնել). կազմութեան նախնական ձեւը՝ «ընդ+բերան+ել»։

- **ԸՄԲՈՍՏ** (ապստամբ, անհնազանդ, կարգապահութեան չենթարկուող). կազմութեան նախնական ձեւը՝ «ընդ+ոստ(իւն)»։ Գիտէք, որ «ոստիւն»-ը յանկարծակի ցատքելն է։ Պէտք է ենթադրել այստեղ, թէ բառասկիզբի «ընդ»-ին «դ» տառը վերածուած է «բ»-ի։

Ըմբռնեցի՞ք, սիրելինե՛ր։

*

Երկու խօսք ալ կ՛ուզեմ ըսել «սուղ ըթ» պարունակող բառերու տողադարձի կանոններուն մասին։

Քաոսային վիճակ մը կը պարզէ տողադարձը մեր գիրքերուն, թերթերուն ու պարբերականներուն մէջ։ Ամէն մէկ գրող, խմբագիր, ուսուցիչ կամ գրաշար «ըստ կամս» կը կիրարկէ տողադարձի օրէնքները, քմահաճօրէն, անփութութեա՛մբ։ Քերականութեան մեր դասագիրքերն ալ, առհասարակ, չեն գոհացներ մեր հետաքրքրութիւնները այս առնչութեամբ, որովհետեւ տողադարձի մասին կու տան թերի ու ոչ-ամբողջական նշումներ միայն։

*Արդ, ինչպէ՞ս տողադարձել **ՆՈՒԱԳ**, **ԼՈՒԱՑՈՒԵՑԱՒ**, **ՍՔԱՆՉԵԼԻ** կամ **ԲԼՈՒՐ** բառերը, զորօրինակ։*

*Թերթերու մէջ կը հանդիպինք **նը-ւագ**, **բը-լուր**, **լը-ւացուեցաւ** (կամ **լուաց-ւեցաւ**) եւ **ըս-քանչելի** ձեւերուն։*

Չէ՞ք անդրադառնար, թէ որքա՛ն այլանդակուեցան, ձեւազեղծուեցան այս սիրուն բառերը՝ վերը կիրարկուած տողադարձով։ Ամէն բանէ առաջ՝ մեր ա՛չքը գոհացում չստացաւ անոնցմէ, որովհետեւ բառերուն արտաքին պատկերը փոխուեցաւ։ Ուրեմն, ի՞նչ ընել, ինչպէ՞ս վարուիլ։

*Իբրեւ մայր սկզբունք՝ խուսափի՛նք տողադարձուող վանկային բաղադրիչներուն մէջ ամէն առիթով «ը» դնելու սովորամոլութենէն։ Օրինակ, «նուագ» եւ «բլուր» երկվանկ բառերը **ԲՆԱՒ ՉՏՈՂԱԴԱՐՁԵԼ**, որովհետեւ այս բառերուն առաջին վանկը պարզապէս կը բաղկանայ մէկ տառէ ու այդ միակ տառին համար չ՚արժեր բառը կիսել եւ սուղ ըթ մը կցել անոր՝ աղաւաղելով արտաքին պատկերը։ Տարբեր է սակայն պարագան այն բառերուն, որոնց առաջին վանկը կը բաղկանայ երկու բաղաձայն գիրերէ։ Զանոնք կարելի է տողադարձել «ը»-ի նեցուկով։ Օրինակ՝ **փըր-կիչ**, **գըն-դակ**, **սըն-տուկ**, **խըն-դուք** եւ այլն։*

*«Լուացուեցաւ»-ը տողադարձել սա՛պէս. **լուա-ցուեցաւ** (կամ **լուացուե-ցաւ**)։ Այսինքն, «վ» հնչուող «ու» տառը «ւ»-ի չվերածել, այլ՝ իրեն նախորդող բաղաձայն գիրին հետ անցընել վարի տողին։ Այլ օրինակներ՝ **նուի-րել** (ոչ թէ նը-ւիրել), **շուա-րիլ** (ոչ թէ շը-ւարիլ), **թուա-կան** (ոչ թէ թը-ւական)։*

*Իսկ «սքանչելի»-ին պարագային, անոր առաջին վանկին մէջ **ՉԴՆԵԼ** «ը» մը, այլ՝ տողադարձել սա՛պէս. **սքան-չելի** (կամ **սքանչե-***

լի)։ Այլ օրինակներ՝ **շտե-մարան** (ոչ թէ ըշ-տեմարան), **սպա-սում** (ոչ թէ ըս-պասում), **գգու-շանալ** (ոչ թէ ըգ-գուշանալ)։

Այս սկզբունքը միանգամընդմիշտ կը փրկէ մեր գրաւոր լեզուն ափսոսալի աղաւաղումէ, իսկ մեզ ալ՝ յոգնեցուցիչ անորոշութենէ։

*

«Ը» գիրին շուրջ իմ դեգերումները զիս անպայման կը տանին դէպի երկու բառեր, որոնք տեսակ մը սրբազան նշանակութիւն ունին բոլորիս համար. ԸՆԿԵՐ եւ ԸՆՏԱՆԻՔ։

Նախ՝ **«ընտանիք»**։ Այսինքն՝ մարդկային ընկերութեան առաջին կորիզը. **ծնողք, ամուսիններ, զաւակներ, հարազատներ։** Բառը իմաստային լայն շրջագիծ մը ունի, որովհետեւ միայն մեր սեփական ընտանիքը չէ՛ որ կը բնորոշուի ատով, այլ՝ կենդանիներու, միջատներու, թռչուններու, բոյսերու, գիտութեան դիտանկիւնէն՝ միատեսակ միաւորներու, նոյնիսկ՝ լեզուներու խումբերը (լեզուաընտանիք)։ Անմիջապէս կը յիշեմ մեր գրականութենէն ընտիր նմուշներ՝ Խրիմեան Հայրիկի **«Դրախտի ընտանիք»**-ը (1878, որ կը պարունակէ ընտանիքի գաղափարին պաշտպանութեան ու կնոջ հաւասարութեան սկզբունքներուն նուիրուած խրատական գրութիւններ) եւ Երուանդ Օտեանի **«Ընտանիք, պատիւ, բարոյական»** հանրայայտ վէպը (1910), քաղուած՝ պոլսահայ կեանքէ։ Այս վէպին գլխաւոր հերոսը Աղքատախնամի ատենապետ Ղուկաս Էֆէնտին է, հարուստ եւ վաշխառու, անխիղճ ու անբարոյ մարդ մը, որ կը խռովէ անմեղ ընտանիքներու կեանքը. ու մեռնելէ առաջ կտակ մը կը թողու, յանձնարարելով որ իր գերեզմանին տապանաքարին վրայ գրեն «ընտանիք, պատիւ, բարոյական» բառերը…

«Առողջ ընտանիքը առողջ ընկերութեան մը երաշխիքն է», ըսուած է իրաւամբ։

Նոյնիսկ պիտի համարձակիմ ըսել, որ ընտանիքը պետական համակարգի մը ամենափոքրիկ մանրանկարն է, որուն «գործեր»ը հեգասահ ու արդիւնաւէտ կ՚ընթանան՝ երբ հոգ տարուած է անոր տնտեսութեան, առողջապահութեան եւ կրթութեան, երբ սահմանագծուած են անոր անդամներուն իրաւունքներն ու փոխադարձ պարտաւորութիւնները։

Հայ ժողովուրդի տոհմային ապրումներուն մէջ եւս շատ կարեւոր տեղ ունի ընտանիքը։ «Ընտանեկան սրբութիւն» կոչուած հասկացութիւն մը կայ, որ կ՚երաշխաւորէ մեր ընտանիքներուն առողջ ու բարգաւաճ ընթացքը՝ ամուսնական ուխտի անխախտ հաւատարմութեամբ, ծնողաց նկատմամբ հնազանդութեամբ, երէցներու ու տարեցներու հանդէպ ցուցաբերուած յարգանքով կամ գուրգուրանքով, փոքրերուն ջամբուած հայեցի կրթիչ դաստիարակութեամբ եւ մասամբ նորին։

Խրիմեան Հայրիկ վերեւ նշեալ իր գործին մէջ կը գրէր.

— Ժողովուրդը եթէ կը յառաջդիմէ՝ իւր առաջին քայլը ընտանեաց սրահէն կ՚առնու. եթէ կը լուսաւորուի՝ իւր լոյսը ընտանեկան ճրագէն է. եթէ կը միանայ՝ իւր ոգին եւ կապն ընտանիքն է. եթէ կը զօրանայ՝ իւր ուժն եւ բազուկն ընտանիքն է. եթէ կը հարստանայ՝ իւր գանձարան եւ գանձապետն ընտանիքն է. եթէ իւր տուն եւ սեղան բարեկից եւ առատ է՝ արդիւնաբեր անդաստանը ընտանիքն է. եթէ դրախտի գետերը կը վազեն իւր հրապարակը՝ աղբիւրը դրախտի ընտանիքն է. եթէ իւր կարասները լի են գինուով, կը խմէ ու կ՚ուրախանայ՝ խաղողաբեր այգին ընտանիքն է. եթէ բարեծնունդ զաւակներով օր ըստ օրէ բիւրապատիկ կ՚աճի՝ իւր նախածնող խնամատարը ընտանիքն է. եթէ իւր զաւակները բարեկիրթ քաղաքացի պատրաստել կ՚ուզէ՝ իւր բարեկրթութեան առաջին համալսարանն ընտանիքն է. եթէ աշխարհիս վերայ երջանիկ ապրիլ կ՚ուզէ՝ թող հաւատայ, որ երջանկութեան կեանք բխող աղբիւրն ընտանիքն է. եթէ երկրէս յետոյ երկինք եւս ժառանգել կ՚ուզէ՝ պահելով իւր հայրենի կրօն, հաւատ եւ եկեղեցի, այո՛, այդ սուրբ աւանդները անեղծ ու անկորուստ պահելու խորանն ընտանիքն է։

«Ընտանիք» բառին կազմութիւնն ալ հետաքրքրական է. **«ընդ+տուն+իք** (ածանց)»։ Այսինքն՝ նոյն տան, նոյն երդիքին տակ ապրողներ։

Միեւնոյն արմատէն ունինք **ընտանի** (տնեցի. մտաբերենք բոլորիս ծանօթ ընտանի կենդանիները…), **ընտելանալ** (մօտիկ ըլլալ, մտերմանալ, վարժուիլ), **ընտանեգուրկ** (ծնողազուրկ, որբ) բառերը, որոնք շատ գործածական են։

Արեւմտահայ մամուլի պատմութեան մէջ ունեցեր ենք **«Ընտանիք»** անունով կիսամսեայ հանդէս մը, զոր խմբագրեր է պոլսահայ երկարամեայ ուսուցիչ **Սիմոն Գաբամաճեան**, իր երիտասարդական տարիներուն, Պոլիս, 1883–84։

Գաբամաճեան հազիւ քսան տարեկան էր՝ երբ կը ձեռնարկէր այս գործին, նպատակ ունենալով «ընտանեկան դաստիարակութեան ծառայութիւն մը մատուցանել» իր արիւնակիցներուն, մանաւանդ՝ ուղեցոյց մը դառնալ հայ իգական սեռին, որպէսզի ան հոգ տանի իր տնային դաստիարակութեան, ուսման, ֆիզիքական առողջութեան, ընտանեկան տնտեսութեան, ըլլայ պարզասէր, խնայասէր, կրօնասէր եւ այլն։ Թերթը կը նպատակադրէր նաեւ նիւթապէս սատարել այդ օրերուն Պոլսոյ մէջ գործող Դպրոցասէր Տիկնանց Միութեան։ Սակայն, դժբախտաբար, **«Ընտանիք»**-ի ազգանուէր այս նպատակները չկրցան կտրել երկար ճամբայ մը. հանդէսը տոկաց լոկ տասներեք ամիս ու փակուեցաւ 24 թիւ հրատարակուելէ ետք։ Տարբեր պատմութիւն՝ թէ Սիմոն Գաբամաճեան շարունակեց իր հայերէնագիտական նուիրեալ աշխատանքները ու մնայուն անուն մը թողուց մասնաւորաբար իր **«Նոր բառագիրք հայերէն լեզուի»** խորագրեալ բառարանով (Պոլիս, 1910), որ 1400 էջանի ընտիր հրատարակութիւն մըն է։

«Ընտանիք» բառը, այստեղ, կը մղէ զիս՝ որ կարօտագին ողջոյն մըն ալ յղեմ դէպի հեռաւոր Ադրիականի բացերը, դէպի Վենետիկի Ս. Ղազար կղզին՝ Մխիթարեաններու մայրավանքը, ուրկէ տարիներ առաջ լոյս կ'ընծայուէր **«Հայ ընտանիք»** անունով պատկերազարդ, գունատիպ ու ակնահաճոյ շատ սիրուն ամսաթերթ մը։

Մխիթարեան վարդապետները այս պարբերականէն բազմաթիւ օրինակներ կ'առաքէին դէպի աշխարհի չորս կողմերը, հոն՝ ուր հայ ընտանիքներ կային։ **«Հայ ընտանիք»**-ի էջերէն քիչ մը տոհմիկ ջերմութիւն, քիչ մը մշակոյթ ու պատմութիւն, հայրենիքէն ու ափիւռքեան օճախներէ խանդավարիչ խապրիկներ, քիչ մը գրականութիւն, լեզու եւ արուեստի ճաշակ կը հրամցուէր հայ ընտանիքներուն...։ Մա՛նաւանդ ուշադրութեան կիզակէտ կը դարձուէր հայ երիտասարդ տարրը, նորահաս սերունդը։

Հիմա դադրած է այս պարբերականը։ Երբեմնի Մխիթարեան բանիբուն վարդապետները կա՛մ մեկնած են այս աշխարհէն, կա՛մ յոգնած, ուժասպառ եղած...։

Տանս գրադարանին մէկ անկիւնը, առ այսօր, կը յամենան սակայն **«Հայ ընտանիք»**-ի խառնիխուռն թիւերու տրցակներ։ Հաճելի է անոնց վերընթերցումը, որովհետեւ այստեղ կը տողանցեն անունները շրջանի Մխիթարեան վարդապետներուն՝ իբրեւ խմբագիր կամ յօդուածագիր. Հ. Մեսրոպ Ճանաշեան, Հ. Վահան Յովհաննէսեան, Հ. Յարութիւն Պզտիկեան, Հ. Լեւոն Զէքիեան, Հ. Ղուկաս Ցօկոլեան, Հ. Եղիա Փէչիկեան, Հ. Սահակ Ճեմճեմեան, Հ. Տաճատ Եարտըմեան, Հ. Վարդան Քէշիշեան, Հ. Մանուէլ Ջուլճեան, Հ. Միքայէլ Յովհաննէսեան, Հ. Համազասպ Գըլըճեան, Հ. Ներսէս Տէր Ներսէսեան, Հ. Խորէն Տիլիզեան, Հ. Աւետիք Թալաթինեան եւ այլն, եւ այլն։ Շուտով կ'անդրադառնամ նաեւ, որ այս օրինակելի ամսաթերթը ունեցած է երկու իրերայաջորդ շրջաններ, ընդհանուր հաշուով՝ գոյատեւելով շուրջ 40 տարի, Բ. Աշխարհամարտի աւարտէն անմիջապէս յետոյ։

Արդարեւ, անիկա նախ սկսած է լոյս տեսնել **«Մխիթարեան ընտանիք»** անունով, ընդհանրապէս դպրոցական տարիքի տղաքը չահգրգռող մատչելի նիւթերով, իբրեւ տեսակ մը միութեան օղակ՝ Մխիթարեան աշխարհասփիւռ կրթա-

րաններուն միջեւ։ Թերթին այս առաջին շրջանը տեւած է լման քսան տարի՝ 1947—1966 *Դեկտեմբեր։ Այս ընթացքին, պահ մը անուն փոխելով՝ թերթը վերամկրտուած է* **«Ընտանիք»** (1960—1962)։ *Ստիպողական կարճատեւ ընդհատումէ մը ետք, վաճառականներու վերջերը* (1969 *Յունուար*) *վարագոյրը բացուեր է պարբերաթերթին Բ. շրջանին վրայ, երբ արդիաշունչ դիմագիծ մը ստանալով՝ անիկա վերակոչուեր է* **«Հայ ընտանիք»** *ու շարունակեր է իր երթը մինչեւ* 1987։

Թերթին առաքելութեան սահմանումը խտացած կը գտնենք արդէն իր անդրանիկ թիւի խմբագրականին մէջ (1969 *Յունուար*), *ուր կ՚ըսուի.*

— Մեր ուժը օտարութեան մէջ՝ ամփոփ եւ միացեալ ապրելու գաղտնիքին մէջն է, իւրաքանչիւր գաւակ կապուած հօրենական տան, փարած հայ լեզուին եւ հայ աւանդութիւններուն, խմբուած նոյն ակութին շուրջ՝ որ ԸՆՏԱՆԻՔ կը կոչուի, ուր պապիկներն ու մամիկները կը սիրեն տաք պահել ազգային ոգին։

Վեց տարի անց, դարձեա՛լ խմբագրական սիւնակին մէջ, 1975 *Մայիս-Յունիսի թիւով, խմբագիր վարդապետը պիտի գրէր.*

— Հայը հոգեկան պահանջներ շատ ունի. հողի կարօտ ունի, երկինքի օրհնութիւն կը փնտռէ, լոյսի ծարաւ ունի, մտքի թռիչք կ՚երգէ։ Բայց ամէնէն աւելի կապուած է ան իր տանը, իր ընտանիքին, իր յարկին, իր օճախին, իր բարձին եւ սեղանին։ Իր կեանքը տուն է, ծնողք ու զաւակ է, ո՛ւր որ երթայ՝ տան սէրը հետը կը տանի։ Իրեն համար աշխարհէն մասնիկ մ՛է՝ որ բնութիւնը սրտին մէջ դրած է ապրելու՝ առանց երազի։ Ո՛րքան քաղցր կը հնչէ իր բանալիին ձայնը՝ երբ իր դուան կը մօտեցնէ, գայն կը դարձնէ իր ձեռքին ընտանի շարժումով եւ դուռը կը բացուի սրտի մը նման. զաւակ մը, կամ կինը կամ մայրը ժպտուն՝ ընդառաջ կու գան, գիրար կը համբուրեն, սիրտ սրտի կը բերեն, աչք աչքի կու գայ եւ տունը զգացումի երգերով կը լեցուի։ Իրենք իրենց հետ են, ա՛լ ուրիշ աշխարհ չկայ այդ դուան ետեւը. թռչունի բոյնի պէս մտերիմ կեանք մը կը սկսի, կը խօսին նախորդ օրերու քաղցրութիւնը շարունակելու համար։ Շրթունքներէն աւելի՝ սրտե՛րը կը խօսին. հայերէն կը խօսին, հայերէն երգեր կը մրմնջեն։

Իսկակա՛ն հայ ընտանիք՝ հայերէն բարբառով, հայերէն երգերով ու հայկական ապրումներով…։

*

Ու հիմա՝ **«ընկեր»**։

Այս բառին մէջ եւս թաքնուած է **«ընդ»** մը։ Աճառեանն է որ կը հաստատէ, թէ բառս կազմուած է **«ընդ»** եւ **«կեր»** արմատներու միացումէն՝ տալու համար **«ընդկեր»** բառը, որ կը նշանակէ միասին ուտող, հացակից, ճաշակից։ Ժամանակի ընթացքին «դ» գիրը ինկած ու բառը վերածուած է **«ընկեր»**-ի։ Արդէն, ո՞վ է «ընկեր»-ը, եթէ ոչ այն մտերիմ ու գաղափարակից սիրելի անձը, որուն հետ երկար ժամեր կ՚անցընէք, միասին կը ճամբորդէք, միասին կը գործէք, նոյն սեղանէն հաց կ՚ուտէք, կը բաժնէք մէկզմէկու ուրախութիւններն ու վիշտերը։

Ծանօթ ասացուածք մը կ՚ըսէ, թէ **«Ընկերոջ հի՛նը լաւ է, հագուստին՝ նորը»**։ Այլ ասացուածք մըն ալ կը չեշտէ.**«Ըսէ՛ ինծի ո՞վ է ընկերդ, ըսեմ՝ ո՞վ ես դուն»**։ Իսկ մեր տաղաչափ բանաստեղծը՝ Պարոյր Սեւակ, գրած է.

Խմենք կենացն անդաւաճան ընկերութեան,
Ընկերների ա՛յն սէրութեան,
Որ մինչեւ իսկ չի ընդհատւում
Աքսորի մէջ ու գերութեան։
Ընկե՛ր լինենք
Նոյն յուզմունքի,
Համոզմունքի՛,
Նոյն ճաշակի՛,
Դրօշակի՛,
Ո՛չ թէ ընկեր լոկ բաժակի...

(«*Մարդը ափի մէջ*»)

Ընկերներու միջեւ հաստատուած գաղափարական զուգորդութիւնն է պատճառը, հաւանաբար, որպէսզի կուսակցական շրջանակներու մէջ գրեթէ պարտադիր դառնայ «ընկեր» կոչականին գործածութիւնը։ Շարքային կուսակցականներ իրարու կը դիմեն «ընկեր» մակդիրով։ Մեր հայկական կուսակցութիւնները առ այսօր կը պահեն այդ աւանդութիւնը։ Խորհրդային Միութեան (եւ Խորհրդային Հայաստանի) մէջ եւս շատ տարածուն էր նոյն երե-

ւոյթը. ընկեր Միկոյեան, ընկեր Դեմիրճեան, ընկեր Դալլաքեան, ընկեր Համազասպեան կամ ընկեր... Ստալին:

Սակայն չմոռնա՛նք...: Մեր գրականութիւնն ալ ունի իր նշանաւոր «ընկեր»-ները՝ Երուանդ Օտեանի ***«Ընկեր Փանջունի»****-ն եւ Նըշան Պէշիկթաշլեանի* ***«Ընկեր Շահազար»****-ը: Երկուքն ալ՝ երգիծավէպեր:*

Մեր այս հռչակաւոր երգիծաբանները ինչո՞ւ իրենց հայեացքը սեւեռած են «ընկեր»-ներու վրայ:

Հաւանաբար խոցելի ու հեգնանքի արժանի շա՛տ բան նկատած են անոնց վրայ:

Մասնաւորաբար Օտեանի ***«Փանջունի»****-ն որքա՛ն խօսեցուցած է իր մասին՝* 1910*-ի այն օրերէն ասդին, երբ սկսած է իբրեւ թերթօն հրատարակուիլ Պոլսոյ* ***«Բիւզանդիոն»****-ին մէջ: Ընկերվարական թեքումով դատարկաբան ու ցնորամիտ գործիչի տիպարն է Փանջունին, որ փոխանակ գործելու՝ կը շատախօսէ, կ՚աղմկէ շարունակ, կեղծ քարոզչութիւն կ՚ընէ: Մէկ խօսքով՝ ձախաւեր, պատեհապաշտ ու տխրահռչակ հայ քաղաքական գործիչի վառ կերպարն է ան:*

Օտեանի այս ստեղծագործութիւնը այնքան ժողովրդականութիւն վայելեց ու գնահատուեցաւ՝ որ հեղինակը, աւելի ուշ, շարունակեց ու ընդլայնեց զայն յաւելուածական երկու բաժիններով՝ ***«Ընկեր Փանջունի Վասպուրականի մէջ»*** (1914) *եւ* ***«Ընկեր Փանջունի տարագրութեան մէջ»*** (1923)*: Այսպիսով, գործը վերածուեցաւ եռագրութեան մը:*

Կը մնար հարցում մը սակայն, որ շատերու միտքը կը չարչարէր. ***«Ընկեր Փանջունի դաշնակցակա՞ն էր, թէ՞ համայնավար»:***

Հիմա կը մտաբերեմ, որ այս հարցումը, բառացիօրէն ու չէշտակի՛, վերլուծական յօդուածի մը իբրեւ վերնագիր լոյս ընծայուած էր Սիմոն Սիմոնեանի ***«Սփիւռք»*** *շաբաթաթերթին մէջ, շուրջ յիսուն տարի առաջ: Յօդուածին եզրակացութիւնը կ՚անգիտանամ, չեմ յիշեր: Սակայն հետաքրքրական է նշել, որ Խորհ. Հայաստանի մէջ երկար տարիներ* ***«Ընկեր Փանջունի»****-ի տպագրութիւնը շարունակ կը խոչընդոտուէր խստաբիբ ու կասկածամիտ կարմիր գրաքննիչներու կողմէ...: Հետեւաբար, Օտեանի երկերուն երեւանեան բազմահատոր հրատարակութիւններուն մէջ մի՛շտ ալ կը պակսէր* ***«Փանջունի»****-ն, մինչեւ* 1989*-ի այն երջանիկ օրը՝ երբ վե՛րջապէս* առանձին հատորով լոյս տեսաւ անիկա «Հայաստան» հրատարակչատունէն, գրականագէտ Լեւոն Հախվերտեանի յառաջաբանով։

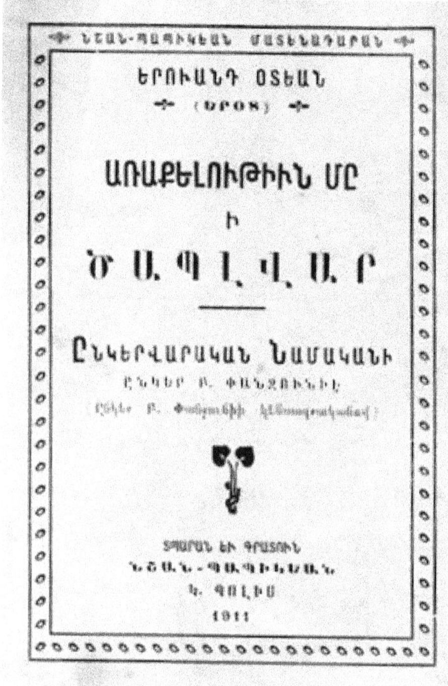
ՆՇԱՆ-ՊԱՊԻԿԵԱՆ ՄԱՏԵՆԱԴԱՐԱՆ

ԵՐՈՒԱՆԴ ՕՏԵԱՆ

(ՏՐՕՏ)

ԱՌԱՔԵԼՈՒԹԻՒՆ ՄԸ Ի ԾԱՊԼՎԱՐ

ԸՆԿԵՐՎԱՐԱԿԱՆ ՆԱՄԱԿԱՆԻ

ԸՆԿԵՐ Բ. ՓԱՆՋՈՒՆԻԻ

ՏՊԱՐԱՆ ԵՒ ԳՐԱՏՈՒՆ

ՆՇԱՆ-ՊԱՊԻԿԵԱՆ

Կ. ՊՈԼԻՍ

1911

Միւս կողմէ, Օտեան ի՛նք պատմած է, որ երբ լոյսին բերուեցաւ **«Փանջունի»**-ն առանձին հատորով (**«Առաքելութիւն մը ի Ծապլվար»**, Պոլիս, 1911), Դաշնակցութեան հիմնադիրներէն Սիմոն Զաւարեան օր մը անակնկալօրէն հանդիպեցաւ իրեն փողոցը ու ըսաւ. **«Եթէ հարուստ ըլլայի՝ այս գիրքէն հազարաւոր օրինակներ կը գնէի ու կը բաժնէի մեր բոլոր ընկերներուն»...**։

Եթէ բառարան մը բանանք, պիտի տեսնենք որ **«ընկեր»** արմատով տասնեակ մը գործածական բառեր կան այնտեղ. **ընկերաբան, ընկերային, ընկերակից, ընկերակցութիւն, ընկերութիւն, ընկերասէր, ընկերովի, ընկերուհի, գործընկեր, խաղընկեր, դասընկեր** եւ այլն։ Այս շարքին վրայ կրնանք աւելցնել նաեւ **«ընկերք»** բառը, որ կղի կնոջ արգանդին մէջ գոյացող պարկաձեւ հիւսուածքն է (placenta), որուն մէջ կ'աճի ու կը զարգանայ սաղմը։ Ընկերքը, ինչպէս ծանօթ է, արգանդէն դուրս կու գայ՝ նորածինին ծնունդին հետ գրեթէ միաժամանակ։

Մեզի ժամանակակից քաղաքական ու ընկերային աշխարհին մէջ, մէկուկէս դարէ իվեր, լայն գործածութիւն ունին նաեւ **ընկերաբանութիւն** եւ **ընկերվարութիւն** բառերը։

Ասոնցմէ առաջինը մարդկային հաւաքականութեան հարցերը ուսումնասիրող գիտութիւն է (sociology)։ Ընկերաբանութիւնը կը ճառէ ու կը խօսի մարդկային ընկերութեան այլազան երեւոյթներուն մասին ու կը վերլուծէ զանոնք։ Այս գիտութիւնը իր պատուաւոր տեղն ունի դպրոցներու եւ համալսարաններու կրթական ծրագրերուն մէջ։ Իսկ ընկերվարութիւնը (socialism) գաղափարախօսական տեսութիւն է, որ սկզբունքով՝ հականիշն է դրամատիրական համակարգին։

Բառարանը մէկդի կը թողում ու այս անգամ ձեռք կ՚առնեմ հայ մամուլի ամբողջական ցուցակագրութիւնը պարունակող հատոր մը։ Հո՛ս եւս ***«Ընկեր»*** *մը կայ…։*

Այո՛, ***«Ընկեր»*** *շաբաթաթերթ,* ***Թիֆլիս***, 1906–1914 *(որոշ ընդհատումներով)։*

Կ՚իմանամ, որ այս թերթը իրեն նշանաբան ընտրած է ***«Ըմբռնի՛ր, սիրի՛ր, ստեղծագործի՛ր»*** *կարգախօսը։* ***Թերթին*** *հրատարակիչն ու խմբագիրը եղած է արեւելահայ մտաւորական մը՝* ***Սեդրակ Թառայեան*** (1862–1916)։

Խոստովանիմ, *որ անծանօթ մնացեր է ինծի այս անունը։* ***Բարեբախտաբար,*** *կենսագրական բառարանս տեղեկութիւններ ամփոփեր է անոր մասին. ծնած է երբեմնի հայաշատ* ***Շամախի*** *քաղաքը (****Ատրպէյճան****)։* ***Կանուխէն*** *թեքում ցուցաբերած է դէպի գերմաներէն լեզու ու մշակոյթ։* ***Լայփցիկի*** *համալսարանը (****Գերմանիա****) հետեւած է փիլիսոփայական գիտութեանց։* ***Թիֆլիս*** *հաստատուելով՝ պարբերաբար աշխատակցեր է տեղւոյն* ***«Մշակ»****-ին,* ***«Աղբիւր»****-ին,* ***«Տարազ»****-ին եւ* ***«Մուրճ»****-ին։* ***Հետազօտելով*** *գերման գրականութիւնը՝ նախ պատրաստած ու հրատարակած է* ***Կէօթէի*** *ձօնուած կենսագրական հատոր մը (****Թիֆլիս***, 1900), *ապա բանաստեղծ* ***Շիլլէրի*** *նուիրուած երկհատոր պատկերազարդ ծաւալուն ուսումնասիրութիւն մը (****Փեթերսպուրկ***, 1903)։ ***Ունի*** *հրատարակուած այլ գործեր ու թարգմանութիւններ ալ։* ***Իր*** *թատերգութիւններէն ոմանք, օրին, բեմադրուած են* ***Թիֆլիսի*** *մէջ։* ***Թառայեան*** *եղած է հոգեւոր արժէքներու հաւատարիմ անձ, իսկական փիլիսոփայ մը։* ***Մահուան*** *վաղորդայնին՝* ***Պաքուի «Գործ»*** *ամսագրի* ***Ա.*** *թիւին մէջ* (1917) *զինք լաւագոյնս ոգեկոչած է* ***Դաւիթ Անանուն,*** *կենսագրական տուեալներով ու անձնական վկայութիւններով։*

*

«ԸԹ» *գիրին հրաժեշտ տալէ առաջ՝ կը փորձեմ մտաբերել այս տառով սկսող հայկական անձնանուններ։* ***Բայց…*** *գրեթէ չկան։* ***Կը*** *յիշեմ միայն իգական* ***ԸՆԾԱՅ****-ն* («*նուէր*» *իմաստով) ու արական* ***ԸՆՁԱԿ****-ը (կազմուած՝* «*ինձ*»= *վագր բառէն)։* ***Այս*** *անունը հազուա-*

դէպօրէն գործածուեր է լոկ եկեղեցական շրջանակի մէջ. ունեցեր ենք «Ընձակ» անունով վարդապետ ու քահանայ։ Իսկ իբրեւ **«ըթ»**-ով սկսող մականուն՝ կը մտաբերեմ **Վիեննայի** Մխիթարեան Միաբանութեան հին շրջանի դէմքերէն **Հ. Վարդան վրդ. Ըստկարեանը** (1843—1886), որ հազիւ երկու տարի վարեց նաեւ աբբահօր պաշտօն ու կանխահաս մահ մը ունեցաւ 43 տարեկանին (ի դէպ, «ըստկար»-ը հունգարահայերուն տրուած անուանում մըն է)։ Հ. Ըստկարեան ունի եկեղեցական պատմութեան ծաւալուն դասագիրք մը (1872), բարձրագոյն դպրոցներու յատուկ, որուն մասին սակայն Օրմանեան սրբազան դրական կարծիք չի տար իր **«Ազգապատում»**-ին մէջ, նչելով որ հեղինակը այնտեղ իր «աններող կաթոլիկութեան հոգին յայտնած էր»...։

Սակայն աւելի հին դարաշրջաններ ալ կրնանք երթալ ու յիշել, որ 451-ի Աւարայրի ճակատամարտի ընթացքին՝ սպարապետ Վարդան Մամիկոնեանի կողքին կռուած ու նահատակուած ուխտը զօրավարներէն մին ԱՐՍԷՆ ԸՆԾԱՅԵՆԻՆ էր։ Ըստ Եղիշէ պատմիչի՝ անոր նահատակ պաշտօնակիցներն էին Խորէն Խորխոռունին, Արտակ Պալունին, Տաճատ Գնդունին, Հմայեակ Դիմաքսեանը, Ներսեհ Քաջբերունին, Վահան Գնունին եւ Գարեգին Սրուանձտեանը։ «Վասն հայրենեաց» զոհուած 1036 նահատակներէն ամէնէն յայտնիները։

«Ո» ԵՒ «Օ», ՈՐԿՈՐ ԵՒ ՈՍԿՈՐ, ՕԴ ՈՒ ՕԹԵԱԿ

Գիտէք արդէն, թէ «ո»-ն հայերէնի եօթը ձայնաւորներէն մին է։

Ես զայն կը նկատեմ մեր լեզուին ամէնէն կենսունակ եւ անհրաժարելի տառերէն մէկը, որուն բացակայութիւնը ուղղակի կրնայ անդամալուծել հայերէնի գրաւոր ամբողջ համակարգը։ Կարելի չէ հայերէնը պատկերացնել առանց «ո»-ի։ Մանաւանդ որ անիկա միանալով այբուբենի «ւ» տառին՝ ծնունդ կու տայ բաղադրեալ ձայնաւոր նկատուող «ու»-ին, որ իր կարգին՝ շատ լայն գործածութիւն ունի մեր լեզուին մէջ։

Պատճառներ ունիմ ենթադրելու, թէ 1600 տարի առաջ երբ Մեսրոպ Մաշտոց ձեւաւորել սկսաւ Հայոց այբուբենը, «ո» գիրի ստեղծման պահուն իր հայեացքը երկարօրէն սեւեռեց «ս» եւ «ռ» տառերուն վրայ ու անոնց բնօրինակէն կերտեց 24-րդ այս գիրը (կամ ալ հակառակը՝ «ո»-ին բնօրինակէն ստեղծեց «ս»-ն եւ «ռ»-ն)։ Ուշադրութեա՛մբ քննեցէք։ «Ո»-ն շրջուած պատկերն է «ս»-ին։ Ինչ կը վերաբերի «ռ»-ին հետ իր նմանութեան, ապա «ո»-ն պարզապէս պոչատ «ռ» մըն է...։

«Ո»-ն հայերէնի (ի մասնաւորի՝ գրաբարի) մէջ գործածուեր է առանձինն, միայնակ, գլխաւորաբար երկու պաշտօնով. նախ՝ «ով» հարցական դերանունի իմաստով, յետոյ՝ իբրեւ ձայնարկութիւն։ «Ձայնարկութիւն» կը կոչենք զգացում արտայայտող բացականչութիւնները՝ **Ա՜հ, վա՜խ, է՜հ, օ՜, աւա՜ղ** եւ այլն։ «Ո»-ն ալ ձայնարկութիւն մըն է։ Կու տամ երկու պարագաներէն մէկական ուշագրաւ օրինակ։

ա) Դուք անպայման լսած էք Հայոց Արտաշէս Ա. Արշակունի շինարար արքային անունը (հեթանոսական շրջան)։ Գոնէ գիտէք, թէ ան ինչպէ՛ս կնութեան առաւ ալաններու թագաւորին դուստրը՝ Սաթենիկը, որուն հանդիպած էր Կուր գետի ափին։ Կ՚ըսուի, թէ փառաւոր հարսանիք մը սարքուեցաւ այդ առթիւ. հարսին եւ փեսային գլխուն ոսկի ու մարգրիտ տեղացուցին...։ Պատմիչները կը հաւաստիացնեն, թէ անոր օրով ափ մը անմշակ հող չմնաց Հայաստանի մէջ։ Այս նոյն Արտաշէս արքային մասին տաղեր հիւսած են հայ գուսանները։ Այդ տաղերէն մէկուն մէջ կը պատմուի, թէ Արտաշէս իր մահուան անկողինին մէջ ունեցաւ վերջի՛ն բաղձանք մը՝

կարօտով յիշելով Աշտիշատ աւանին մէջ սարքուած Նաւասարդի ժողովրդային տօնախմբութիւնները, ուր եղնիկներ կամ եղջերուներ կը վազեցնէին, փողեր կը փչէին ու թմբուկներ կը զարնէին, զոհարանի սեղանէն խնկաբոյր ծուխեր կը բարձրացնէին։ Ան հառաչեց.

Ո՜ տայր ինձ զծուխ ծխանի
Եւ զառաւօտն Նաւասարդի,
(Ո՜վ կու տար ինծի ծխանի ծուխն ու Նաւասարդի
առաւօտը)
Զվազելն եղանց եւ զվազելն եղջերուաց.
Մեք փող հարուաք եւ թմբկի հարկանէաք,
Որպէս օրէն է թագաւորաց։

բ) Իմ միւս օրինակը նահատակ բանաստեղծ Դանիէլ Վարուժանէն է, անոր **«Հեթանոս երգեր»** ժողովածուէն։ **«Ո՜ Տալիթա»** բանաստեղծութեան մէջ Վարուժան կը գրէ.

Կարմրաշառայլ լոյսերուն մէջ կը վառի
Կապելադ, ո՛ Տալիթա։
Բե՛ր գարեջուրն, եւ թող փրփուրն հոսանուտ
Մատերդ ի վար պղպջայ։

«Ո»-ին կողքին՝ ձայնարկութիւն է նաեւ **«ո՛հ»**-ը, զոր առատօրէն գործածած են Զարթօնքի շրջանի մեր քնարերգակ բանաստեղծները, մասնաւորաբար՝ Պետրոս Դուրեան.

Ինծի կ'ըսեն.– «Ինչո՞ւ լուռ ես».–
«Ո՛հ, միթէ բառ կամ խօսք ունի՞
Արշալոյսը, որ կը բռնկի,
Զի անհուն է այն ալ ինձ պէս»։
(«Ի՞նչ կ'ըսեն»)

Կամ՝

Հէք մարդկութեան մէկ ոստը զօս՝
Հայրենիք մը ունիմ թշուառ.
Զօգնած անոր մեռնի՜լ աննշան,
Ո՛հ, ա՛յս է սոսկ ցաւ ինձ համար։
(«Իմ ցաւը»)

Դեռ ունինք **«յո՞»** հարցական դերանունն ալ, **«ո՞ւր»** կամ **«դէպի ո՞ւր»** իմաստով, որ թէեւ հնաբանութիւն է, բայց ատեն-ատեն կը գործածենք առ այսօր՝ երբ անդրադառնաք որ մեր ազգային կամ քաղաքական կեանքը մտեր է սխալ ճամբու մը մէջ.

— Յո՞ երթաս, հա՛յ ժողովուրդ,— կը հառաչենք ափսոսանքով:

*

Մեր դպրոցականներուն թէ չափահաս գրասէրներուն համար հաւասարապէս՝ ուղղագրական թակարդներ լարող գիրեր են **«ո»**-ն ու **«օ»**-ն: Բազմաթիւ են այն բառերը, որոնց մէջ **«ո»**-ի փոխարէն սխալմամբ **«օ»** կը գրենք, կամ՝ ընդհակառակն: Ու այս շփոթը կ՚ընկճէ, կը յուսահատեցնէ մեզ՝ մայրենիին տիրապետելու մեր ճիգերուն մէջ: Ունինք սակայն քերականական որոշ ու յստակ օրէնքներ, որոնք մեծաւ մասամբ կը փարատեն այս երկու տառերէն ծնունդ առնող շփոթը ու առաւելագոյն չափով կը բարելաւեն մեր ուղղագրութիւնը:

Եկէ՛ք սերտենք այս երկու ձայնաւորներուն գործածութեան ոլորտները:

Իմ սիրելի Մալխասեան բառարանը **«ո»**-ով սկսող բառերուն (ներառեալ՝ **«ու»**-ով սկսողները) յատկացուցեր է 64 էջ: Աւոր դիմաց՝ **«օ»**-ին յատկացուցեր է 24 էջ: Տարբերութիւնը մեծ է՝ ի նպաստ **«ո»**-ին:

Անմիջապէս աւելցնեմ, որ **«ո»**-ի բացարձակ տիրապետութիւնը **«օ»**-ին վրայ ակնբախ է ո՛չ միայն բառերուն սկիզբը, այլեւ բառերուն մէ՛ջ եւս, ինչպէս պիտի տեսնենք քիչ ետք:

«Ո»-ն հնչիւնային խըրայատկութիւն ունեցող գիր մըն է: Զայն կը հնչենք VO ձեւով (վօ): Անիկա բառերուն սկիզբը շփոթութիւն չի ստեղծեր: Ամէն ոք անայլայլ կը գրէ **ոգի**, **որսորդ**, **ոգնի**, **ոսկի**, **որակ**, **ոլորուն**, **որդ**, **ոսպապուր**, **ողորկ**, **որոտում**, **ողբ**, **ոխակալ**, **ողկոյզ**, **ողնայար**, **ողորմելի**, **ողջոյն**, **ոճրագործ**, **ոչխար**, **ոջիլ**, **որդի**, **ոստիկան**, **ոտնլուայ**, **որդեգրել**, **որմնադիր**, **որոգայթ**, **որոշել**, **որովայն** եւ այլն:

Դժուարութիւնը կը ծագի սակայն բառամէջին, որովհետեւ այստեղ «ո»-ին հնչիւնը կտրուկ կը փոխուի ու ԿԸ ՆՈՅՆԱՆԱՅ «Օ»-Ի ՀՆՉԻՒՆԻՆ ՀԵՏ։ Դպրոցական հայ պատանին ինչպէ՞ս գիտնայ, թէ **«նոր»**, **«թոք»**, **«տող»** եւ **«հոր»** բառերը կը գրուին **«ո»**-ով, մինչ **«տօն»**, **«յօդ»**, **«արտօնութիւն»** եւ **«յօնք»** բառերը կը գրուին **«օ»**-ով...։ Այս հարցումը պատասխան չունի, դժբախտաբար։ Միայն կրնանք մխիթարուիլ, հաստատելով որ բառամէջին **«օ»** ունեցող արմատ բառերը թիւով քիչ են, ուստի՝ կարելի է զանոնք ՍԵՐՏԵԼ ԵՒ ԻՒՐԱՑՆԵԼ։ Մեր առօրեայ խօսակցական կամ գրաւոր հայերէնին մէջ կան 80-ի չափ արմատ բառեր, որոնք **«օ»**-վ կը գրուին։ Ահա՛ անոնց կարեւորագոյններուն ցանկը՝ ... ի պէտս զարգացելոց.

— **Ակօս**, **աղօթք**, **աղօտ** (ոչ պայծառ, տժգոյն), **ամօթ**, **անօթ** (սպասք, գործիք), **անօթի**, **առաւօտ**, **արտօնել**, **արօր** (երկրագործական հին գործիք՝ եզներով բանող), **արօտավայր** (արածելու տեղ), **բօթ** (գէշ լուր, գոյժ), **գօտի**, **դրօշակ**, **գրօսանք**, **զօրք**, **զօդել** (մետաղեայ իրերու մասերը կրակով միացնել, կպցնել), **թափօր**, **թօթափել**, **թօթուել**, **խօսք**, **ծանօթ**, **ծնօտ** (կզակի ոսկորը), **կարօտ**, **կրօն(ք)**, **կօշիկ**, **համառօտ**, **հետազօտել** (ուսումնասիրել, պրպտել), **հզօր**, **հօտ** (ոչխարներու խումբ), **ձօն**, **ղօղանջ**, **ճօճել** (աջ ու ձախ շարժել, երերել), **մօտ**, **մօրուք**, **յօդուած**, **յօժար**, **յօտել** (ծառին չորցած ճիւղերը կտրել), **յօշոտել** (բզկտել, հերձատել), **յօրանջել**, **յօրինել**, **նարօտ** (պսակի պահուն հարս ու փեսային գլխուն դրուող չըղթայաձեւ թագ), **շօշափել**, **պաշտօն**, **սօսի**, **տօթ** (սաստիկ տաք), **ցօղուն** (բոյսին հիմնական՝ գետնէն վեր բարձրացող մասը, եղէգը)։

Այս ցանկին իւրացումը, իսկապէս, շատ օգտակար պիտի ըլլայ բոլորիս, որովհետեւ վերոնշեալ բառերով կերտուած բարդ կամ ածանցաւոր բոլո՛ր բառերուն մէջ ուղղագրական փոփոխութիւն չի կատարուիր. «օ»-ն կը մնայ անփոփոխ։ Օրինակ, **«մօտ»** բառը կու տայ **մօտակայ**, **մօտաւորապէս**, **մօտալուտ**, **մօտենալ**, **մօտեցնել**, **մօտիկ**, **մարդամօտ**։ Նմանապէս, **«խօսք»** բառը կու տայ **խօսիլ**, **խօսակից**, **խօսակցութիւն**, **խօսափող**, **խօսքկապ**, **խօսեցեալ**, **խօսնակ**, **բանախօս**, **դասախօս** , **անխօս** եւ այլն։ Կամ առնենք **«կրօն»** բառը, որ կու տայ **կրօնագիտութիւն, կրօնական, կրօնամոլ, կրօնամէտ, կրօնաշունչ, կրօնափոխ, անկրօն** եւ այլն. բոլո՛րն ալ **«օ»**-ով։

Այս միեւնոյն օրէնքին կը հպատակին նաեւ **«օ»-ով սկսող բոլոր բառերը**՝ երբ բարդութեան մէջ մտնեն։ Իբրեւ օրինակ վերցնենք **«օրէն(ք)»** բառը։ Այս արմատէն կու գան **անօրէն, տնօրէն, պօրինի, յօրինել** բառերը։ Կամ առնենք **«օր»** բառը։ Անկէ յառաջ կու գան **ամէնօրեայ, առօրեայ, եռօրեայ, այսօր, կէսօր, միջօրէ, հանապազօր** (օրըստօրէ), **բարօր** (հանգիստ, ինքնաբաւ), **նախօրօք** եւ այլն. մի՛շտ «օ»-ով։ Եւ այսպէս՝ միւս բառերը, շարունակ եւ տեւաբար։ Կը հետեւի ուրեմն, թէ բառերուն ճշգրիտ ուղղագրութեան մատչելու համար՝ բանալի դեր կրնայ խաղալ անոնց նկատմամբ մեր ստուգաբանական մերձեցումը։

Ասոնցմէ դուրս, **«օ»**-ն ունի գործածութեան հետեւեալ դաշտերը.

ա) Բնականաբար, «օ»-ով կը գրուին այն բազմահարիւր բառերը, որոնք տեղ գտած են բառարաններու «Օ» գլուխին տակ։ Նշենք այստեղ, թէ **«օ»**-ն Մաշտոցի ստեղծած 36 գիրերուն մաս չէր կազմեր։ Մինչեւ ԺԳ. դար անիկա գրաբարի մէջ արտայայտութիւն կը գտնէր «աւ» ձեւով՝ «աու» հնչիւնով։ Այսինքն, մեր նախապապերը կը գրէին **«կաւշիկ»** (կօշիկ), **«աղաւթք»** (աղօթք), **«աւր»** (օր), **«աւձ»** (օձ), **«Աւգոստոս»** (Օգոստոս), **«Պաւղոս»** (Պօղոս), **«աւրհնել»** (օրհնել) եւ այլն։ Խելացի կարգադրութեամբ մը, Կիլիկեան շրջանին, յունարէնէն փոխ առնուեցաւ «օ» գիրը ու հետզհետէ ընդհանրացաւ ամէնուրեք։

բ) Ընտանեկան կամ ազգականական կապ ցոյց տուող բառերու շարքը՝ հայր, մայր, եղբայր, կնքահայր եւ այլն, հոլովումի եւ բառակազմութեան ընթացքին կը գրուի **«օ»-ով. հօր, հօրմէ, հօրմով, եղբօր, եղբօրմէ, եղբօրմով, մօրու** (խորթ մայր), **մօրենական, հօրեղբօրորդի**։ Այս օրէնքը կ'ուսուցուի նախակրթարանի առաջին կարգերուն իսկ։

գ) Բառերու վերջաւորութեան «օ» կ'առնեն յատուկ անուններու կրճատեալ կամ փաղաքշական ձեւերը, նաեւ՝ օտարահունչ բառեր. Կարօ, Պետօ, Անդօ, Եղօ, Մկրօ, Գօգօ, Մարօ, Մանօ, Մելօ, Սամօ։ Մեքսիքօ, Շիքակօ, Սիամանթօ, փիանօ, քիլօ, մեթրօ, Ֆոթօ։ Ասոնք իրենց «օ»-ն կը պահեն յօդառութեան ատեն (Կարօն, Պետօն, մեթրօն), սակայն հոլովումի ժամանակ «օ»-ն կը փոխուի «ոյ»-ի (Կարոյին պայուսակը, Պետոյին դէմքը, Մարոյին սիրոյն, Անդոյէն ետք,

Սիամանթոյի բանաստեղծութիւնները, քիլոյով կը կշռեն...)։ «Օ»-ն «ոյ»-ի կը վերածուի նաեւ՝ երբ վերջնչեալ կրճատեալ անունները մականուն դառնան։ Օրինակ՝ **Պետոյեան, Խալոյեան, Մանոյեան, Մելոյեան, Մկրոյեան, Սերգոյեան, Եղոյեան, Խաչոյեան...**։

դ) Ունինք **«օ»**-ով յետադաս մասնիկներ, զորս մտահան պէտք չէ ընել։ ԵՕՔ՝ **արդեօք, ընտանեօք**։ ՕՔ՝ **խելօք, ատենօք, ցաւօք** (ցաւօք սրտի), **մտօք**։ ՕՆՔ՝ **զարթօնք, կրօնք, ցրօնք** (ցրուածք)։ ՕՆ՝ **գործօն, զգօն** (ուշիմ, իմաստուն), **ծամօն, թերթօն** (թերթի մէջ մաս առ մաս հրատարակուող ընդարձակ գրութիւն կամ վէպ), **կտրօն, գեղօն** (ձօն), **գողօն** (գողցուած ապրանք), **Թողօն** (ժառանգ թողուած ապրանք), **Տարօն, Աղաթօն** (մականուն մը), **կուսակրօն, ցեղակրօն** (վերջին երկու բարդ բառերը կազմուած են «կրել» բայով)։ ՕՐԷՆ՝ **դանդաղօրէն, արագօրէն, խաղաղօրէն, սերտօրէն, ազնուօրէն**։

*

Վերադառնանք **«ո»**-ին։

Քանի որ թուեցինք **«օ»**-վ գրուող բառերը ու նշեցինք զանոնք կանոնակարգող քերականական կամ ուղղագրական հիմնական օրէնքները, ուստի կրնանք վստահ ըլլալ այլեւս, թէ ԳՐԵԹԷ ԱՄԲՈՂՋՈՎԻՆ փարատած ենք «օ-ո» չփոթը։ Վերի պարագաներէն դուրս՝ դաշտը բաց կը մնայ **«ո»** գիրին առջեւ...

Այնուամենայնիւ, օգտակար է ակնարկ մը նետել նաեւ **«ո»**-ի ուղղագրութեան առնչուող մայր օրէնքներուն վրայ, որոնք կը պարզեն հետաքրքրական երեւոյթներ.

ա) **Ով, ովկիանոս, ովասիս եւ ովսաննայ** (օրհնութիւն) բառերուն սկիզբը թէեւ «օ» կը հնչենք, բայց «ո» կը գրենք։ Ասիկա կը նշանակէ, թէ «վ» գիրէն առաջ հնչուող բառասկիզբի «օ»-ն կը գրուի «ո»։

բ) Արմատական երկու բաղաձայնէ առաջ միշտ «ո» կը գրուի, ինչպէս՝ հո**րթ**, յո**րդ** (վարար, ջրառատ), գո**րծ**, գո**րգ**, գո**րտ**, գո**րշ**, բո**ղկ**, բո**րբ** (ջերմ, տաք), խո**րշ** (բացուածք, խուռչ), խո**նջ** (յոգնած), խո**րթ**, խո**րխ** (օձի շապիկ), խո**րտ**ուբո**րտ**, կոկո**րդ**, կո**ղմ**, կո**ճղ**, կո**շտ**, մո**րթ**, չո**րս**, պո**րտ**, սո**սկ**, տո**հմ**, տո**մս**, փո**րձ**, փո**քր** եւ այլն։ Բացառութիւն մըն է **նօսր** (ցանցառ, քիչ) բառը։

գ) Բազմավանկ բառերու վերջընթեր վանկին մէջ լսուող **«օ»** հնչիւնը ընհանրապէս կը գրուի **«ո»**-ով։ Օրինակ՝ բոլոր, բոժոժ (զանգակ), բողբոջ, բողոք, բոպիկ, բոսոր (կարմրագոյն), բորբոս (մգլոտութիւն), գոլորշի (շոգի), գոմէշ, գոնէ (գէթ), գոռեխ (իշամեղու), գոռոզ, գորով, թոշակ, թոնիր, թոթով, Թորգոմ, Թովմաս, ժողով, լոզունգ, լոլիկ, խոզակ, խոժոռ, խոհեմ, խոճկոր (խոզի ձագ), խոյակ (սիւնագլուխ), խոնաւ, խոշոր, խոպան (անմշակ արտ), խորիսխ (մեղրամոմ), խորունկ, խոտոր (ծուռ, զարտուղի), խորան, խորունկ, խորհուրդ, խորշոմ (կնճիռ), ծոթրին, ծոծրակ, ծորակ, կոթող, կոլոտ (կարճահասակ), կոկոն, կոհակ (ալիք), կոճակ, կոպիտ, կոտոշ, կոտոր(ած), կորեկ, կորիզ (պտուղի կուտ), կորկոտ (ծեծած), կորով (եռանդ), կողով, ճոպան (չուան), ճոռոմ (փքուն, վերամբարձ), մողէզ, մոլոր (ծուռ, անուղիղ), մոխիր, մոծակ (մժեղ), մորմոք (կսկիծ, ցաւ), շոգի, շողակ (ադամանդ), շողգամ, շողիք (լորձունք), շողոքորթ (կեղծաւոր), պողպատ, պոռնիկ, պոռոտ (պարծենկոտ), ջոկատ, ջորի, ռոճիկ (աշխատավարձք), Սողոմոն, սոսինձ (խէժ), սոփեստ (իմաստակ), տոկոս, տոմար, տոպրակ, րոպէ, ցոլակ (փայլակ), ցորեն, փոթորիկ, փողկապ, փողոց, փոշի։

Այս վերջին 2 տեսութիւնները (բ եւ գ) հրաշալի բանալիներ են։ Անոնք իսկական բարիք մը կրնան դառնալ հայերէնի ուղղագրութեան տիրապետել փափաքողներուն համար։ Մտահան մի՛ ընէք այս օրէնքները։

դ) «Vo» հնչիւնով սկսող օտար բառերը **«ո»**-ով չենք գրեր, այլ՝ **«վո»**-ով։ Օրինակ՝ **Վոլթէր** (ԺԸ. դարու Ֆրանսացի մեծանուն գրողը), **Վոլկա** (Ռուսաստանի գլխաւոր գետը), **վոլթ** (ելեքտրական ուժի միաւոր), **վոլէյպոլ**։

ե) Բառերուն վերջաւորութեան «ո» չի գրուիր, ի բաց առեալ **«այո»** բառէն։ Մնացեալ բազմատասնեակ բազմավանկ բառերը իրենց ետին կ'առնեն անձայն «յ» մը, ինչպէս՝ **երեկոյ, պահածոյ, հաւաքածոյ, յետոյ, անգոյ, պարապոյ, հաճոյ, չափածոյ** եւ այլն։ Նոյն է պարագան հոլովուած բառերուն՝ **Պոլսոյ, Կարնոյ, Մշոյ, Սասնոյ, մամլոյ, պատուոյ, սիրոյ, Աստուծոյ, Թուրքիոյ, Անգլիոյ, Ռուսիոյ, Լիպիոյ, Լաթաքիոյ, Սեբաստիոյ, Աղեքսանդրիոյ** եւ այլն (այս օրէնքն ալ կանուխէն կ'աւանդուի նախակրթարաններու մէջ, բայց ես մեր երկրորդական կարգերու բարձրագոյն դասարաններուն մէջ յաճախակի կը հանդիպիմ **«Սուրիայի նախագահը», «Իտալիայի ժողովուրդը»** խորթ ըսելաձեւերուն...)։ Ինչ կը վերաբերի միավանկ բառերուն, ապա անոնց վերջայանգ «յ»-ն կ՚արտասանուի, ինչպէս՝ **խոյ, Նոյ**։

*

Ուղղագրական դժուարութիւնները փարատելէ ետք, այժմ, կ՚արժէր որ հանգիստ շունչով պտոյտ մը կատարէինք «ո»-ի եւ «օ»-ի գանձարաններուն մէջ՝ հոնկէ դուրս բերելու համար քանի մը... բառեր։ Զմոռնա՛ք.— ինծի համար մեր լեզուին բառերը թանկարժէք իրերու չափ նուիրական են։ Ես անոնց հետ կը խօսիմ օրն ի բուն, կը զրուցեմ՝ որպէս թէ շնչաւոր էակներ ըլլային։

Գանձարանէն իմ զատելիք բառերը խորագրիս մէջ նշուած են արդէն։

Նախ՝ ՈՐԿՈՐ ու ՈՍԿՈՐ։

Այսօրուան նոր սերունդը գիտէ՞ արդեօք **«որկոր»**-ին իմաստը, տեղ մը հանդիպա՞ծ է անոր։ Սակայն ամենայն հաւանականութեամբ լսած ու նոյնիսկ գործածած ըլլալու է **«որկրամոլ»** բառը, որ կազմուած է «որկոր» եւ «մոլի» բառերուն միացումով։ ՈՐԿՐԱՄՈԼ կը նշանակէ շատակեր, անկուշտ, ժողովրդային բսելաձեւով՝ «կոկորդը սիրող»։ **«Որկոր»** բառը, առանձինն, կը նշանակէ կոկորդ, կերակրափող, կոկորդէն մինչեւ ստամոքս հասնող ուտելիքի ճամբան։ Փոխաբերական իմաստով՝ ախորժակ, ուտելու ցանկութիւն։

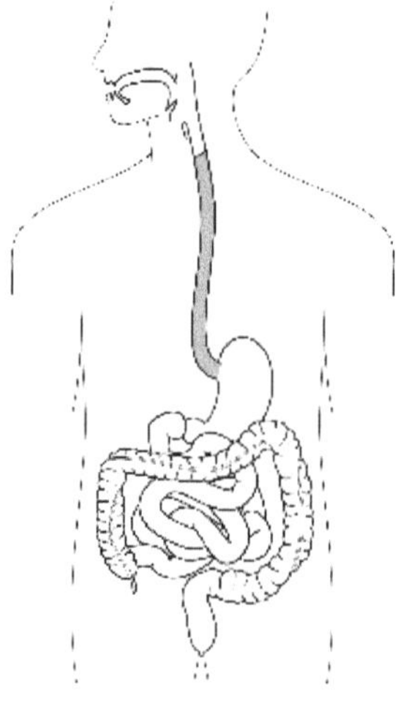
Որկոր

Բառը շատ հին ըլլալու է, որովհետեւ անիկա մեզ կը տանի մինչե՛ւ Հայոց պատմութեան մեր սիրելի դասագրքին առաջին էջերը։ Կրնա՞ք յիշել մեր ամենահին նախահայրերը. Հայկ Նահապետ, որդին՝ Արմենակ, յետոյ Արմենակի որդին՝ Արամայիս, ու վերջապէս այս վերջնոյն որդին՝ Շարա։

Պատմութիւնը մեզի աւանդած է, թէ Շարա շատակեր էր եւ ունէր մեծաթիւ զաւակներ։ Արամայիս կշտացնելու համար իր շատակեր որդին, զայն ղրկեց Արագած լեռան հիւսիսային կողմը, ուր կը գտնուէր շատ բերրի դաշտավայր մը, որ առատօրէն ցորեն կ՚արտադրէր։ Շարան այնտեղ պիտի կշտանար լիապէս...։ Իր անունով այդ երկիրը կոչուեցաւ ՇԻՐԱԿ։ Հայ գիւղացիներուն համար միշտ *ալ բամբասանքի նիւթ դարձաւ սակայն Շարայի չատակերութիւնը. ամէն անգամ որ անոնք կը հանդիպէին չատակեր մարդու մը, կ՚ըսէին անոր (գրաբարով).*

— Թէ քո Շարայի որկորն է, մեր Շիրակայ ամբարքն չեն։

*Աշխարհաբար լեզուով՝ **«Եթէ դուն Շարայի որկորը ունիս, մենք սակայն չունինք Շիրակի ամբարները»**...։*

*Իսկ **«ոսկոր»**-ը յայտնի բառ է, բոլորին հասկնալի։ Լատիներէն՝* os, *իտալերէն՝* osso։

Մեր մարմինը, վերէն վար, բաղկացած է 206 ոսկորներէ եւ ոսկրիկներէ։ Գանկը առանձինն ունի 28 ոսկոր, իրանը՝ 52 («իրան» կը կոչենք մարմնի վերին գլխաւոր մասը՝ առանց գլուխի եւ վերջաւորութիւններու), իսկ մնացեալ 126 ոսկորները բաշխուած են մեր թեւերուն ու ստորին վերջաւորութիւններուն վրայ։ Այդ ոսկորներէն իւրաքանչիւրը ունի իրեն յատուկ անուանում մը։

*Մենք **«ոսկոր»** ընդհանուր բառէն զատ՝ այս արմատով շինուած քանի՞ բառ գիտենք։*

Է՛ր երբեմն, տասնամեակներ առաջ, երբ հայկական վարժարաններու մէջ գիտութեան դասը հայերէն լեզուով կ՚աւանդուէր, մեր դպրոցականները ապահովաբար կրնային թուել մարդկային կմախքը բաղկացնող գլխաւոր ոսկորներուն հայերէն անունները։ Իսկ այսօ՞ր...։ Ժամանակակից սփիւռքահայ բժիշկնե՛րն անգամ, յաճախ, կ՚անգիտանան այդ բառերը...

*Մեծանուն Աճառեան իր **«Արմատական բառարան»**-ին մէջ նկատել կու տայ, որ այս բառին նախնական ձեւը «ՈՍԿՐ» է, ո՛չ թէ **«ոսկոր»**։ Նոյնը կ՚ըսէ նաեւ Մխիթարեան երից վարդապետաց գրաբար **«Հայկազեան բառգիրք»**-ը* (1837)։ *Եւ արդէն պիտի նկատենք, որ բառակազմութեան ատեն մի՛շտ նախնական ձեւն է գործածուողը. **ոսկրաբան** (ոսկորի մասնագէտ), **ոսկրաբոյժ** կամ բեկաբոյժ (ոսկորի կոտրուածքներ դարմանող բժիշկ), **ոսկրուտ** (խոշոր՝ լաւ զարգացած ոսկորներ ունեցող, յաղթանդամ), **ոսկրագլուխ** (ոսկորին ծայրի մասը), **ոսկրաթեքութիւն** (երեխաներու աճման շրջանին պատահող հիւանդութիւն), **ոսկրախախտում** (ոսկորին տեղէն ելլելը), **ոսկրաբեկութիւն** (ոսկորի կոտրուածք), **ոսկրախտ** (Ֆրանսահայ մեր նշանաւոր գրողը՝ Շահան Շահնուր, այս հիւանդութենէն կը տառապէր ու տասնամեակներ շարունակ իր կեանքը քաշքշեց հիւանդանոցէ-հիւանդանոց եւ բուժարանէ-բուժարան...),*

ոսկրածուծ (ոսկրային ուղեղ), **ոսկրացաւ**, **ոսկրաչափ** (ոսկորներու մեծութիւնը չափող գործիք), **ոսկրակակղութիւն** (տարեցները մըտահոգող հիւանդութիւն մը, ոսկրահալք), **փղոսկր** (փիղի ժանիք) եւ այլն։

Ասոնցմէ դուրս, հետաքրքրական պիտի ըլլայ անչուշտ թուումը մարդկային կմախքի հիմնական ոսկորներուն.

ա) Գանկոսկրին գլխաւոր բաղադրիչներն են զոյգ **գագաթոսկրները** (գանկին վերեւ), զոյգ **քունքոսկրները** (ականջին կից), **ծոծրակոսկրը** (գանկին ետեւը), **այտոսկրները**, **քթոսկրը**, վերին ու ստորին **ծնօտները** (ուր տեղադրուած են մեր ակռաները), **քիմքը** (բերանի խոռոչին վերի ոսկրեայ կամարը), **ճակատոսկրը** եւ զոյգ **ակնակապիճները** (աչքին ոսկորէ երկու փոսերը)։

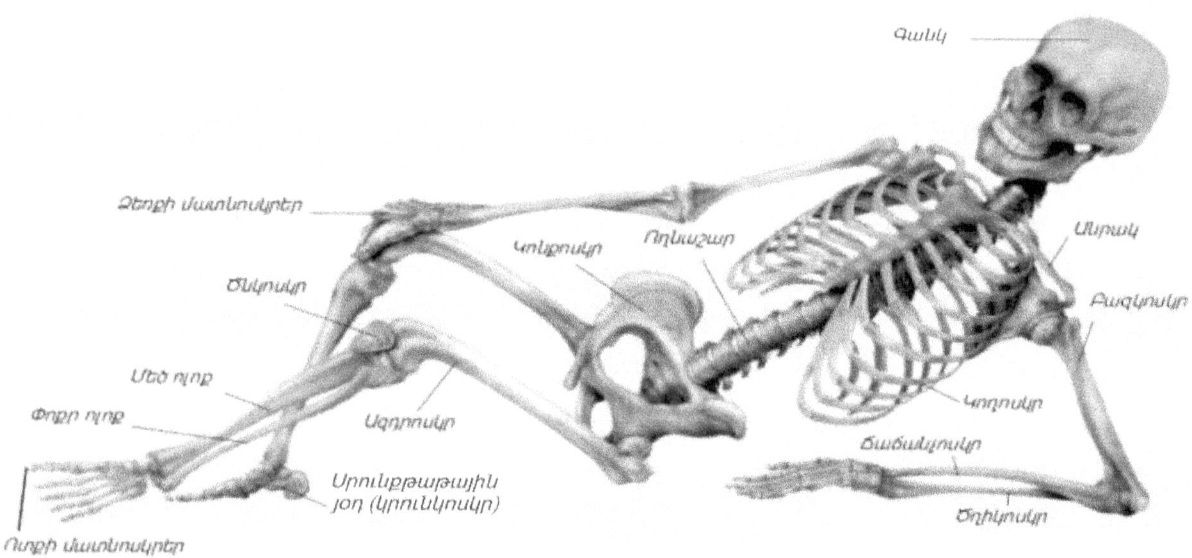

բ) Իրանին կեդրոնական մասին մէջ է **ողնայարը** (ծոծրակէն մինչեւ յետոյքի ծայրը՝ պոչուկը երկարող լման շարքը) եւ **կրծքավանդակը** (երկու կողմի 12-ական ոսկորներով)։ Հոս է **կրծոսկրը** (կուրծքի ոսկոր)՝ երկու կողմէն իրեն միացող **կողոսկրներով**։ Կըռնակի վերին բաժնի տափակ ու եռանկիւնաձեւ զոյգ ոսկորները կը կոչուին **թիակ**, իսկ **ուսոսկրները** կը կոչուին նաեւ **անրակ**։ Ասոնց մէկ ծայրը միացած է թիակին, միւս ծայրը՝ կրծոսկրին։

Մեր զոյգ թեւերը, որոնք վերին վերջաւորութիւններն են մարմնին, ունին մէկական **բազկոսկր** (ուսէն մինչեւ արմուկ), մէկական **ճաճանչոսկր ու ծղոսկր** (արմուկէն մինչեւ դաստակ՝ իրարու զուգահեռ զոյգ ոսկորները), մէկական **դաստակ** եւ անչուշտ՝ ձեռքի **մատնոսկրներ**։

դ) Իսկ մարմնի ստորին վերջաւորութիւնը կը սկսի **կոնքոսկրով**։ Հոնկէ կը ճիւղաւորուին մեր զոյգ **ազդրոսկրները** (ազդրէն մինչեւ ծունկ երկարող, որ ամէնէն տոկուն ոսկորն է մեր մարմնին), զոյգ **ծնկոսկրները**, սրունքի **մեծ ու փոքր ոլոքները** (ծունկէն մինչեւ ոտք երկարող երկու զուգահեռ ոսկորներ), ոտքի թաթին ոսկորները (ներառեալ՝ **կրունկը** եւ **կոճիկը**, որ ոտնաթաթին երկու կողմէն դուրս ցցուած գունտ ոսկորն է), **գարշապարը** (ներբան, ոտքին տակը) եւ ոտնամատներու ոսկորները։

Ոսկորներու այս ամբողջ համակարգը, խելքի պտոյտ պատճառող իր առանձնայատկութիւններով ու դերակատարութեամբ, հրաշալիք մըն է ինքնին։ Մայր Բնութեան զարմանահրա՛շ արարչագործութիւններէն մին։

*

Ոսկորը, երբեմն, դուրս բերուելով իր կազմախօսական բնոյթէն՝ կրնայ ստանալ նաեւ սրբազան արժէք մը։ Այդպէ՛ս են սուրբերու ոսկորները։ Եկեղեցին զանոնք կը կոչէ **«մասունք»** կամ **«նշխար»**։ Հին դարերէն իվեր քրիստոնեայ աշխարհին մէջ բարեպաշտական սովորութիւն դարձած է սուրբերու ոսկորներէն մանր կտորներ կամ փշրանքներ պահել մասնատուփերու մէջ ու զանոնք առարկայ դարձնել հաւատացեալներու գուրգուրանքին։ Հայերս բացառիկ կարեւորութիւն ընծայած ենք յա՛տկապէս Ս. Գրիգոր Լուսաւորիչի մասունքներուն, զորս պարփակուած կը գտնենք առ այսօր՝ սուրբին անունը կրող զոյգ Աջերուն մէջ, ի Ս. Էջմիածին եւ յԱնթիլիաս։ Մասունքներ պարունակող այս Աջերը խորհրդանիշն են Հայոց Հայրապետութեան ու անոնցմով կը կատարուի միւռոնօրհնութիւնը, իւրաքանչիւր եօթը տարին անգամ մը։

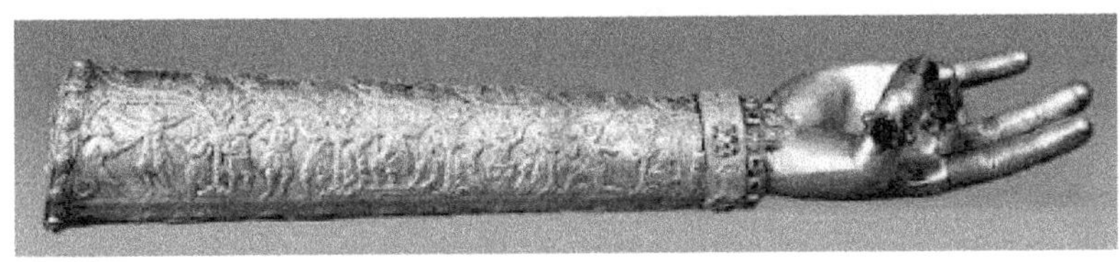

Գր. Լուսաւորիչի Ս. Աջը (Էջմիածին)

Բարեյիշատակ Մեսրոպ արք. Աշճեան լման հատոր մը գրած էր այս մասին. **«Լուսաւորչի լոյս նշխարները»** (2000 թ.)։

*

«Ոսկոր»-ը նիւթ հայթայթած է նաեւ ժողովրդային ասացուածքներու։

Զորօրինակ, ի՞նչ կը նշանակէ **«Մէկու մը առջեւ ոսկոր նետել»**։ «Ոսկոր»ը այստեղ գործածուած է «կաշառք»ի իմաստով։ Կը նշանակէ՝ նիւթական խայծով մը մէկը քու կողմդ գրաւել, կաշառել։

Ուրիշ օրինակ մըն է **«Ոսկոր ու կաշի դառնալ»** ըսելաձեւը։ Այսինքն՝ հալիլ ու մաշիլ, շատ նիհարնալ։

«Խեղճ մարդուն ոսկորները գերեզմանին մէջ պիտի շարժին», կը լսենք յաճախ։ Ըսել կ՚ուզուի, թէ մահացած մարդը որքա՜ն պիտի ընդվզէր՝ եթէ ականատես կամ ականջալուր դառնար իր մահէն ետք պատահած անօրէնութիւններուն...

Դեռ կրնաք յիշել Տէր-Թոդիկեան դպրոցներու օրերէն մնացած նշանաւոր ասոյթը՝ **«Վա՛րժապետ, միսը՝ քեզի, ոսկորը՝ ինծի»...**։

Իսկ ես կը յիշեմ լիբանանահայ ողբացեալ գրագէտ Սիմոն Սիմոնեանը, որ իր **«Սփիւռք»** շաբաթաթերթին մէջ սովորութիւն ունէր մտաւորական դէմքերու կամ կրթական երախտարժան մշակներու մահագրականներուն տակ անպայման արձանագրել իմաստալից նախադասութիւն մը, որ հետեւեալն էր. **«Հանգի՛ստ՝ իր վաստակաբեկ ոսկորներուն»**։ Այսինքն՝ «հողին տակ իրենց հանգիստը թող գտնեն ծանր աշխատանքով պարտասած եւ ուժասպառ եղած ոսկորները ենթակային»...

Կը թուի թէ Սիմոնեան սա «վաստակաբեկ ոսկորներ» դարձուածքը առեր էր Դ. Վարուժանէն։ Միասին յիշենք Բրգնիկ գիւղի մեծ զաւկին **«Հա՛յր, օրհնէ՛»** բանաստեղծութեան Ա. տունը.

Հա՛յր, ես կ՚երթամ այն ճամբայէն որ ճերմակ
Մազերուդ գիս կը տանի,
Վաստակաբեկ ոսկորներուդ, ծեր սրտիդ
Եւ աչքերուդ կենդանի...

*

«Ո» գիրին հրաժեշտ տալէ առաջ, պիտի ուզէի իմ ընթերցողներուն ուշադրութիւնը պահ մը հրաւիրել **«որ»** դերանունին վրայ, զոր քերականութեան մէջ կը կոչենք «յարաբերական դերանուն»։

Առտուընէ մինչեւ գիշեր, օրական, մենք թերեւս հարի՛ւր անգամ կը գործածենք այս «որ»-ը, եւ սակայն՝ յաճախ սխալ ու անտեղի գործածութեամբ։ «Որ»-ին ու անոր յոգնակիին՝ «որոնք»-ին սխալ գործածութիւնը նախադասութեանց մէջ ամէնօրեայ երեւոյթ է նաեւ մեր մամուլի սիւնակներուն վրայ։

«Որ»-ը յարաբերական դերանուն կոչած ենք, որովհետեւ անիկա բարդ նախադասութեան մը երկու բաղկացուցիչ մասերը իրարու կը կապէ, զանոնք յարաբերութեան մէջ կը դնէ։ Բայց պայման է որ յարաբերական դերանունն ու յարաբերեալը (այսինքն այն անունը, որուն փոխարէն գործածած ենք այս դերանունը) ԴԻՐՈՒԻՆ ԿՈՂՔ-ԿՈՂՔԻ՝ ստորակէտով մը տրոհուած։ Օրինակ՝

- **Արա Գեղեցիկ**, ՈՐ իր կեանքը կապած էր Նուարդ իշխանուհիին, մերժեց Շամիրամի ամուսնական առաջարկը։

- Փարիզի «Յառաջ» **օրաթերթը**, ՈՐ հիմնուած էր 1925-ին, փակուեցաւ 2009 թուականին։

- Հալէպի մէջ Անդրանիկ Ծառուկեան լոյս ընծայեց իր **«Թուղթ առ Երեւան»-ը**, ՈՐ անմիջապէս յափշտակուեցաւ ընթերցողներուն կողմէ։

- Փայտաշէն **տուները**, ՈՐՈՆՔ քով-քովի կառուցուեր էին, հրոյ ճարակ դարձան մէկ ժամուան ընթացքին։

- Հրաւիրեցի **բարեկամներս**, ՈՐՈՆՔ նոր եկած էին Դամասկոսէն։

- Պատկերասփիւռի կայանները չարունակ կը հաղորդեն **լուրեր**, ՈՐՈՆՔ մտահոգիչ են։

Լա՛ւ սերտեցէք վերի օրինակները։ **Արա Գեղեցիկ**, **օրաթերթը**, **«Թուղթ առ Երեւան»-ը**, **տուները**, **բարեկամներս** եւ լուրերը կը կոչուին յարաբերեալ ու բոլորն ալ դրուած են յարաբերական դերանունէն անմիջապէս առաջ։ Ա՛յս է քերականական ճիշդ ձեւը։

Եկէ՛ք 3-րդ նախադասութիւնը տարբեր շարադրանքով մը գրենք.

- Անդրանիկ Ծառուկեան իր «Թուղթ առ Երեւան»-ը **լոյս ընծայեց Հալէպի մէջ, ՈՐ անմիջապէս յափշտակուեցաւ ընթերցողներուն կողմէ։**

Ծիծաղելի՜ ու անիմա՛ստ նախադասութիւն մը՝ ահաւասիկ, որմէ կարելի է հասկնալ միայն այն՝ թէ «Հալէպը անմիջապէս յափշտակուեցաւ ընթերցողներուն կողմէ»…

Շարադրանքի նոյնանման չափիկ մը փորձենք հագցնել նաեւ վերջին նախադասութեան։ Գրե՛նք.

- Շարունակ լուրեր կը հաղորդեն պատկերասփիւռի կայանները, ՈՐՈՆՔ մտահոգիչ են։

Ձեղմ՛ւ: Սխա՛լ է։ Այսպիսի ծուռ նախադասութեան մը մէջ՝ ո՛չ թէ «լուրեր»-ն են «մտահոգիչ»-ը, այլ՝ «պատկերասփիւռի կայաննե-րը», որովհետեւ այդ «կայանները» (յարաբերեալը) բերած դրած ենք «որոնք»-ին կողքին...։

*

Պատոյտը շարունակենք **«օ»**-*ի գանձարանին մէջ ու սեւեռումի ա-ռարկայ դարձնենք խորագրիս վերջին երկու բառերը՝* **ՕԴ** *եւ* **ՕԹ-ԵԱԿ**։

Մեր երկրագունտին մարդկային, կենդանական եւ բուսական աշ-խարհները առանց օդի կրնա՞ն ապրիլ, կրնա՞ն գոյատեւել։ Անկա-րելի է։ Արդէն, հին հասկացողութեամբ իսկ՝ աշխարհը բաղկացնող չորս հիմնական տարրերն են **հողը, օդը, ջուրն ու հուրը**։

Օդը մեր շնչած նիւթն է, թափանցիկ, անհոտ եւ առանց համի։ Օ-դին շնորհիւ է որ մեր թոքերը կշռութաւոր համաչափութեամբ կը բանին՝ կը ներշնչենք ու կ՚արտաշնչենք օրն ի բուն, ամէն երկ-վայրկեան։ Ըստ գիտնականներուն, մեր շնչած օդին 21 %-*ը կը բաղկանայ թթուածինէ, իսկ* 79 %-*ը՝ բորակածինէ (ազոտ, նիթրո-ժէն)։*

«Օդ» բառին գործածութիւնը, մեր լեզուին վրայ, ունի իր նրբե-րանգները։

Անշուշտ, ամէն բանէ առաջ անիկա մեր շնչելիք նիւթն է։ Բայց այդ նիւթը տեղէ-տեղ կը տարբերի։ Խճողուած քաղաքի մը հեղձու-ցիչ կամ ապականած օդը որքա՛ն տարբեր է լեռնային կանաչապատ գիւղի մը քաղցրաշունչ եւ մաքուր օդէն...։

Միեւնոյն միջավայրին մէջ իսկ, օդը ազդուելով ինչ-ինչ գործօն-ներէ՝ տարբեր «բոյր»երով ինքզինք կը զգացնէ մեզի։

Օրօրինակ, խոհանոցի մը օդը անպայման տարբեր է... ննջարա-նի մը օդէն։ Խոհանոցին մթնոլորտին մէջ անպայման աննշան մաս-նիկներ մնացած կ՚ըլլան օրուան ճաշատեսակին բուրմունքէն։ Ատոր դիմաց՝ տարբե՛ր է ննջարանին բուրմունքը։ Բացէ՛ք ձեր նըն-ջարանի հանդերձարանին մէկ փեղկը ու... շնչեցէ՛ք։ Ձեր ռունգե-րուն ծայրը պիտի զգայ թեթեւ բուրմունք մը, որուն մէջ թերեւս քիչ մը օճառի, քիչ մը անուշահոտի, քիչ մըն ալ արդուկուած հա-գուստներու կամ նոր լուացուած սպիտակեղէններու արանքէն ցայտող գրգանք մը կայ...։

Մտէ՛ք գոմ մը, ախոռ մը։ Անմիջապէս պիտի մնաք ոչխարներու կամ նախիրի ծանր՝ բարկ հոտին ազդեցութեան տակ։

Մտէ՛ք եկեղեցի մը։ Օ՜, խնկաբոյր մթնոլորտ մը պիտի շրջապատէ ձեզ։

Մտէ՛ք մատենադարան մը։ Հոս ալ գիրքերէ՛ն հասնող եզակի բոյր մը կայ։ Այս բոյրը այնքա՜ն մտերիմ է գիրի ու գիրքի սիրահարներուն։

Մտէ՛ք ձկնեղէնի վաճառատուն մը։ Կամ ձեր գլուխը երկարեցէք հացատան մը դռնէն ներս. տարբե՜ր «օդ»եր պիտի շնչէք։

«Օդ» լսելով կը հասկնանք նաեւ կլիման, եղանակը։ **«Օդը ինչպէ՞ս է այսօր»**, հարց կու տանք ամէն օր։ Այդ օդը մերթ գարնանային է, մերթ՝ աշնանային, ձմռան եղանակին՝ ցուրտ եւ խստաշունչ։

Ունինք ՕԴԵՐԵՒՈՅԹ բառը։ Օդերեւութաբանական լուրերը կարեւոր տեղ կը գրաւեն ժամանակակից մարդոց հետաքրքրութիւններուն մէջ։ Գիտութիւնը այլեւս դիւրաւ կը կանխագուշակէ, թէ վաղը, երեք օր ետք, շաբաթ մը ետք՝ օդը ինչպէ՞ս պիտի ըլլայ, անձրեւ կա՞յ, ամպամա՞ծ է, թէ՞ արեւոտ։

«Օդ»ը նաեւ փչող հովն է, եւ դուք գիտէք, թէ հայերէնի մէջ փչող հովը ըստ սաստկութեան՝ ունի իր տարբեր անուանումները։ **Քամի, հողմ, խորշակ** (տաք անապատային), **սիւք, զեփիւռ։**

Եթէ մտքի մարզանք մը ընենք ու փորձենք շարայարել **«օդ»** արմատով կազմուած բառեր, պիտի չդժուարանանք։ Ահա՛ փունջ մը. **օդանաւ, օդանաւորդ, օդաչու, օդակայան, օդանաւակիր նաւ, օդուժ** (բանակի մը պատերազմական օդանաւերուն եւ ուղղաթիռներուն ամբողջութիւնը), **օդասլաց** (օդին մէջէն սլացող, արագասոյր), **օդագնացութիւն** (օդային ճանապարհորդութիւն), **օդափոխութիւն, օդասուն, օդափոխիչ գործիք, օդահէն կամ օդահէնութիւն** (օդանաւի առեւանգիչ, քաղաքական կամ այլ պատճառներով՝ պարտադրել որ օդանաւը շեղում կատարէ իր նախատեսուած թռիչքէն ու վայրէջք կատարէ այլ օդակայան մը։ Հինել՝ աւազակութիւն ընել), **օդամուղ** (օդը ներս կամ դուրս մղող գործիք), **օդապարիկ** (գնդաձեւ խոշոր պարկ, որ ջրածինով կամ տաք օդով լեցուելով՝ օդին մէջ կը սլանայ ու հոսանքին համաձայն կը տեղեփոխուի), **օդազուրկ** եւ այլն։

«Օդ»-ով շինուած ամէնէն տարածուն բառը ՕԴԱՆԱՒ-ն է անշուշտ։ Բառը կազմուած է վարպետօրէն. «օդին մէջ սլացող նաւ»…։ Այո՛, օդանաւը խորհրդանիշ նաւ մըն է, որ փոխանակ ծովերն ու ովկիանոսները ճեղքելու՝ կը սուրայ ամպերուն մէջէն կամ աւելի վերերէն…։ Ու եթէ կը սիրէք օդանաւերու եւ օդակայաններու տեսանելի կամ անտեսանելի խորհուրդներուն թափանցել, կ՚առաջարկեմ որ կարդաք պոլսահայ գրագէտ Ռ. Հատտէճեանի **«Ցուցատետր»** հատորաշարքին 42-րդ ժողովածուն՝ **«Օդանաւին անխուները»** (Իսթանպուլ, 2004)։

Մեր խօսակցական լեզուին մէջ ունինք նաեւ **«օդ»**-ով շինուած կարգ մը դարձուածքներ։ Անոնցմէ մին **«յօդս ցնդիլ»**-ն է։ Յաճախ կը լսենք.

— **Ափսո՛ս, խեղճ մարդուն յոյսերը յօդս ցնդեցան…։**

Սա պարզապէս կը նշանակէ, թէ մարդուն յոյսերը ամբողջովին չքացան, վերացան, չիրականացան, ի դերեւ ելան…։

Սրահի մը մէջ համախմբուած խուռներամ բազմութիւնը երբեմն **«օդը կը թնդացնէ»**։ Ի՞նչ ըսել է այս։ Կը նշանակէ՝ ըստ ընդոստ ծափահարութիւններով իր գնահատանքը կ՚արտայայտէ։

Ի՞նչ կը նշանակէ **«Օդային ծրագրերով տարուիլ»**։ Իմաստը ենթադրելի է. անիրական կամ ցնորական երազներով օրօրուիլ…։ Ասոր մօտիկ է **«Օդէն կախուած մնալ»** դարձուածքը, որ կը նշանակէ առանց յենարանի մնալ, անապաւէն վիճակի մատնուիլ։

Իսկ ի՞նչ կը նշանակէ **«Օդային համբոյր»**։ Այս մէկն ալ պարզ է ու հասկնալի. ձեռքը շրթունքին տանելով՝ համբոյրի շարժում մը ընել դէպի դիմացինը…։

*

«Օդ» բառին «դա»-ն հեռացուցէ՛ք ու անոր տեղ «թօ» մը դրէք։ Կ՚ունենանք ՕԹ։ Իմաստ մը ունի՞ այս բառը, զոր բնաւ չենք լսած։

Այո՛, իմաստ մը ունի եղեր։ Բառարանս կը հաստատէ, որ ՕԹ-ը «այն տեղն է, ուր գիշերը կ՚անցընեն»։ Հա՛, ուրեմն ասիկա մեզի ծանօթ ՕԹԵՒԱՆ բառին արմատն է։ Օթեւան կամ իջեւանատուն.

- **Ճամբորդները կրցան օթեւան մը գտնել գիւղին մէջ ու այնտեղ գիշերել։**

- **Սուրիան ու Լիբանանը ապաստանարան եւ օթեւան դարձան տարագիր հայութեան համար։**

Այս **«օթ»** արմատով շինուած են քանի մը հետաքրքրական բառեր ալ՝ ՕԹԵԱԿ, ՕԹԵԿ, ԳԻՇԵՐՕԹԻԿ։

Ի՞նչ է օթեակը։ Այս անունը կը տրուի շքեղ թատերասրահներու կամ բազմայարկ օփերաներու մէջ այն բարձրադիր փոքր պատըշ-գամներուն, որոնք կը յատկացուին պատուական հանդիսատեսնե-րու։ Յաւելեալ, «օթեակ» կը կոչենք նաեւ Ազատ Որմնադիրներու (մասոնական) ակումբները։

*Իսկ ի՞նչ է օթեկը։ Այս մէկն ալ Թրքերէն լեզուով մեր այնքա՜ն յաճախակի գործածած **«պայաթ»** բառին հայերէն տարբերակն է։ Ուրեմն, օթեկ՝ թարմութիւնը կորսնցուցած, չորցած, ժամանակը անցած կամ նախորդ օրէն մնացած ուտելիքն է, գլխաւորաբար՝ հացը։*

Ինչ կը վերաբերի «գիշերօթիկ»-ին, ապա անով կը բնորոշենք այն դպրոցները, որոնք կարելիութիւն կ՚ընձեռեն իրենց աշակերտնե-րուն գիշերելու եւ սնանելու տեղւոյն վրայ՝ վարժարանին մէջ։ Զորօրինակ, Պոլսոյ երբեմնի համբաւաւոր Պէրպէրեան վարժարա-նը տեւաբար պահած է գիշերօթիկի բաժին։ Հալէպի մեր Ճեմարանը եւս, «Քարէն Եփփէ»-ն, տասնամեակներ առաջ (1950—60) *ունեցեր է գիշերօթիկի բաժին, որ մեծ բարիք մը եղեր է մա՛նաւանդ հեռաւոր շրջաններէ եկող ուսանողներու համար, պատեհութիւն ընծայելով անոնց՝ ճեմարանաւարտ ըլլալու։*

Իմ լեզուական պտոյտը կ՚աւարտեմ ուղղագրական նշումով մը.

— *Մի՛ գրէք «ԲԱՑՕԴԵԱՅ», այլ գրեցէ՛ք «ԲԱՑՕԹԵԱՅ»։*

Ահաւասիկ այս բարդածանց բառը եւս կու գայ «օթ» արմատէն։

Թակարդ-բառ մըն է, որ գայն լսողին կու տայ այն տպաւորութիւնը՝ թէ օդասուն վայրի մը կ՚ակնարկէ...։ Մինչդեռ բառին կազմութիւնը տարբեր է՝ բաց (= *դուրս*) + *օթ* + *եայ։*

*Մեր ապրած քաղաքներուն մէջ կան բացօթեայ ճաշարաններ ու սրճարաններ, կան բացօթեայ մարզասրահներ, կը սարքուին բացօթեայ երգահանդէսներ, խրախճանքներ, մինչեւ իսկ՝ թատերական բացօթեայ ներկայացումներ եւ բացօթեայ պատարագ...։ Այս բոլորը «բացօթեայ» են, որովհետեւ տուեալ վայրերը **փակ տանիք** չունին, վրան բաց վայրեր են, բաց երկինքի տակ են, անծածկ են։*

Բանաստեղծ Զահրատ իր նշանաւոր հերոսին՝ Կիկոյին մահը գուժած էր սա տողերով.

Բացօթեայ շատ պառկեցաւ
Թող քիչ մըն ալ հողին տակ քնանայ

Հանդիստ իր կօշիկներուն

«ԲԵՆ» ՈՒ «ՓԻՒՐ»,
ԱՐԲԵՆԱԼ, ՏԱՐՓԱՆՔ, ՀԱՐԲՈՒԽ ԵՒ ՏՐՈՓԻՒՆ

Իմ սիրելի ընթերցողները հիմա կրնան կարծել, թէ առողջապահական կամ բժշկական յօդուած մը գրած եմ։

Քաւ լիցի։ Ատոր ո՛չ կարողութիւնը, ո՛չ ալ իրաւունքը ունիմ։ Ես կը մնամ իմ համեստ կալուածին մէջ ու կը շարունակեմ դեգերիլ մեր մայրենի լեզուին դարաւոր գանձատան կտուրին տակ։

Խելացի եւ ուշադիր ընթերցողը նկատեց անշուշտ, որ վերնագրիս չորս բառերը առողջապահական կալուածին պատկանելու իրենց հիմնական նմանութեան կողքին՝ իրարու կ'առնչուին երկրորդ պատճառով մըն ալ. բոլորին մէջ ալ կ'երեւի **«բ»** *կամ* **«փ»** *տառը։*

Բառերու այս ընտրութիւնը կատարած եմ դիտաւորեալ կերպով, որպէսզի պահ մը կանգ առնենք նմանաձայն **«բ»** *եւ* **«փ»** *երկու բաղաձայններուն դիմաց ու ջանանք բառնալ ուղղագրական այն դժուարութիւնները, որոնք կը ցցուին մեր առջեւ՝ ամէն անգամ որ «p» հնչիւնով հայերէն բառ մը գրել պարտաւորուինք։*

Սկսինք «բ»-էն, որ հայերէնի այբուբենի երկրորդ տառն է ու կը կոչուի **«բեն»**։

Իմ սիրելի Մալխասեան բառարանը զարմացուց զիս՝ երբ ստուգեցի որ «բեն»-ով սկսող բառերուն յատկացուցեր է ճի՛շդ 100 էջ։ Սա կը նշանակէ, թէ մեր լեզուին մէջ ունինք առնուազն **ՎԵՑ ՀԱԶԱՐ** *բառ, որ կը սկսի «բեն»-ով։ Պատկառելի թիւ է ասիկա։ Կ'առաջարկեմ ձեզի՝ մտքի արագ մարզանք մը ընել ու փորձել գտնել «բեն»-ով սկսող 40 բառ...։*

Բառասկիզբին ե՞րբ **«բ»** *պիտի գրենք ու ե՞րբ՝* **«փ»**, *ատիկա օրէնքի մը չի հպատակիր անշուշտ։*

Արեւելահայ մեր արինակիցները, արեւելահայերէնի հնչիւնային հարազատութեան բերումով՝ բնաւ չփոթի չեն մատնուիր այս երկու տառերուն դիմաց։ Նախակրթարանի հայաստանցի երեխան կամ պատանին երբ ականջ կու տայ իր ուսուցչուհիին՝ անսխալ կը գրէ **բադ, բաղնիք, բարեւ, բանակ, բերան, բանալի, բանաստեղծ** *բառերը, հաստա՛տ համոզումով ու աներկբայօրէն։*

Մինչդեռ, նոյնը չէ պարագան սփիւռքի մէջ։ Մեր աշակերտներուն գլխուն վրայ դամոկլեան սուրի պէս մի՛շտ կախուած է **«բ»**-*ն* **«փ»**-*ին հետ շփոթելու հաւանականութիւնը...։ Ընթացիկ ու սովո-*

րական երեւոյթ է՝ մեր երկրորդական վարժարաններու բարձրագոյն կարգերուն մէջ տեսնել մեծամթիւ աշակերտներ, որոնք կը գրեն **փաղնիք**, **փանակ** կամ **փանալի**...։ Պատճառն այն է, որ մենք՝ արեւմտահայերս, դարերու ընթացքին կորսնցուցեր ենք այս երկու բաղաձայններուն հնչիւնային իւրայատկութիւնները եւ զանոնք վերածեր ենք **հարիւր տոկոսով նոյնահնչիւն տառերու**։ Մեր կամքէն անկախ ու անզգալաբար՝ կատարուեր է լեզուական եղափոխութիւն մը, եթէ կ՚ուզէք՝ ձախաւեր բնաշրջում մը, որուն յոռի հետեւանքները կը կրենք ազգովին, ամբողջ սփիւռքի տարածքին։

Ափսոսանքը դարման չի բերեր սակայն։ Հարկ է սորվիլ եւ իւրացնել այն բոլոր քերականական առկայ օրէնքները՝ որոնք գէթ մասամբ կրնան լուսաւորել մեր ճամբան դէպի **«բ»**-ի բացաստանը կամ **«փ»**-ի փեթակը...։

Խօսքը կը վերաբերի բառամէջի «բ»-երուն։

Զորօրինակ, առնենք **ԱՐԲԵՆԱԼ** բայը։ Այս բառը աւելի յաճախ կը գործածուի **«հարբենալ»** կամ **«հարբիլ»** ձեւով եւս ու կը նշանակէ «գինովնալ՝ ոգելից ըմպելիի ազդեցութեան տակ»։ Բոլորդ ալ տեսած էք, անկասկած, **հարբած** մարդիկ,— գինեմոլնե՛ր,— որոնք կիսագիշերին օրօրուելով ու կիսախուփ աչքերով տուն կը վերադառնան գինետունէն՝ հի՛ն ու ծանօթ եղանակ մըն ալ մրթմրթալով իրենց քթին տակէն...։ Ասոնց համար ժողովուրդը կ՚ըսէ. **«Լոլիկ դարձեր է»**...։ Հարբեցութիւնը եթէ սովորամոլութեան վերածուի՝ տուներ կը քանդէ, կ՚աւրէ ընտանեկան բոյներու երջանկութիւնն ու խաղաղութիւնը։ **Զգո՜ւշ**։

Միւս կողմէ, «արբենալ» բառը մեր մտածողութեան ու գրական արտայայտութիւններուն մէջ զգեցած է նաեւ դրական իմաստ մը՝ **հրապուրուիլ, կլանուիլ, չափազանց խանդավառուիլ** նշանակութեամբ։ Երբ երաժշտական բացառիկ, երազային ու արտակարգօրէն դիւթիչ ձեռնարկի մը ներկայ ըլլանք, կը գոչենք. **«Ամբողջ սրահը արբեցաւ՝ ի տես երէկուան համերգին»**։

Ինծի կը թուի, թէ **«արբենալ»**-ը մեր լեզուին հնագոյն բառերէն է։ Կ՚ուզեմ որ յիշէք Ս. Պատարագի այն հատուածը՝ երբ պատարագիչը սկիհն ի ձեռին կ՚արտասանէ գրաբարով. **«Արբէ՛ք ի սմանէ ամենեքեան (խմեցէ՛ք անկէ ամէնքդ), այս է արիւն իմ նորոյ ուխտի, որ յաղագս ձեր եւ բազմաց հեղանի՝ ի քաւութիւն եւ ի թողութիւն մեղաց»**։

Անշուշտ, հետագայ դարերու ընթացքին, մեր նախահայրերը շինած են **«արբ»** արմատով նորիմաստ գոյականներ ու ածականներ ալ, որոնցմէ կրնանք թուել **արբշիռ** (գինով), **արբունք** (պատանիներու տարիքի հասունութիւն), **գինարբուք** (կերուխում, խրախճանք), **ջրարբի** (ջուր խմած ու ոռոգուած) եւ **արիւնարբու** (արեան ծարաւի) բառերը, բոլորն ալ գործածական ու գեղեցիկ։

Եւ հիմա հարցումը․

— Ի՞նչ հիմամբ «արբենալ»-ը կը գրենք «բ»-ով։

ա) Օրէնքը կ'ըսէ, թէ «Ր» գիրէն ետք «Բ» կու գայ։ Օրինակ՝ **արբանեակ**, **բորբոքիլ**, **դարբին**, **լիրբ**, , **երբ**, **Խարբերդ**, **նուրբ**, **սուրբ**, **որբ**, **հարբուխ**։ Բացառութիւն են **փրփուր**, **արփի**, **երփներանգ**, **տարփանք** բառերը։

Դժուարիմա՞ց բառեր են վերջին երեքը։ **«Արփի»**-ն իգական տարածուն անուն է, կը նշանակէ արեւ, արեգակ։ **«Երփներանգ»**-ը

բարդ բառ մըն է, կազմուած՝ «երփ» (գոյն) եւ «երանգ» (գոյն) արմատներով։ Կը նշանակէ **գոյնզգոյն։** Իսկ **«տարփանք»**-ը բուռն սէրն է՝ փափաքը, աւելի ճիշդ՝ սեռային բուռն կիրքն ու ցանկութիւնը։ Այս բառը մեր լեզուին մէջ կը գործածուի նաեւ **«տռփանք»** ձեւով։ Ունինք **«տարփածու»** բառը, որուն կը հանդիպինք առաւելաբար սիրային վէպերու մէջ, եւ որով կը հասկնանք այն տղամարդը, որուն կապուած է աղջիկ մը (կամ կին մը) սաստիկ սիրով, արտաամուսնական ապօրինի կապով մը…։

բ) «Մ» գիրէն ետք ալ «Բ» կու գայ։ Օրինակ՝ **ամբարտակ** (ջուրի պատնէշ), **ամբարտաւան** (գոռոզ), **ամբոխ**, **ապստամբ**, **ըմբոստ**, **դամբարան** (գերեզման), **ըմբոշխնել** (ճաշակել, վայելել), **թամբ** (ձիու մէջքին վրայ դրուած համետ), **լամբ**, **թմբուկ**, **խումբ**, **ռումբ**, **համբուրել**, **ըմբռնել**, **կաղամբ**, **համբաւ**, **ճամբայ**, **սմբուկ**, **քաջութեամբ** (գործիական հոլովի մասնիկը) եւ այլն։ Բացառութիւն են **փամփուշտ** եւ **ամփոփ**։

գ) «Ղ» գիրէն ետք եւս «Բ» կու գայ։ Օրինակ՝ **աղբ**, **աղբիւր**, **եղբայր**, **ողբերգութիւն**, **բողբոջ** եւ այլն։ Բացառութիւն են **փողփողիլ** (ծածանիլ) եւ **յղփանալ** (առատօրէն ուտելով՝ լիապէս կշտանալ)։

դ) «Զ» գիրին ալ «Բ» կը յաջորդէ․ **զբաղիլ**, **զբօսանք**, **սկիզբ**։

*

Եթէ Մաշտոցի ստեղծած այբուբենի երկրորդ տառը **«բ»**-ն էր, ապա վերջընթեր տառն ալ **«փ»**-ն էր։ Անունը՝ **«փիւր»**։ Մալխասեան բառարանին մէջ անիկա գրուած է 56 էջ։ Բառարանը նկատել կու տայ, որ այս գիրը պէտք է հնչել կամ արտասանել «փակ շրթունքները ուժով պայթեցնելով»։

Հիմա դա՛րձեալ մտային մարզանք մը ըրէ՛ք. գտէ՛ք «փիւր»-ով սկսող 20 բառ։

Բառասկիզբի «փիւր»-երուն մասին, բնականաբար, մասնաւոր օրէնք չկայ։ Բառամէջի «փիւր»-երը սակայն կը հպատակին որոշ օրէնքներու։

ա) «Ա» տառէն ետք «Փ» կու գայ։ Օրինակ՝ **չափ**, **ափսէ**, **դափնի**, **գաղափար**, **թափառիլ**, **թափուր** (պարապ, դատարկ), **սափրիչ**, **ծափել**, **յափշտակել**, **մրափել** (քնանալ), **կափարիչ**, **սափոր**, **փափուկ**, **տարափ** (յորդ անձրեւ), **սարսափ** եւ այլն։ Բացառութիւն են **խաբել**, **բաբախել**, **արաբ**, **շաբաթ**, **տաբատ**, **ձաբռտուք**, **Աբրահամ**, **Աբխազիա**-ն բառերը, ինչպէս նաեւ «աբար» ածանցով ածանցաւորները՝ վստահաբար, հայրաբար, գիտակցաբար, բարեբախտաբար, գրաբար եւ այլն։

բ) «Ո» ձայնաւորէն ետք ալ ընդհանրապէս «Փ» կու գայ։ Օրինակ՝ **տրոփիւն**, **խոփ** (արօրին սրածայր երկաթը), **ցոփ** (գեխ, շուայտ, անառակ), **ամփոփ**, **սփոփել** (մխիթարել, ամոքել), **կոփել** (դարբնել, մրճահարել) եւ այլն։ Բացառութիւն են **Յակոբ**, **Յոբ**, **Սերոբ** անունները։

գ) «Ե»-էն եւ «ՈՒ»-էն ետք ալ «Փ»-ն տիրապետող է։ Օրինակ՝ **Եփրատ**, **Եփրեմ**, **եփել**, **սեփական**, **չերեփ**, **տուփ**, **թուփ** եւ այլն։

«**Փ**»-ն տառադարձութեան եւ փոխառեալ բառերու մէջ կը համապատասխանէ լատինական ph բաղադրեալ բաղաձայնի հնչիւնին։ Philippe-ը կու տայ «**Փիլիպպոս**», Joseph-ը կու տայ «**Յովսէփ**», philosophy-ն կու տայ «փիլիսոփայութիւն»։

Հիմա շատեր պիտի սկսին տրտնջալ, գանգատելով նախ օրէնքներու առատութենէն, ապա նաեւ այդ նոյն օրէնքները գանցող ու բռնաբարող բացառութիւններէն…։

Գիտե՛մ։ Իրաւունք ալ կու տամ իրենց։ Նոյնիսկ կը լսեմ դժգոհներուն սրտին տրոփիւնը...։

Բայց կը հրաւիրեմ զիրենք մերձենալու մեր մայրենի լեզուին՝ քիչ մը աւելի՛ գուրգուրանքով, քիչ մը աւելի՛ պատասխանատուութեամբ ու լայնասրտութեամբ։

Ֆրանսերէնի, գերմաներէնի ու... չինարէնի ուղղագրութիւնը նուազ բարդ չէ, քան հայերէնինը։

*Առնենք պատահաբար՝ վերը յիշատակուած **«հարբուխ»** բառը։ Անոր անգլերէն* catarrh *կամ Ֆրանսերէն* catarrhe *հոմանիշները միթէ՞ ծուղակ չեն լարեր զանոնք գրել ուզող անգլիախօսին կամ Ֆրանսախօսին...։*

Ամէնօրեայ կանոնաւոր ընթերցումը (որ մեծապէս կը նպաստէ բառերուն արտաքին ձեւ-պատկերները իւրացնելու գործին), զուգորդուած՝ վերեւ յիշատակուած օրէնքներուն, պիտի թոյլ տայ ձեզի մօտէ՛ն ճանչնալու թէ՛ «բեն»-ը, թէ՛ «փիւր»-ը հաւասարապէս, իրենց առանձնայատկութիւններով եւ զատորոշելի դիմագծութեամբ։

«ԳԻՄ» ԵՒ «ՔԷ»,
ԳԱՒԱՌ ՈՒ ՔԱՂԱՔ, ՔԱՐՈԶ ՈՒ ԳԵՀԵՆ

«Գիմ» տառին նկատմամբ մասնաւոր տկարութիւն մը ունիմ։ Շեշտուած համակրանք մը կամ անբացատրելի գորով մը։ Պարզապէս, որովհետեւ հայերէն այբուբենի այս երրորդ տառով կը սկսին **գիր, գիրք, գրադարան եւ գրականութիւն** բառերը, որոնք ահաւասիկ՝ աւելի քան երեսունհինգ տարիէ ի վեր, առօրեայ մտասեւեռում, ընկեր եւ ուղենիշ եղան ինծի։

Միւս կողմէ սակայն, կը խորհիմ որ **«գիմ»**-ի նկատմամբ իմ նախընտրութիւնը խաբուսիկ է, իրական չէ։ Կրնա՞յ ըլլալ, որ ես խտրականութիւն ցուցաբերեմ այբուբենի տառերուն նկատմամբ ու զանոնք բաժնեմ երկու խումբի՝ «սիրելիներ» եւ «նուազ սիրելիներ»։ Ո՛չ։ Այդպիսի զատորոշում մը ճիշդ չեմ գտներ։ Ընդհակառակն, ես կ'ուզեմ թեւաբաց գրկել 38 տառերը միասնաբար, կ'ուզեմ համահաւասար գուրգուրանք ցուցաբերել բոլորին հանդէպ. չեմ ուզեր որ անոնցմէ մէկը կամ միւսը անտեսուի, աչքէ հեռանայ, անարդարութեան զոհ երթայ...։

Հայերէնի 38 տառերն ալ, բոլո՛րը, անհրաժարելի բաղկացուցիչներն են մեր 1600-ամեայ գիր-գրականութեան։

Առնենք, զորօրինակ, **«գիմ»**-ին երկուորեակ նկատուող **«քէ»** տառը։

Ան բացարձակապէս ետ չի մնար **«գիմ»**-էն՝ իր կարեւորութեամբ, գործածութեան յաճախականութեամբ եւ էական դերակատարութեամբ։ Բայական խոնարհումները անո՛վ կը գրենք (կը վազէ**ք**, կը վազեն**ք**, վազեցին**ք**, վազեցի**ք**, վազեցէ՛**ք**, մի՛ վազէ**ք**...), յոգնակիներու կազմութիւնը յաճախ անով կը կատարենք (տղա**ք**, ծնող**ք**, տիկնայ**ք**, տեար**ք**, հալէպցի**ք**, երեւանցի**ք**..., նմանապէս՝ աչ**ք**, ոտ**ք**, ձեռ**ք**, որոնց յետադաս «ք»-ն յոգնակերտ մասնիկ է), բազմաթիւ ածանցներու կազմութիւնը անո՛ր վստահած ենք միշտ (պատմ**ուածք**, նայ**ուածք**, բարձ**ունք**, արց**ունք**, իրաւ**ունք**, ցուց**մունք**, սրտմա**շուք**, քերուլ**տուք**, փսփ**սուք**, միռոնօրհ**նէք**, տնօրհ**նէք**, զարթ**օնք**, կր**օնք**, խել**օք**, ընտանե**օք**, աղաչ**անք**, զարմ**անք**, տառապ**անք**, դաշ**ինք**, քրտ**ինք**, գործ**իք**, կարծ**իք**, ընթր**իք**, հաճ**ոյք**, խնճ**ոյք**, Յակոբ**ենք**, Մարտիրոս**ենք**, Վարդան**անք**, Ղեւոնդ**եանք**...), ու տակաւին՝

անհամար բառերու սկիզբը, մէջն ու ետին՝ **«ք»**-ն ունի իր պատուաւոր տեղը։

Եթէ **գիւղն** ու **գաւառը** կը գրենք **«գ»**-ով, ապա **քաղաքն** ու **քարայրն** ալ կը գրուին **«ք»**-ով։

Մալխասեան բառարանը ճիշդ 80 էջ յատկացուցած է «գիմ»-ով սկսող բառերուն։ Ասիկա մեծ թիւ մըն է։ Առանձինն՝ գրքոյկ մը կրնայ կազմել։ Իսկ «քէ»-ն գրաւած է 64 էջ։

Բառարանը յստակօրէն նշած է, որ **«գ»**-ն մեղմ բաղաձայն մըն է, իսկ **«ք»**-ն՝ թաւ է։ Բայց հոս ալ սրտցաւօրէն ստիպուած ենք կրկնել, որ մենք՝ արեւմտահայերս, դարերու հոլովոյթով կորսնցուցեր ենք այս երկու տառերը իրարմէ զատորոշող հնչիւնային նրբութիւնը (մեղմի ու թաւի կոկորդային արտաբերումի ճկունութիւնը) ու հետեւաբար՝ զանոնք վերածեր ենք ՆՈՅՆԱՀՆՉԻՒՆ գիրերու։ Եւ հոսկէ ալ կը բխի սփիւռքահայ դպրոցական աշակերտին ուղղագրական անյաղթահարելի դժուարութիւններուն մեծագոյն մասը։

Ուղղագրական դժուարութիւնները բառնալու համար՝ անհրաժեշտ է մօտիկէն շփուիլ բառերուն հետ։ Զանոնք մօտէ՛ն ճանչնալ, կարծես թէ մեր մտերիմ ընկերները ըլլային անոնք։

*

Վերնագրիս մէջ գործածեցի **«գաւառ»** բառը։

Բաւական գործածական ու լայն շրջանակներու համար հասկնալի բառ մըն է։ Կ'ենթադրեմ սակայն, որ մեր երիտասարդներէն շատեր պիտի չգիտնան անոր իմաստը, վարանումի պիտի մատնուին։ Գաւա՞ռ...։ Այո՛։

Գաւառը երկրի մը սահմաններուն մէջ գտնուող վարչական փոքր հողատարածքն է, որ ընդհանրապէս կապուած կ'ըլլայ աւելի ընդարձակ նահանգի մը, կ'ունենայ նաեւ իր կեդրոնական քաղաքը։ Զորօրինակ, Մեծ Հայքի (պատմական Հայաստան) 15 նահանգներէն իւրաքանչիւրը իր մէջ ունէր տասնեակ մը կամ աւելի գաւառներ, որոնց ընդհանուր թիւը կ'անցնէր 175-ը։ Տուրուբերանի գաւառներէն էին **Տարօնն ու Հարքը**, Վասպուրականի գաւառներէն էին **Ռշտունիքն ու Արտազը**, Այրարատի գաւառներէն էին **Շիրակն** ու **Կոտայքը**, Ծոփքի գաւառներէն էին **Բալահովիտն ու Հաշտեան-քը**…։ Հիանալի՛ անուններ՝ հիասքանչ աշխարհագրութեամբ։

Մեր լեզուն մշակողները «գաւառ» արմատէն շինած են բարդ կամ ածանցաւոր բազմաթիւ նորակերտ ու իմաստալից բառեր։ Յի-շե՛նք. **լեռնագաւառ, ծայրագաւառ, գաւառապետ, գաւառական, գաւառաբարբառ, գաւառակ, գաւառացի, բնագաւառ** եւ այլն։

Բայց միայն այսքան չէ։ Այս «գաւառ» բառը մեր առջեւ կը բանայ տարատեսակ իմաստներու բաւական լայն հորիզոն մը։

Ամէն բանէ առաջ ես կ'ուզեմ յիշել մեր արեւմտահայ **Գաւառա-կան գրականութիւնը**, որ կարճ շրջան մը, Մեծ Եղեռնէն առաջ, ի յայտ եկաւ Արեւմտահայաստանի հայաբնակ գաւառներուն մէջ ու այդ պատճառով ալ կոչուեցաւ այդպէս՝ «Գաւառական գրականու-թիւն»։ Ատոր գլխաւոր մշակները եղան Գարեգին եպս. Սրուանձտ-եանցը, Թլկատինցին, Մշոյ Գեղամը (Տէր Կարապետեան), Հրանդը (Մելքոն Կիւրճեան), Ռուբէն Զարդարեանը, մասամբ՝ Յակոբ Օշա-կանը։ Այս մտաւորականները, ի տարբերութիւն պոլսաբնակ գրող-ներուն, իրենց գրողական ներշնչումը կ'առնէին բացառաբար գա-ւառէն, այսինքն՝ բո՛ւն իսկ Հայաստանի հողէն։ Անոնք հայկական անարատ արիւն, գոյն ու համեմ կը ներարկէին մեր գրականու-թեան, սեւեռումի կ'ենթարկէին գաւառն ու գաւառացին, անոր հո-գերն ու տագնապները։

Այդ հին օրերու հասկացութեամբ՝ մայրաքաղաք Կ. Պոլսէն դուրս գտնուող ներքին բոլոր տարածաշրջանները կը կոչուէին «գաւառ»։ Մուշէն, Կարինէն, Խարբերդէն, Ատանայէն, Տրապիզոնէն, Մա-լաթիայէն կամ Կեսարիայէն Պոլիս եկող անձը, ի՛նչ հանգամանք կամ տարիք ալ ունենար, «գաւառացի» մըն էր՝ մայրաքաղաքի բը-նակիչներուն աչքին (յիշեցէ՛ք Արփիարեանի **«Կարմիր ժամուց»** վի-պակին «գաւառացի տէրտէր»ը)։ Եւ այս «գաւառացի» բառն ալ իր մէջ ունէր քամահրանքի թաքուն երանգ մը, որ հաւանաբար կը բը-խէր դասակարգային կամ քաղաքակրթական տարբերութիւննե-րէ…։ Կը թուի թէ շատ մը երկիրներու մէջ ի զօրու էր այս միեւնոյն ըմբռնումը։ Ֆրանսայի օրինակը պերճախօս է։ Առ այսօր, մայրա-քաղաք Փարիզէն դուրս՝ բոլոր քաղաքներն ու շրջանները «գաւառ» կը սեպուին։ Ու եթէ հետեւեր էք Փարիզի երբեմնի **«Յառաջ»** օրա-թերթին, պիտի յիշէք որ անոր ներքին թղթակցութիւններու լրա-տուական նշանաւոր սիւնակը կը կոչուէր **«Ձայներ գաւառէն»** եւ որ կ՚արձագանգէր Մարսէյլի, Լիոնի, Տէսինի, Նիսի, Վալանսի, Կռընոպլի ու արտափարիզեան հայաբնակ բոլոր շրջաններու ազգային-եկեղեցական կեանքին։

Բնաւ պէտք չէ մտահան ընել, որ արեւմտահայ մեր կորուսեալ գաւառը մտաւորական մարդուժի անսպառ շտեմարան մըն էր ինքնին։ Հոնկէ՛ կու գային մեր ամէնէն արժէքաւոր ուսուցիչները, գրողներն ու հոգեւորականները։ Խրիմեանն ու Սրուանձտեանցը կու գային Վանէն, Վարուժանը՝ Սեբաստիոյ Բրգնիկէն, Սիամանթօն՝ Ակնէն, Մեծարենցը՝ Ակնայ Բինկեան գիւղէն, Մնձուրին՝ Երզնկայի Արմտանէն, Արտաշէս Յարութիւնեանը՝ Մալկարայէն, Յովհ. Գազանճեանը՝ Եւդոկիայէն, Կոմիտասը՝ Կուտինայէն, Ռուբէն Սեւակը՝ Սիլիվրիէն, Թորգոմ եպս. Գուշակեանն ու Հ. Արսէն Ղազիկեանը՝ Պարտիզակէն, Կարօ Սասունին՝ Սասունէն, Գուրգէն Մխիթարեանն ու Արամ Հայկազը՝ Շապին Գարահիսարէն, ու տակաւին աւելի նորերէն՝ Համաստեղը՝ Խարբերդի Փերչէնճ գիւղէն, Զարեհ Որբունին՝ Օրտուէն, Շաւարշ Նարդունին՝ Արմաշէն, Շուշանեանն ու Կարօ Մեհեանը՝ Ռոտոսթոյէն, Բենիամին Թաշեանն ու Վարդան Կոմիկեանը՝ Ատափազարէն, Բիւզանդ Եղիայեանը՝ Ատանայէն, Կարօ Փօլատեանը՝ Մարաշէն, Մուշեղ Իշխանը՝ Սիվրիհիսարէն, Տառուկեանն ու Վահէ-Վահեանը՝ Կիւրինէն...։ Ա՛յս էր գաւառը ահաւասիկ։

«Գաւառ» բառէն յառաջացած ասութիւն մըն է **«Գաւառական Ժողով»**-ը։ Հայ Եկեղեցւոյ արեւմտահայ հատուածին համայնքային-թեմական կեանքին մէջ՝ այս անունով ծանօթ է երեսփոխանական ժողովը, որ թեմական կառոյցի մը օրէնսդիր լայնախարիսխ մարմինն է, բաղկացած՝ հոգեւորականներէ եւ աշխարհականներէ։

«Գաւառական Ժողով»-ը նուիրագործուեցաւ 1863-ի Ազգ. Սահմանադրութեամբ։ Պոլսոյ Պատրիարքութեան ենթակայ բոլոր թեմերը հետզհետէ ունեցան իրենց տեղական ինքնավար «Գաւառական Ժողով»-ները, որոնք իրենց ներկայացուցիչներն ունէին պատրիարքարանի Ազգ. Ընդհանուր Ժողովին մէջ։ Այս վերջին Ժողովին 140 անդամները կը կոչուէին «ազգային երեսփոխան»։ Ասոնց երկու եօթերորդը (40 հոգի) գաւառէն պէտք է գային։ Ըստ Սահմանադրութեան՝ ընտրելի երեսփոխանները հարկ է որ ունենային «անձնական արժանիք»ներ, այսինքն՝ արքունի եւ պետական դիւանատուներու մէջ գրաւած ըլլային բարձր ու պատասխանատու պաշտօններ, ըլլալէն **«վկայեալ բժիշկներ, օգտակար գրքերու հեղինակներ, դպրատանց ուսուցիչներ, եւ ազգին օգտակար ծառայութիւններ մատուցած անձինք»** (տե՛ս **«Ազգ. Սահմանադրութիւն»**, յօդուած 65)։ Մինչեւ այսօր ալ «Գաւառական Ժողով»-ներ ունին Լիբանանի, Բերիոյ, Եգիպտոսի թեմերը, նաեւ՝ քանի մը այլ գաղութներ։ Այս ժողովն է՛նք է որ կ՚ընտրէ թեմի մը առաջնորդը, իրմէ կը բխին նաեւ նոյն թեմին Ազգ. Քաղաքական ու Կրօնական Ժողովները (Ազգ. Վարչութիւն), որոնք համարատու են իրեն։ Եթէ կարդանք Ազգ. Սահմանադրութեան 99 յօդուածները՝ կրնանք հիանալ ժողովրդավար այն սկզբունքներուն վրայ, որոնցմով առաջնորդուիլ պարտաւորուեր են մեր ազգային մարմինները, մէկուկէս դար առաջ, օսմանեան լուծին տակ, պատրիարքէն սկսեալ մինչեւ յետին թաղականներ։

«Գաւառ»-ը միաժամանակ քաղաք մըն է Հայաստանի Հանրապետութեան այժմու սահմաններէն ներս։ **Գաւառ**։ Մայրաքաղաք Երեւանէն շուրջ հարիւր քմ. դէպի արեւելք, Սեւանայ լիճին շատ մօտիկ, 20-25 հազար բնակչութիւն ունեցող փոքրիկ քաղաք մըն է այս, Գեղամայ լեռնաշղթային լանջին։ Մեր Հանրապետութեան Գեղարքունիքի մարզին կեդրոնն է։ Քանի մը անուանափոխումներ ունեցեր է. նախապէս կոչուեր է Նոր Պայազիտ, յետոյ՝ Կամօ (համայնավար հայ գործիչի մը անունով)։ Հոս ծնած են խորհրդահայ քանի մը նշանաւոր դէմքեր, ինչպէս՝ դերասան Ֆրունզէ Տովլաթեանը, բանաստեղծ Պահարէն, գրականագէտ Վաչէ Նալբանդեանը եւ այլն։

*

Թոյլ տուէք, որ **«գաւառ»**-էն ոստում մը կատարեմ դէպի **«քաղաք»**։

Այնքան գործածական այս բառը կը սկսի ու կ՚աւարտի «ք»-ով։ **Քաղաք**։ Ամէնքս ալ ծնած ու հասակ առած ենք քաղաքներու մէջ։ Քաղաքացի՛ ենք։ Քաղաքները մեզի հետ նոյնացած են, կամ՝ մե՛նք նոյնացած ենք քաղաքներուն հետ...։ 1915-էն առաջ արեւմտահայ մեր ժողովուրդին գրեթէ կէսը կ՚ապրէր քաղաքներէ դուրս՝ գիւղական ու գաւառային շրջաններու մէջ։ Մեծ Եղեռնը ոչնչացուց արեւմտահայ գիւղը, քարտէսէն ջնջեց զայն իսպառ։ Հայ գիւղին գունագեղ պատկերները, տոհմիկ բարքերն ու առօրեան քանդա-

կուած մնացին լոկ գրականութեան էջերուն մէջ. Համաստեղ, Թլկատինցի, Մնձուրի, Վահէ-Հայկ: Միւս կողմէ սակայն, արեւելահայ ճակատի վրայ, բարեբախտաբար, դեռ կ'ապրի հայ գիւղը՝ Սիւնիքէն մինչեւ Գուգարք եւ Տաւուշ...:

Ինչպէ՞ս կազմուեր է սա **«քաղաք»** *բառը: Արմա՞տ բառ մըն է, թէ՞ ածանցաւոր:*

Մեծանուն Հրաչեայ Աճառեան իր **«Արմատական բառարան»**-*ին մէջ «քաղաք» բառը ներկայացուցած է առանձին բառայօդուածով մը, իբրեւ արմատ բառ, անոր կազմութեան վերաբերեալ տալով քանի մը անորոշ վարկածներ:*

Ինծի շատ համոզիչ կը թուի սակայն Մխիթարեան երից վարդապետաց **«Հայկազեան բառգիրք»**-*ին այն հպանցիկ նշումը, թէ* **«քաղաք»** *բառը յառաջ եկած է* **«քաղ»** *կամ* **«քաղել»** *արմատէն:*

ՔԱՂԵԼ: Այսինքն՝ հատ-հատ ընտրելով պոկել, ջոկել, հաւաքել: Ծառերէն կը քաղենք պտուղները, արտերէն կը քաղենք խոտերը, հասկերը, հունձքը՝ մանգաղով կամ գերանդիով: Վանքերու մէջ, հի՛ն դարերուն, եկեղեցականներն ալ Սաղմոս կը քաղէին... (այսինքն՝ շարունակաբար Սաղմոս կը կարդային): «Քաղել» բառին մէջ մի՛շտ առկայ է ՀԱՒԱՔԵԼՈՒ ու ԺՈՂՎԵԼՈՒ իմաստ մը: Հոսկէ մեկնելով ալ՝ կրնանք տրամաբանել, որ քաղաքները **մարդկային զանգուածներ հաւաքող ու համախմբող բնակավայրեր են**: *Ահա՛ այսքան պարզ ու մեկին:*

Օ՜, մեր նախնիները որքան սիրուն բառեր կազմեր են սա փոքրահասակ **«քաղ»** *արմատով.* **ծաղկաքաղ, հասկաքաղ, ճռաքաղ, պատառաքաղ, վերաքաղ**... *(բոլո՛րն ալ՝ «հաւաքել»ու իմաստով) :*

Մեծաթիւ են **«քաղաք»** *արմատով շինուածներն ալ.* **քաղաքապետարան, քաղաքակրթութիւն, քաղաքավարութիւն, քաղաքականութիւն, քաղաքագէտ, քաղաքաշինութիւն, քաղքենի, մայրաքաղաք (կամ քաղաքամայր), քաղաքամաս** *եւ այլն:*

«Քաղաք» բառին շուրջ իմ այս մտորումները չեմ կրնար եզրափակել՝ առանց անդրադառնալու սփիւռքահայ քերթողութեան մէջ եղափոխիչ երեւոյթի մը, որ ծայր տուաւ շուրջ 60 *տարի առաջ եւ որ,— իբր խորք,— կիզակէտ ունէր «քաղաքը»:*

1960 *թուականին էր: Պոլսոյ մէջ լոյս կը տեսնէր երիտասարդ բանաստեղծի մը՝* **Զահրատի** (1924—2007) *անդրանիկ ժողովածուն,* **«Մեծ քաղաքը»** *խորագրով:* 160 *էջերու երկայնքին սփռուած էին* հարիւրեակ մը բանաստեղծութիւններ, որոնք ո՛չ յանգ ունէին, ո՛չ տաղաչափութիւն, ո՛չ ալ կէտադրութիւն։ Հեղինակը խորտակած էր մեզի ծանօթ դասական քերթողութեան բոլոր չափանիշերը ու ճամբայ բացած էր նորատարազ բանաստեղծութեան մը, որ արտասովոր էր թէ՛ իբրեւ ոճ ու գրելակերպ, թէ՛ ալ իբրեւ մատուցելի նիւթ։

Կիկօ՛ն էր այս հատորին գլխաւոր տիպարը։ Մեծ քաղաքի մը պողոտաներուն ու կամուրջներուն վրայ թափառող մենաւոր թշուառական մը, տրտմութեան, զրկանքներու եւ տառապանքի մէջ օրն ի բուն տապլտկող խեղճուկ էակ մը, զոր հեղինակը վարպետօրէն կը հակադրէր այդ նոյն քաղաքին փայլքին, շքեղանքին, աղմուկին ու փարթամութեան...։

Զահրատ ու իր առջինեկ գիրքը չա՛տ քաշքշուեցան ու քննադատուեցան օրին։ Բախեցան անհասկացողութեան ու անհանդուրժողութեան պատին։ Ընթերցողները վերապահութեամբ մօտեցան իրենց առաջարկուած գրական այս նոր ճաշակին. չհամակերպեցան անոր։ Տարինե՛ր պէտք է սահէին, Զահրատ իրերայաջորդ նո՛ր հատորներով հրապարակ պէտք է գար, մինչեւ որ տակաւ առ տակաւ «ընդունելի» դարձնէր իր անօրինակ ոճն ու քերթողական նորօրինակ փիլիսոփայութիւնը եւ ի վերջոյ՝ միահամուռ ընդունուէր իբրեւ ժամանակակից սփիւռքահայ բանաստեղծութեան ամէնէն սիրելի ու ինքնատիպ դէմքերէն մէկը։

Նոյնանման «պզտիկ յեղափոխութիւն» մը կը կատարէր նաեւ **Վահէ Օշական** (1922—2000), որ Զահրատէն 3 տարի ետք՝ 1963-ին, Պէյրութի մէջ հրապարակ կը հանէր իր Բ. քերթողագիրքը՝ **«Քաղաք»** խորագրով, 168 էջանի։

Վահէ Օշականն ալ ցնցումի եւ ընդվզումի կը մատնէր իր ընթերցողները՝ հակադրուելով «Պէյրութի հնաբոյր դասատուներու աւանդած գրական պատմութեան» (բնորոշումը իրն է)։ Ան եւս կը հեռանար հայ քերթողութեան ծանօթ յղացքներէն ու ձեւերէն եւ տարականոն լեզուով ու անիշխանական ոճով մը կը փորձէր լուսարձակի տակ առնել քաղաքն ու անոր բաղկացուցիչ մասերը՝ փողոցները, արուարձաններն ու կայանները, կը քողազերծէր հոն բոյն դրած անբարոյականութիւնն ու կեղծիքը՝ քիչ մը «վրան-բաց» բառերով ու պատկերներով…։ Այս բոլորին շուրջ է որ կը դառնար Վ. Օշականի քաղաքին ժամանակակից մարդը, որ դրօշ պարզած է աւանդութիւններու սուտին եւ քաղաքակրթութիւններու շպարին դէմ։ Վ. Օշական այս բոլորին մասին կը խօսէր միշտ «անբանաստեղծական» բանաստեղծութիւններով։ Ընթերցողները չէի՞ն հասկնար կամ չէի՞ն մարսեր զինք, իր գիրքը աննկա՞տ կ'անցնէր, ի՞նչ փոյթ։ Ինք որդեգրած էր գրելու իւրայատուկ ուղղութիւն մը (քիչ մը քաոսային, ընդհանրապէս վանողական, յաճախ ժխտողական), որ նոյն չափանիշերով արտայայտութիւն պիտի գտնէր իր յաջորդ քերթողագիրքերուն մէջ եւս, անչեղօրէն։ Եւ այս ալ պատճառ պիտի դառնար, որ Վահէ Օշական բանաստեղծը մնայ մեծ անծանօթ մը, անտեսուի մինչեւ վերջ։ Ամերիկաբնակ բանասէր Վարդան Մատթէոսեան առիթով մը պիտի գրէր, թէ **«շատ քիչերը լրջօրէն կարդացած էին որդի Օշականը, որուն մասին թերեւս աւելի գրուեցաւ մահուան յաջորդող մէկ ամսուան ընթացքին, քան իր բոլոր գիրքերուն մասին՝ քառասուն տարուան ընթացքին»։**

*

Կը շարունակեմ պտտիլ «քէ»-ի ու «գիմ»-ի միջեւ ու բառարանէս կը ջոկեմ երկու պատահական բառեր եւս. **քարոզ** եւ **գեհեն**։

Անակնկալի կու գամ՝ երբ բառարանը կ'իմացնէ ինծի, թէ «քարոզ»-ը ասորերէնէ փոխառեալ բառ մըն է։ Ինչո՞ւ չէ. հիմա հայացուած է սակայն ու ամէն ոք գիտէ, որ «քարոզ»-ը եկեղեցւոյ բեմէն խօսուած կրօնաշունչ ու բարոյախօսական պատգամն է, աստուածաշնչական դրուագներու մեկնաբանութիւնն ու թելադրական փոխանցումը։

«Քարոզ» արմատէն շինուած են **քարոզել, քարոզիչ, քարոզչութիւն, քարոզախօսութիւն, քարոզարշաւ** բառերը։ **«Հայ Դատի միջազգային ճանաչումը կը կարօտի երկարատեւ քարոզարշաւի»**, կ'ըսուի յաճախ։

Քարոզը Ս. Պատարագի ամէնէն յատկանշական բաժիններէն մէկն է, մանաւանդ եթէ քարոզիչը բարձրաստիճան եկեղեցական մը ըլլայ։ Մեր բոլոր հոգեւորականներն ալ ծիսակատարութիւններու ընթացքին մէկզմէկու կը նմանին, իրարու կը հաւասարին՝ իրենց սքեմով, վեղարով, մօրուքով, ձայնով։ Միայն քարոզի պահուն է որ անոնք կը սկսին տարբերիլ կամ զանազանուիլ իրարմէ, կը սկսին դրսեւորել ինքնուրոյն դիմագիծ մը, որ անմիջապէս ուշադրութիւն կը գրաւէ։ Այս դիտանկիւնէն ալ, ուրեմն, քարոզախօսութիւնը բաւական բախտորոշ դեր կը խաղայ հոգեւորականներու կեանքին մէջ։

Թերեւս սխալ չէ պնդել, թէ եկեղեցւոյ բեմէն արտասանուած քարոզի մը **որակը** չափանիշն է այդ քարոզը խօսող հոգեւորականին **մտաւորական պատրաստութեան**։ Եթէ քարոզիչը ատակ է արտայայտելու գեղեցիկ ու տպաւորիչ գաղափարներ, պարուրուած՝ նոյնքան գեղեցիկ, սահուն ու անսայթաք լեզուով մը, ինչպէս նաեւ՝ գրական ու բանաստեղծական մէջբերումներով, ուրեմն կրնանք ենթադրել, թէ ան կը յաջողի իր քարոզը վերածել հոգեկան վայելքի մը եւ հետեւաբար՝ կրնայ գրաւել ամբողջ եկեղեցին լեցնող հաւատացեալներուն սիրտը։ Իսկ եթէ պատահի հակառակը, այսինքն՝ եթէ ունկնդիր հաւատացեալին համար քարոզը վերածուի «ձանձրոյթ»ի մը կամ տեսակ մը... գողգոթայի՝ սնամէջ գաղափարներով ու թափթփած լեզուով մը, այդ պարագային՝ քարոզիչ եկեղեցականը կորսնցուցած կ՚ըլլայ իր բոլոր բարենիշերը...։

Քարո՛զ...։ Հրապարակային խօսելաոճի արուե՛ստ մըն է անիկա։ Իզուր չէ, որ շատ մը եկեղեցականներ հետամուտ կ՚ըլլան առանձին հատորներով հրատարակելու իրենց ընտիր քարոզները. ու այդ ժողովածուները կը կոչուին **«քարոզագիրք»**։

«**Քարոզ**» բառը, երբեմն, ժողովրդային հասկացութեամբ, կրնայ գործածուիլ ժխտական երանգով ալ։ **«Գլխուս քարոզ մի՛ կարդար»**, կ՚ըսենք յաճախ, եթէ մէկը անհաճոյ եւ անընդունելի թելադրութիւններ ընէ մեզի շարունակ։

Իսկ ի՞նչ է **«գեհեն»**-ը։

Քարոզիչ եկեղեցականներ իրենց քարոզներուն մէջ յաճախ կը գործածեն այս բառը։ Կը գգուշացնեն, որ Աստուծոյ պատուիրաններուն չհետեւողները ենթակայ պիտի դառնան «գեհենի կրակներուն»...։

ԳԵՀԵՆ։ Այսինքն՝ դժոխք։ Հանդերձեալ կեանքի անշէջ հնոցը։ Դրախտին հականիշը։ Թրքերէնով՝ «ճէհէննէմ», արաբերէնով՝ «ճէհիմ»։

Բառարանս դա՛րձեալ զարմացուց զիս, այս անգամ ալ յայտնելով որ բառը փոխառեալ է եբրայերէնէն։

Իր գրաբարեան նախնական ձեւին մէջ՝ անիկա «գեհեան» է եղեր, յետոյ «ա» տառին սղումով վերածուեր է «գեհեն»-ի։ Կասկած չկայ որ հին բառ է եւ բազմիցս գործածուած է Աւետարանին մէջ ալ։

Բայց ինչպէ՞ս պատկերացնել գեհենը։ Կ'առաջարկեմ ուշադրութեամբ դիտել Հալէպի Ս. Քառասնից Մանկանց մայր եկեղեցւոյ ձախակողմեան կամարակապ պատը ծածկող հնադարեան հսկայահասակ եզակի որմնանկարը, որ աներեւակայելի մանրամասնութիւններով ձեր առջեւ կը պարզէ գեհենն ու անոր տանջահար բնակիչները...։

Մեր գրականութեան մէջ ալ համեստ տեղ մը ունի այս բառը։ Պոլսահայ (յետոյ՝ Ֆրանսաբնակ) արձակագրուհի ու մանկագիր Ատրինէ Տատրեանի (1913–2002) *վէպերէն մէկուն խորագիրը ատիկա՛ կը յուշէ մեզի.* ***«Գեհենի ճամբուն վրայ»*** *(Իսթանպուլ,* 1966)։

*

Այս բաւական երկար պտոյտէն ետք, հիմա իմ ընթերցողները պիտի ակնկալեն որ քերականական քանի մը օրէնքներ յիշեցնեմ իրենց, որպէսզի նկատի ունենան զանոնք իբր հիմ եւ ուղեցոյց ***«գիմ»****-ի ու* ***«քէ»****-ի գործածութեան համար։*

Անմիջապէս խոստովանիմ սակայն, որ «գիմ»-ի ու «քէ»-ի քերականական եւ ուղղագրական օրէնքները, դժբախտաբար, բացարձակ չեն, որովհետեւ իւրաքանչիւր օրէնք իր դիմաց ունի «հակաօրինական» կիրարկումներու երկա՛ր շարք մը...։ Այնուամենայնիւ, թուենք քանի մը օրինաչափութիւններ·

ա) Բառերու վերջաւորութեան՝ k հնչիւնը ընդհանրապէս «գիմ» պէտք է գրել, եթէ տուեալ բառը ածանցումի կամ բարդումի պարագային ԿԸ ՊԱՀԷ այդ «գիմ»-ը։ Օրինակ՝ թագ (թագաւոր), ծագ (ծագում), վտանգ (վտանգաւոր), ժառանգ (ժառանգորդ)։ «Քէ»-ին պարագան հակառակն է։ Այսինքն՝ «քէ»-ով վերջացող բառերը ածանցումի կամ բարդումի ատեն ԿԸ ԿՈՐՍՆՑՆԵՆ այդ տառը։ Օրինակ՝ վանք (վանական), փառք (փառասէր), դիրք (դրութիւն), գիրք (գրադարան), զէնք (զինագործ, զինարան), վէրք (վիրաւոր), մօրուք (մօրուսաւոր), բարք (բարոյական)։

բ) «Ր» գիրէն ետք ընդհանրապէս «գ» կու գայ։ Օրինակ՝ **երգ**, թար**գ**ման, կար**գ**, մար**գ**արէ, մար**գ**րիտ, պար**գ**եւ, Սար**գ**իս, ար**գ**անդ, ար**գ**ելք, բուր**գ**, յար**գ**ել, միր**գ** եւ այլն։ Բայց բացառութիւններն ալ քիչ չեն. թու**րք**, ար**ք**այ, հեր**ք**ել, սար**ք**ել, հետաքր**ք**րութիւն եւ այլն։

գ) «Ն» գիրէն ետք ընդհանրապէս «գ» կու գայ։ Օրինակ՝ զան**գ**, զան**գ**ատ, նահան**գ**, սրին**գ**, հան**գ**իստ, յան**գ**, երան**գ**, ան**գ**ղ, թան**գ**արան, հին**գ**, հրահան**գ**, վարուն**գ**, եղուն**գ** եւ այլն։ Նկատի չունենալ **զէնք, հանք, ջանք, կեանք** եւ ասոնց նման բառերը, որոնք օրէնքը չեն խախտեր, քանի որ այդտեղի «ք»-ն պարզապէս ածանց է։

դ) «Զ» գիրէն ետք ընդհանրապէս «գ» կու գայ։ Օրինակ՝ ա**զգ**, **զգ**ալ, **զգ**ուշ, **զգ**եստ։

ե) Ձայնաւոր տառերէ ետք ընդհանրապէս «գ» կու գայ։ Օրինակ՝ ու**ագ**, ար**ագ**, ճ**ագ**, պատար**ագ**, հ**ագ**նիլ, կար**ագ**, **ագ**ռաւ, երկրպ**ագ**ել, ճր**ագ**, վ**ագ**ր, վայր**ագ**, **էգ**, ս**էգ**, ճ**իգ**, գ**ոգ**նոց, հ**ոգ**ի, յ**ոգ**նակի, շ**ոգ**ի, ս**ուգ**, **օգ**նել եւ այլն։ Սակայն հոս եւս բացառութիւնները թիւով քիչ չեն ու կը խանգարեն մայր օրէնքը։ Օրինակ՝ **աք**լոր, մ**աք**ուր, **աք**սոր, առ**աք**եալ, մետ**աք**ս, հաւ**աք**ել, քաղ**աք**, փափ**աք** (նաեւ՝փափագ) , ցամ**աք**, սայթ**աք**իլ, եր**եք**, երբ**եք**, արժ**էք**, փ**ոք**ր, թ**ոք**, բորբ**ոք**իլ, ...։

Ինչպէս կը տեսնէք, դիւրին չէ «գիմ-քէ»-ի ուղղագրութեան խնդիրը։ Օրէնքները միայն մասամբ կրնան օժանդակել կամ աջակից դառնալ մեզի։ Այս առնչութեամբ ամէնէն ապահով ու արդիւնաւէտ ճիգը պիտի ըլլայ ԱՄԷՆՕՐԵԱՅ ընթերցումը, ՅԱՐԱՏԵ՛Ւ ընթերցումը...։

«ԴԱ» ԵՒ «ԹՕ»,
ԴԵՒ ՈՒ ԹԵՒ, ԴԵՐ ՈՒ ԹԵՐԻ

Ի՞նչ կը կարծէք. մեր լեզուին մէջ **«դա»**-ո՞վ սկսող բառերը աւելի շատ են, թէ՞ **«թօ»**-ով սկսողները։

Այսպիսի հարցում մը ես ինծի ալ չէի հարցուցած մինչեւ այսօր։ Սակայն հիմա սկսած եմ հետաքրքրուիլ նմանօրինակ մանրամասնութիւններով։

Մալխասեան բառարանը **«դ»**-ով սկսող բայերը ժողված է 67 էջի մէջ, իսկ **«թ»**-ին ալ տրամադրած է 63 էջ։ Իսկ Սուքիասեանի **«Հոմանիշներու բառարան»**-ը **«դ»**-ին յատկացուցեր է 36, իսկ **«թ»**-ին՝ 32 էջ։ Հետաքրքրական տուեալ մըն է ասիկա։ Կը նշանակէ, որ նմանահնչիւն այս երկու տառերը գրեթէ հաւասար են իրարու դիմաց եւ մօտաւորապէս նոյն թիւով «զինուոր»ներ կը պահեն իրենց կուռ շարքերուն մէջ…։

Ա՛խ, Մաշտոցի այս զինուորները որքա՛ն կը չարչարեն մեզ։ Մենք ու մեր զաւակները յաճախ չենք յաջողիր զատորոշել զանոնք. իրարու հետ կը շփոթենք զինուորներու այս երկու ջոկատները։ Անոնք միեւնոյն ձայնով ու միեւնոյն համազգեստով կը ցցուին մեր դիմաց ու շփոթի կը մատնեն մեզ։ Կ'անճրկինք զանոնք ճանչնալու մեր ճիգին մէջ, հակառակ անոր որ գիտենք՝ թէ **«դ»**-ի զինուորները առհասարակ աւելի մեղմաձայն են ու մեղմաբարոյ, մինչդեռ **«թ»**-ի համազգեստաւորները թաւաձայն են ու աւելի՛ առնական…։

«Դա» ու **«Թօ»**։ Հայերէնի չորրորդ ու իններորդ տառերն են անոնք։

Կարդա՛նք հետեւեալ երկու նախադասութիւնները.

- Դպրոցին Դ. դասարանի դաստիարակը դասագիրքերու դէզերը դրաւ դռան դիմացի դարաններուն մէջ։

- Թագաւորն ու թագուհին թեւանցուկ թափառեցան թաւուտ թուփերով թերակղզիին վրայ։

Սփիւռքի տարածքին գործող մեր բազմատասնեակ դպրոցներու հազարաւոր աշակերտներէն քանի՞ հոգի պիտի կարենայ վերի զոյգ

Նախադասութիւնները գրել ԱՆՍԽԱԼ, առանց ուղղագրական վրէպի։ Ես կու տամ ո՛չ մէկ հաւանականութիւն։

Նախադասութիւններէն առաջինին մէջ բացարձակ տիրապետողն է **«դա»**-ն, իսկ երկրորդին մէջ՝ **«թօ»**-ն։ Հետեւաբար, անվարան կարելի է հաստատել, որ երկու բաղաձայններն ալ հաւասար տարողութեամբ տեղ ու դեր ունին մեր լեզուին ընդհանուր բառամթերքին մէջ։

Եթէ գրաւոր պիտի արտայայտուինք, այս երկու տառերը ամէն առիթով գլխապտոյտ պատճառող խաղեր կրնան սարքել մեր գլխուն։ Արմանքէ զարմանք ու սայթաքումէ սայթաքում կը քշեն-կը տանին մեզ...։ Այս խաղին մնայուն պարտեալը մի՛շտ մենք կ՚ըլլանք՝ այնքան ատեն որ կատարելապէս չենք տիրապետեր մեր մայրենիին։

Մեր **ուղեղն** ու **աչքը**, որոշ չափով, պէտք է «լուսանկարած» ըլլան գէթ ամէնէն գործածական եւ լայնօրէն կիրարկելի բառերուն, **մա՛նաւանդ արմատներուն**, արտաքին պատկերները, որպէսզի ինքնավստահ կերպով ու առանց վարանումի՝ բառ մը գրել սկսինք **«դա»**-ով կամ ընդհակառակն՝ **«թօ»**-ով։

Ենթադրենք թէ պիտի գրենք **ԹԵՒ** բառը։ Թեւ՝ մարդու մը բազուկը, ուսէն մինչեւ ձեռքին ափը։ **Կամ**՝ թռչուններու եւ միջատներու թեւերը։ **Կամ**՝ հագուստի մը թեւերը։ **Կամ**՝ խաչի մը հորիզոնական երկու թեւերը։

Եթէ **«թեւ»** բառին ուղղագրութիւնը իւրացուցինք, ապա ինքնաբերաբար ճիշդ ու անսխալ պիտի գրենք այն բոլոր բարդ կամ ածանցաւոր միւս բառերն ալ, որոնք կազմուած են միեւնոյն արմատէն։ Ճիշդ պիտի գրենք **թեւանցուկ** (թեւ-թեւի մտած), **թեւազուրկ** կամ **թեւատ** (անթեւ), **թեւաւոր**, **թեւատարած** (թեւերը լայն բացած՝ տարածած), **թեւածել** (թեւերը թափահարել՝ թռչելու համար), **թեւակոխել** (հասնիլ՝ մտնել վիճակի մը կամ փուլի մը մէջ) եւ այլն։

Բայց եթէ սայթաքեցանք ու **«թեւ»**-ը գրեցինք սխալ ուղղագրութեամբ՝ **«դեւ»** ձեւով, այն ատեն... սատանան գրկե՛ց մեզ։ Որովհետեւ **ԴԵՒ** կը նշանակէ սատանայ, չար ոգի։

Միշտ ըսած եմ ու հիմա ալ կը կրկնեմ, որ բառերը **շնչաւոր էակներ** են՝ եթէ գիտնանք անոնց մօտենալ գուրգուրանքով ու պատասխանատուութեամբ։ **Բառարանը**, որ «չոր» ու անհրապոյր գիրք մը կը նկատուի շատերու կողմէ, անսպասելիօրէն գեղեցիկ հորիզոններ կրնայ բանալ մեր առջեւ ու զարմանահրաշ խորհուրդներ պարզել մեր դիմաց, եթէ երբեմն-երբեմն գլուխ հակենք անոր վրայ, վարպետօրէն քննենք, պեղենք, ստուգաբանենք հոն քնացող բազմահազար բառերուն արմատները, կազմութեան եղանակը, բազմադիմի իմաստները:

Վերը յիշուած սա **«դեւ»** բառը, գոլօրինակ, անակնկալ մը պարգեւեց ինծի: Ես առ այսօր այն համոզումը գոյացուցեր էի, որ **«դեւ»**-ը չար ոգին է, սատանան, մի՛շտ ժխտական իմաստով:

Բանաստեղծ Դեւ

Բառարանս կը յիշեցնէ սակայն, որ **«դեւ»**-ը հրեշտակներու կերպարանքով **չար կամ բարի** ոգին է: Այսինքն, անիկա կրնայ ունենալ նաեւ դրական իմաստ: Եւ թերեւս ա՛յս պատճառով է որ պարսկահայ մեր յայտնի բանաստեղծներէն մին **«դեւ»** բառը որդեգրած էր իբրեւ իրեն գրչանուն: Բանաստեղծ **Դեւ**: Բուն անունով՝ Մարգար Ղարաբէգեան (1901—1976): Իրանահայ քերթողութեան ամէնէն աչքառու անուններէն մին էր Դեւ՝ Արմանտի, Գալուստ Խանենցի, Արամ Գառօնէի ու Վարանդի կողքին: Ան նաեւ շնորհալի գեղանկարիչ էր: Նկարչական իր գործերը ա՛նպայման կը տպաւորեն մեզ իրենց յստակ գիծերով ու հարազատ գոյներով: Դեւ, 40-ական թուականներէն սկսեալ, երեսուն տարի տեւաբար, տիրապետող անուն մը մնաց Իրանի մէջ, մեր գրադարաններուն կտակելով չորս քերթողագիրքեր, երկուքը՝ Թեհրան տպուած, երկուքը՝ Երեւան:

Կրկնեմ, որ **«դեւ»** բառը առաւելաբար կը հասկցուի «սատանայ, հեքիաթներու հրէշ, հեթանոսական աստուած» իմաստով: Արդ, եթէ այս արմատ բառին ուղղագրութիւնը խւրացուցինք, ապա անշեղօրէն ճիշդ պիտի գրենք անկէ բխող բոլոր միւս բառերը. **դիւային** (սատանայական), **դիւահար** (դեւի մը կողմէ հարուածուած, ցաւագար), **դիւահարցութիւն** (կախարդութեամբ դեւեր կանչելու արարք), **դիւապետ** (սատանայապետ) եւ այլն: Այս վերջին բառին պարագային՝ զգո՛ւշ: Զըլլայ որ **«դիւապետ»**-ը շփոթէք **«դիւանապետ»**-ին հետ...:

«Դիւանապետ» բառը հիմնովին տարբեր կազմութիւն ունի։ Անիկա յառաջ եկած է **«դիւան»** եւ **«պետ»** բառերուն միացումով։ Դիւանը ոչ-հայկական փոխառեալ բառ մըն է, որ գլխաւորաբար կը նշանակէ պետական գրագրութիւններու յատուկ գրասենեակ կամ արխիւատուն (արաբերէն ու պարսկերէն՝ տիվան)։ Դիւանապետը այդ գրասենեակի գլխաւոր պաշտօնեան է։ Մեր առաջնորդարաններն ու պատրիարքարանները, իբրեւ ազգապետական պաշտօնական հաստատութիւններ, ունին իրենց դիւանապետերը։ Հաւանաբար այս նոյն արմատէն կու գան **«դիւանագէտ»** եւ **«դիւանագիտութիւն»** բառերն ալ, որոնք առատօրէն կը գործածուին քաղաքական լրատուութիւններու մէջ։ Թերթի մը Ա. էջին վրայ կը կարդանք.**«Ռուսաստան արտաքսեց երեք ամերիկացի դիւանագէտներ՝ զանոնք լրտեսութեամբ ամբաստանելէ ետք»**։ կամ՝ **«Արտաքին նախարարը ի գործ դրաւ իր ամբողջ դիւանագիտութիւնը՝ պայթուցիկ կացութիւնը մեղմացնելու համար»**։

Դեռ **«դիւան»**-ը ունի ուրիշ նշանակութիւններ ալ.

ա) Պատմական երկասիրութիւններու ժողովածու։ Շատ նշանաւոր է թիֆլիսեցի ազգագրագէտ ու խմբագիր Գիւտ քհնյ. Աղանեանցի **«Դիւան հայոց պատմութեան»** շարքը, որ հրատարակուեցաւ 1893—1917, տասներեք ծաւալուն հատորներով։

բ) Վարչական մարմինի մը կամ ժողովի մը նախագահութիւնը՝ ատենապետ ու ատենադպիր։ Կ՚ըսենք՝ **«Դպրոցի հոգաբարձութիւնը կազմեց իր նոր դիւանը։ Ատենապետ ընտրուեցաւ պր. այսինչեան...»**։

*

Տանք համանման ուրիշ օրինակ մը եւս. ԴԵՐ։

Արմատ բառ մըն է այս ալ, որ առաջին հերթին կը նշանակէ «դերակատարութիւն»։

Եթէ այս փոքրիկ բառին ուղղագրութիւնը իւրացուցիք, այնուհետեւ անվարան ճիշդ պիտի գրէք բոլոր այն բառերը, որոնք կ՚առընչուին բեմական արուեստին կամ թատրոնի աշխարհին. **դերասան, դերակատար, դերաբաշխում, դերուսոյց, դերընկեր**։

Պէտք է անդրադառնանք նաեւ, որ **«դեր»**-ը կարգ մը բառերու սկիզբը դրուելով՝ կու տայ «փոխարէն»-ի կամ «փոխանակ»-ի իմաստ։ Օրինակ՝ **դերանուն, դերբայ, դերտօրէն, դերհիւպատոս**։

Եթէ հայկական նախակրթարան մը աւարտեր էք, ապա վստահ կըր-նամ ըլլալ՝ որ գիտէք հայերէնի անձնական դերանունները (ես, դուն, իմ, ինծի, ինձմէ, ինձմով...)։ Սակայն գիտէ՞ք արդեօք «դերբայ»-ն ալ։

Դերբայ կը կոչենք անորոշ եղանակի (անդէմ) բայերը։ Օրինակ՝ ***կարդալ, կարդալիք, կարդալու, կարդացած, կարդացող։*** *Տանք օ-րինակներ.«**կարդալիք** գիրքս նոր է»։ «**կարդալը** հաճոյք կը պատ-ճառէ ինծի»։ Ընդգծուած բառերը դերբայներ են։*

Երբեմն ալ, փոխաբերական իմաստով, ***«դեր»****-ը կը նշանակէ «ներ-գործութիւն, ազդեցութիւն»։ Կ'ըսենք.* ***«Սպառնալիքները վճռական դեր խաղցան՝ որ ան խոստովանի իր յանցանքը»։***

Հիմա ***«դեր»****-ը գրեցէ՛ք* ***«թ»****-ով։* ***ԹԵՐ։***

Ի՞նչ է այս։ Անպայման լսած էք ***«թեր ու դէմ կարծիքներ»*** *ասութիւնը։* ***«Թեր»*** *կը նշա-նակէ «ի նպաստ, կողմ, յօգուտ»։ Թաղապե-տական կամ նախագահական ընտրութիւն-ներու ընթացքին քաղաքացին իր քուէն կը գործածէ թեկնածուներէն մէկուն ԴԷՄ կամ ԹԵՐ։*

Սա ***«թեր»*** *բառին պոչին «ի» մը աւելցնելով՝ կազմած կ'ըլլանք նոր բառ մը՝* ***ԹԵՐԻ։***

Թերի՝ կիսաւարտ, պակասաւոր, անկատար։

Այս արմատով ալ կրնանք կազմել մեծաթիւ բառեր. ***թերակղզի, թերաւարտ, թերածնունդ, թերաճ, թերուս, թերահաւատ, թերա-վարժ, թերանալ, թերագնահատել*** *եւ այլն։*

Ու քանի որ ***«թերի»*** *բառը գործածեցինք, առիթը յարմար կը սեպեմ ոգեկոչելու մեր մայրենի լեզուին անմնացորդ նուիրեալնե-րէն մէկը՝ եգիպտահայ հայկաբան եւ* ***«Յու-սաբեր»****-ի երբեմնի խմբագիր* ***Բենիամին Թաշեանը*** (1896–1971)։ *Ան ամէն օր սիրտ կը մաշեցնէր՝ յօդուածներու ճամբով ուղղում-ներ եւ պարզաբանումներ կատարելով հոս-հոն տեսնուող սխալագրութիւններու վերա-բերեալ (ճիշդ այնպէս՝ ինչպէս կ'ընէ բժ. Ար-մենակ Եղիայեան ներկայիս)։ Իր այդ գրու-*

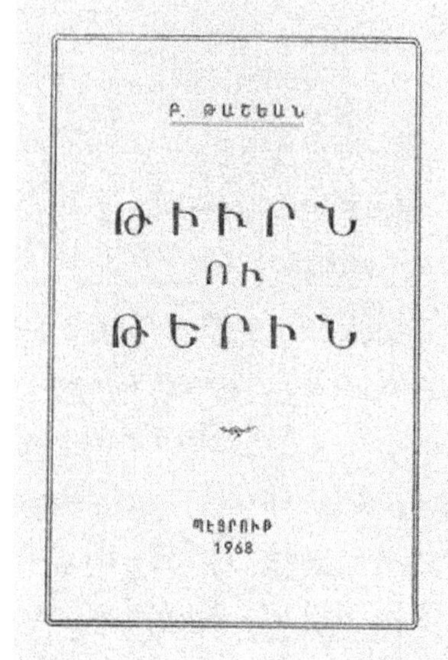

թիւնները 1968-ին Պէյրութի մէջ լոյս տեսան առանձին հատորով՝ **«Թիւրն ու Թերին»** խորագրով։

Ահա՛ բառ մը եւս՝ ԹԻՒՐ, որ կը նշանակէ սխալ, ծուռ, խսկական ուղղութենէն շեղած։ **«Թիւր կարծիք յայտնեց»**։ **«Թիւր մեկնաբանութիւն կատարեց»**։ Հոսկէ ալ ծագում կ՛առնէ ԹԻՒՐԻՄԱՑՈՒԹԻՒՆ բառը, որ շատ գործածական է ու կը նշանակէ «սխալ հասկնալ կամ սխալ հասկցուիլ»։

Տեսա՞ք, թէ բառերը որքա՛ն հեռուները կը տանին մեզ ու որքա՛ն կը լայնցնեն մեր իմացական հորիզոնը։

*

Հիմա ալ եկէ՛ք օրէնքներ փնտռենք մեր քերականութեան մէջ՝ բառամէջի կամ բառավերջի **«դ»** եւ **«թ»** գիրերու ուղղագրութիւնը դիւրացնելու համար։

ա) **«Ն» գիրէն ետք «Դ» դնել**։ Օրինակ՝ սնունդ, անդաստան, անդրանիկ, հանդէս, Թնդանօթ, վանդակ, խնդալ, քանդիչ, տաղանդ, ընդհանուր, ընդօրինակել, յանդգնիլ։ Բացառութիւն են՝ **ընթրիք, ընթացք, խենթ, ընթերցել, չանթ, կանթեղ, ենթակայ, ենթարկել**։

բ) **«Ր» գիրէն ետք «Դ» դնել**։ Օրինակ՝ մարդ, սարդ, արդուկ, բերդ, ջարդ, Վարդան, երդում, Թակարդ, կարդալ, արձակուրդ, ժողովուրդ, աճուրդ, ճամբորդ, յաճախորդ, որսորդ, երկրորդ եւ այլն։ Բացառութիւն են՝ **արթննալ, երթալ, թերթ, կիրթ, հորթ, խրթին, փարթամ** եւ քանի մը ուրիշներ։

գ) **«Զ» գիրէն ետք «Դ» դնել**։ Օրինակ՝ Ազդակ, մահազդ, կազդուրուիլ, Արտաւազդ։

դ) **«Ղ» ու «Ց» գիրերէն ետք «Թ» դնել**։ Օրինակ՝ խայթել, մայթ, փոյթ, ճառագայթ, հասոյթ, գաղթել, Թուղթ, չղթայ, մաղթանք, յաղթել։ Բացառութիւն են՝ այդ եւ խեղդել։

Կը մնայ մաղթել, որ դո՛ւք ալ յաղթահարէք ձեր դիմաց ցցուած ուղղագրական դժուարութիւնները ու... չխեղդուիք անոնց յորձանքին տակ։

«ՀՕ» ԵՒ «ՅԻ», ՅԻՍՈՒՍ ԵՒ ՀԻՒՍԻՍ, ՀԱՒԱՆԻԼ ՈՒ ՅԱՒԱԿՆԻԼ

«Հօ» *եւ* ***«յի»****։ Մասամբ նմանաձայն երկու տառեր՝ մեր այբուբենին մէջ։ Ես պիտի համարձակիմ ըսել՝ երկու վտանգաւոր լարուած թակարդներ, որոնց հանգոյցին մէջ կը գլտորին-կ՚իյնան ո՛չ միայն մեր դպրոցական ամէն հասակի աշակերտները, այլեւ՝ գրեթէ ամէն հայորդի, որ ձանձրոյթը յանձն կ՚առնէ իր մայրենիով քանի մը տող գրելու...։*

Այսինչ կամ այնինչ բառը ***«հօ»****-ո՞վ գրել, թէ՞* ***«յի»****-ով։ Այս շփոթն ու երկմտանքը մեղադրելի չէ բնաւ, որովհետեւ մարդ իսկապէս կ՚անճրկի բառասկիզբի «*H*» հնչիւնին դիմաց՝ եթէ հմտացած ու խորացած չէ հայերէնի քերականութեան ու բառակազմութեան մէջ։*

Ահա՛ ***«հօ»****-ով սկսող փունջ մը բառեր․*

– Հակառակ, հաղորդել, հարիւր, հաճոյք, հանգոյց, հակիրճ, հապճեպ, հաջել, հաւատք, հեղեղ, հեգել, հեգնել, հետամուտ, հիանալի, հինգ, հիմնել, հիւլէ, հոգալ, հորթ, հունձք, հսկել, հրաւէր, հրճուիլ...։

Եւ ահա՛ ***«յի»****-ով սկսող փունջ մը․*

– Յագենալ, յախճապակի, յաղթել, յաճախել, յամառ, յամենալ, յայտագիր, յայտնել, յանդիմանել, յանկարծ, յանձնել, յանցանք, յաջողիլ, յաջորդ, յառաջանալ, յատուկ, յարաբերիլ, յարատեւել, յարգել, յարձակիլ, յարմար, յաւելեալ, յափշտակել, յեղափոխութիւն, յետամնաց, յետոյ, յիշատակ, յիսուն, յոգնութիւն, յորդորել, յուզուիլ, յոյս, յօդացաւ, յօժար, յօնք, յօրանջել, յօրինել...։

Ինչպէ՞ս բառնալ այս դժուարութիւնը։ Կա՞ն օրէնքներ, որոնց հետեւելով՝ նուազագոյնի կրնանք իջեցնել «հ-յ» շփոթը։

Ինծի կը թուի թէ բուն շփոթը ***«յի»****-ով սկսող բառերուն կը վերաբերի։ Հայ աշակերտը (կամ հայ մարդը առհասարակ) հակամէտ է* H *հնչիւնով արտասանուող բառերը մեծաւ մասամբ* ***«հօ»****-ով գրելու։* ***«Յի»****-ն չարունակ կը մնայ կասկածելի գիր մը, շատերու համար՝ ընդհանրապէս անգոյ, աննշմար։ Մեր վարժարաններու երկ-*

րորդական բարձրագոյն կարգերուն մէջ ես յաճախ կը հանդիպիմ Քրիստոսի անունը սխալ՝ **«Հիսուս»** ձեւով գրող աշակերտներու, հակառակ որ այդ նոյն աշակերտները տասը տարիէ իվեր հայկական դպրոց կը յաճախեն ու տասը տարիէ՝ կրօնի տասը տարբեր դասագիրքեր ունեցեր են իրենց տրամադրութեան տակ...։ Այդ դասագիրքերուն մէջ Յիսուսի անունը գրեթէ ամէն էջի վրայ դրոշմուած է, սակայն բառին ուղղագրութիւնը չէ՛ իւրացուած շատ-շատերու կողմէ։

Դժուարութի՞ւնը անյաղթահարելի է, թէ՞ չարունակական անտարբերութիւն ու անտեսում մը խնդրոյ առարկայ է։

Գրեթէ ո՛չ ոք սխալ կը գրէ **հաւատք, հսկել** կամ **հիմնել** բառերը, բայց ամէ՛ն ոք սխալ կը գրէ **յանձնել**, **յաւելեալը** կամ **յուղարկաւորը** (պատահական օրինակներ են)։ Արեւելահայ մեր եղբայրները, սովետական շրջանին (1922), պետական հրահանգով «փրկուեցան» բառասկիզբի **«յի»**-էն ամբողջովին ու զայն փոխարինեցին **«հօ»**-ով։ Սկսան գրել **հանձնել, հաւելեալ** կամ **հուղարկաւոր** (աւելի ճշգրիտ ըլլալու համար՝ վերջին երկուքը աբեղեանական ուղղագրական նոր համակարգի բերումով կը գրուին «**հավելյալ**» եւ «**հուղարկավոր**» ձեւով...)։

Ինչպէս կը տեսնուի, հայերէն բառերու արտաքին պատկերնե՛րն անգամ աղաւաղուեցան, անճոռնի դարձան, որովհետեւ փոփոխութիւնը միայն բառասկիզբի «յի»-ին չէր վերաբերեր։ Բառամէջի «օ»-երն ու «է»-երն ալ վերացան, երկբարբառները (եա, եօ, ոյ, իւ...) ջնջուեցան, կարծելով թօթափել մե՜ծ բեռ մը։ Սակայն այս յեղափոխութիւնը արեւելահայ մեր գանգուածները նետեց խրամատի մը մէջ․ անոնք կորսնցուցին այդ բառերուն **ԱՐՄԱՏՆԵՐԸ ՃԱՆՉՆԱԼՈՒ** եւ զանոնք **ՍՏՈՒԳԱԲԱՆԵԼՈՒ** այնքան էական տուեալները...։ Զորօրինակ, հայաստանցի ուսանողը եթէ փորձէ ստուգաբանել սա **«հաւելյալ»**-ը, արդեօք բառարանին մէջ **«հաւ»** եւ **«հաւնոց»** բառերո՞ւն պիտի դիմէ...։ Մինչդեռ դասական ուղղագրութեամբ՝ **«յաւելեալ»**-ին կազմութիւնը արեւու նման յստակ է․ բառասկիզբի «յի»-ն գրաբարէն եկած նախդիր է, իսկ բառին արմատը **«աւելի»** ածականը կամ **«աւելնալ»** բայն է։ **«Յաւելեալ»** կը նշանակէ աւելցած, լրացուցիչ։ **«Բանուորները վարձատրուեցան իրենց յաւելեալ աշխատանքին համար»**։

*Մալխասեան բառարանը **«յի»**-ով սկսող բառերուն յատկացուցեր է 43 էջ։ Ատոր դիմաց՝ **«հօ»** գիրով սկսող բառերը գրաւեր են 148 էջ։ Տարբերութիւնը շատ մեծ է ու կը հաստատէ «հօ»-ին գերակշռութիւնը «յի»-ին վրայ։ Այնուհանդերձ, ուղղագրական սխալագրութեանց ամբաստանեալը մի՛շտ **«յի»**-ն է...։*

*Եկէ՛ք յիշենք **«յի»**-ին գործածութեան դաշտերը։ Անոնք երեք են.*

ա) Բառերուն սկիզբը, միշտ «հը» ձայնով (փունջ մը օրինակներ տուինք վերը)։

*բ) Բառերուն մէջը, միշտ «եը» ձայնով։ Օրինակ՝ **կայարան, գոյն, սակայն, այգի, եղբայր**։ Անշուշտ պէտք է զատորոշել ածանցեալ կամ բարդ այն բառերը, որոնց երկրորդ մասը «յի»-ով բառ մըն է. **երկյարկանի, անյայտ, բարեյիշատակ, սալայատակ**...։ Ասոնց մէջ կը պահուի «հը» ձայնը։*

*գ) Բառերուն վերջը, անձայն ու յամր վիճակով։ Օրինակ՝ **վկայ, քահանայ, ապագայ, հաւաքածոյ, երեկոյ, քաղցրաբարոյ, յետոյ**։ Յատուկ է պարագան միավանկ բառերուն, որոնց վերջը հանդիպող «յի»-ն կ՚ունենայ «եը» ձայնը, ինչպէս՝ **հայ, բայ, խոյ, թէյ**...։*

*Բառասկիզբի «յի»-ն ճանչնալու առնչութեամբ՝ մեր քերականագէտները շօշափելի օժանդակութիւն մը չեն կրնար տալ մեզի, դժբախտաբար։ Յակոբ Չոլաքեան իր **«Հայերէնի աւանդական ուղղագրութիւն»** գրքոյկին մէջ (Հալէպ, 2000) կը չեշտէ որ **«հ-յ»** շփոթը վերացնելու համար «բառերուն մեծ մասը պէտք է սերտողութեամբ իւրացնել»։ Նոյն գաղափարը կը կրկնէ Հիլտա Գալֆայեան-Փանոսեան եւս՝ իր **«Արեւմտահայ գրական լեզուի ուսումնական ձեռնարկ»**-ին մէջ (Երեւան, 2009), ցուցակագրելով «յի»-ով սկսող 150 բառեր ու թելադրելով որ զանոնք ՄՏԱՊԱՀԵՆՔ...*

*Յամենայն դէպս, կրնանք գոնէ երեք բանալիներ տրամադրել՝ **«յի»**-ի գաղտնի դռները բանալու համար.*

*ա) Բացարձակ օրէնք է՝ որ «ղ» գիրէն առաջ մի՛շտ «յի» կը դրուի, այլ ո՛չ թէ «հօ»։ Օրինակ՝ **յղի, յղել, յղկել, յղփանալ**...։ Միւս բոլոր բաղաձայններէն առաջ «հօ» կու գայ, բացի **«յստակ»** բառէն։*

բ) Օտար լեզուներու մէջ J-ով սկսող յատուկ անուններն ու հասարակ բառերը երբ հայերէնի կը թարգմանուին՝ «յի»-ով կը գր-

րուխն։ Օրինակ՝ Յիսուս-Jesus, *Յակոբ*-Jacob, *Յովսէփ*-Joseph, *Յովհաննէս*-John, *Յորդանան*-Jordan, *յասմիկ*-jasmine, *յոբելեան*-jubilee, *Յունուար*-January, *Յուլիս*-July…։

գ) Հայ մարդը (կամ աշակերտը) եթէ քիչ մը վարժութիւն ձեռք բերէ բառերը ճանչնալու իրենց արմատներո՛ւն մէջ՝ հետզհետէ դիւրաւ պիտի կռահէ, որ բազմաթիւ բառերու սկիզբը «յի»-ն **ԱՇԱՆՑ** *է։ Օրինակ՝ յափշտակել (ափ բառէն), յարձակիլ (արձակ բառէն), յօրինել (օրէնք բառէն), յարգել (արգ արմատէն, յիշել՝* ***մեծարգոյ*** *բառը), յուղարկաւորութիւն (ուղարկել բառէն), յուշամատեան (ուշ՝ միտք բառէն) եւ այլն։ Այս կալուածին մէջ եթէ քիչ մը խորանաք, կը վստահեցնեմ ձեզ՝ որ շատ հետաքրքրական հորիզոններ պիտի բացուին ձեր առջեւ։*

*

Հիմա ալ արագ պտոյտ մը ընենք վերնագրիս մէջ երեւցած քանի մը բառերուն շուրջ։

«Յիսուս»*-ը բացատրութեան չի կարօտիր, մանաւանդ որ անոր ուղղագրութեան պատճառաբանեալ բացատրութիւնը տուինք արդէն։ Բայց* ***«հիւսիս»****-ը, որ քիչ մը դժուարահունչ բառ է եւ այդ պատճառով ալ շատեր սխալ կը գրեն զայն, արժանի է փոքր ակնարկի մը։*

ՀԻՒՍԻՍ։ Հորիզոնի չորս գլխաւոր կողմերէն մէկն է անիկա։ Արեւելք, արեւմուտք, հիւսիս եւ հարաւ։ Անպայման գիտէք, որ հիւսիսէն փչող քամիները ցրտաշունչ կ՚ըլլան…։ Բառարանս «հիւսիս»-ով կազմուած քանի մը բարդ ու ածանցաւոր բառեր ալ շարայարեր է։ Ասոնցմէ մին ***«հիւսիսափայլ»****-ն է, որուն բացատրութիւնը տրուած է սապէս.* ***«Գեղեցիկ լուսեղէն երեւոյթ, որ երբեմն կը նկատուի հիւսիսային բեւեռի կողմէն՝ բազմատեսակ ձեւերով ու գոյներով եւ կը տարածուի շատ հեռուները»****։ Օդերեւութաբանական կամ տիեզերագիտական երեւոյթ մըն է,*

ուրեմն։

Հիւսիսափայլը անմիջապէս գիս մտովին կը տանի… Մոսկուա, ուր 1858–64, արեւելահայ փայլուն եւ լուսամիտ մտաւորական մը՝ Ստեփանոս Նազարեանց, հրատարակեց նոյն անունով ուշագրաւ պարբերական մը՝ **«Հիւսիսափայլ»** ամսագիրը։ Իր գլխաւոր աշխատակիցներէն մին ազատատենչ բանաստեղծ Միքայէլ Նալբանդեանն էր, որուն հրապարակախօսական եւ արձակ ծաւալուն գրութիւնները հո՛ս տպուեցան շարունակ, լայն արձագանգ գտնելով։ **«Հիւսիսափայլ»** դարձաւ աշխարհաբարի կողմնակից արեւելահայ յառաջապահ մտաւորականներու առաջին ժամադրավայրն ու գաղափարական դարբնոցը, որուն կը հակադրուէին նոյն շրջանին Մոսկուա կամ Թիֆլիս լոյս տեսնող երեք պահպանողական թերթեր՝ **«Ճռաքաղ»**, **«Մեղու Հայաստանի»** եւ **«Կռունկ հայոց աշխարհի»**։

Հիւսիսը, կամ ընդհանրապէս՝ հորիզոնի չորս կողմերուն յիշատակութիւնը, իմ մտքին մէջ անպայման կ՚արթնցնէ Հայց. Եկեղեցւոյ գմայլելի մէկ արարողութեան պատկերը։ Այդ արարողութիւնը կը կոչուի **Անդաստան**։ Մեր եկեղեցիները Խաչվերացի տօնին եւ այլ առիթներով՝ շատ հանդիսաւոր արարողակարգով մը Անդաստանի օրհնութիւն կը կատարեն, այսինքն՝ հոգեւորականներ ու դպիրներ խաչեր, խաչվառներ ու մոմեր բռնած կը կանգնին աւեանին մէջ ու կ՚օրհնեն երկրին չորս կողմերը, «յարեւելից եւ յարեւմուտս, ի հիւսիսոյ եւ ի հարաւոյ»։ Տեսակ մը «աշխարհօրհնէք», Պոլսոյ Շնորհք պատրիարքին բնորոշումով։ Արեւելքը օրհնուած ատեն՝ կ՚օրհնուի Հայոց Հանրապետութիւնը, արեւմուտքը օրհնուած ատեն՝ կ՚օրհնուին քրիստոնեայ ազգերն ու թագաւորութիւնները, հարաւը կ՚օրհնուի՝ իբրեւ խորհրդանիշ արգասաբեր ու պտղաշատ արտերու, իսկ հիւսիսը կ՚օրհնուի՝ վանքերը, մենաստանները, քաղաքներն ու գիւղերը նկատի առնելով։ Մեր մեծ նահատակը՝ Դանիէլ Վարուժան, իր ամէնէն գեղեցիկ բանաստեղծութիւններէն մէկը կոչած էր **«Անդաստան»**, հաւանաբար ներշնչուելով եկեղեցական այդ արարողութենէն։ Ինք ալ մի առ մի մաղթանքներ կը յղէր աշխարհի չորս կողմերուն, իսկ հիւսիսի մասին կը գրէր.

Հիւսիսային կողմն աշխարհի
Առատութի՛ւն թող ըլլայ…
Ոսկէ ծովուն մէջ ցորեանին

***Ցաւէտ լողայ թող գերանդին.
Ու լայն ամբարն աղունններուն երբ բացուի,
Բերկրութի՛ւն թող ըլլայ։***

*«**Հիւսխ**» բառը պէտք չէ շփոթել «**հիւսել**» բային հետ, որուն արմատը «**հիւս**»-ն է։ Հիւսել՝ թել աշխատիլ՝ իրարու մէջ անցընելով։ Մազերը հիւսել, խսիր հիւսել, ծաղիկէ պսակներ հիւսել, պատ հիւսել։ **Կարելի** է նաեւ պատմութիւններ կամ հեքիաթներ հիւսել՝ **չարադրել** իմաստով։ **Տակաւին** կարելի է մէկու մը գովքը հիւսել, այսինքն՝ զայն գովաբանել։ Ունինք «**բանահիւսութիւն**» բառը, որով կը հասկնանք մեր հին անգիր գրականութիւնը, որ բերնէ բերան փոխանցուած է։ Պոլսահայ մամուլի ներքին լրատուութիւններուն մէջ յաճախ կը հանդիպիմ սիրուն բառի մը՝ «**գեղահիւս**»։ «**Սրբազան Հայրը Կիրակիի Ս. Պատարագին գեղահիւս քարոզ մը խօսեցաւ**» կը գրեն լրագրերը, դրուատելով սրբազանին պերճախօսութիւնը...։*

*Բայց կայ ուրիշ բառ մըն ալ , որ իր կարգին բնաւ պէտք չէ շփոթել «**հիւսել**» բային հետ։ Անիկա «**հիւսն**» գոյականն է։ «Հիւսն» կը նշանակէ (չա՛տ պիտի զարմանաք) փայտի վրայ աշխատող գործաւոր։ Այսինքն՝ մեզի ծանօթ կահագործը կամ ատաղձագործը, որ աթոռ-սեղան-փեղկ կը շինէ։*

Բառերը երբեմն ո՛րքա՛ն ճարպիկութեամբ, ստուերներու մէջէն, խաղեր կը սարքեն մեր գլխուն...։

*

Հաւանիլ եւ յաւակնիլ։ Որքա՛ն դիւրահունչ եւ իմաստալից երկու բառեր։ Կը գործածե՞նք զանոնք մեր առօրեային մէջ։

Թերեւս չենք գիտեր ասոնցմէ մէկուն կամ միւսին իմաստը։

*«**Հաւանիլ**» կը նշանակէ յօժարիլ, համաձայնիլ, ընդունիլ, հաճութիւն յայտնել։ «**Ընտանիքին բոլորը անդամները հաւանեցան այդ առաջարկին, բացի Յովսէփէն, որ դէմ արտայայտուեցաւ**»։*

*Արմատը «հաւան»-ն է, եւ ասկէ կազմուած են **հաւանութիւն**, **հաւանական**, **հաւանաբար**, **դիւրահաւան**, **ինքնահաւան** բառերը։*

*Տարակոյս չկայ, որ «**հաւնիլ**» (իր ճաշակին համապատասխան գտնել, ախորժիլ) բայն ալ յառաջ եկած է այս նոյն արմատէն։ «**Շատ հաւնեցայ այդ աղջիկը**»։*

Իսկ **«յաւակնիլ»** կը նշանակէ մտադրութիւն ունենալ, հետամուտ ըլլալ, ձգտիլ (բան մը ձեռք բերելու կամ բանի մը տիրանալու)։ **«Վաչէն կը յաւակնի անպայման առաջնութիւն շահիլ ճատրակի մրցումին»**։ Ունինք **«յաւակնոտ»** ածականը, որ ժխտական իմաստ ունի եւ մատնանիշ կ՚ընէ մեծամիտ մարդը՝ որ ինքն իր անձին մասին մեծ համարում ունի։

«Հօ»-ին ու **«յի»**-ին հրաժեշտ տալէ առաջ՝ վերջին յիշեցում մը եւս. **«Հ.»**-ն հոգեւորականներու, մանաւանդ Մխիթարեան վարդապետներու անունին առջեւ դրուած գիր է՝ «հայր» իմաստով։

Օրհնեա՛լ ըլլայ յիշատակը Հ. Արսէն Բագրատունիին, Հ. Ղեւոնդ Ալիշանին, Հ. Արսէն Այտընեանին, Հ. Ներսէս Ակինեանին եւ միւս բոլո՛ր անկրկնելի երախտաւորներուն՝ ի Վենետիկ եւ ի Վիեննա…։

«ՃԱ» ՈՒ «ՑՕ», ՃԱԳ, ՃԱԳԱՐ ԵՒ ՃԱԳԵՑԻ ԿԱԹՈՂԻԿՈՍ

Մեր դպրոցներուն մէջ, մինչեւ բարձրագոյն կարգերը, աշակերտները յաճախ դժուարութիւն ունին զատորոշելու այբուբենի **«ճ»**-ն եւ **«ց»**-ն։ Առաջինը **«ճա»** կը կոչուի, իսկ երկրորդը՝ **«ցօ»**։ Մեր տղաքը այս անուանումներն իսկ երբեմն կ'անգիտանան. իրենց համար կայ **«օճի ճ»**-ը եւ կայ **«հացի ց»**-ը ...։ Այսքա՛ն։

Իսկ թէ գրաւոր խօսքի մէջ ե՞րբ **«ճա»**-ն պիտի գործածենք ու ե՞րբ՝ **«ցօ»**-ն, ատիկա գրեթէ ո՛չ մէկ աշակերտ պիտի կարենայ իւրացնել դպրոցական իր երկա՛ր տարիներու ընթացքին, որովհետեւ կա՛մ հիմնաւոր բացատրութիւն մը չէ տրուած իրեն, կամ ալ ի՛նք անտեսած է իրեն մատուցուած լուսաբանութիւնները, կուլ երթալով մայրենի լեզուին նկատմամբ համատարած անտարբերութեան հոսանքին...։

Իրականութեան մէջ՝ բնաւ ալ անյաղթահարելի չէ **«ճ»**-ի ու **«ց»**-ի ուղղագրական չփոթը։ Գոյութիւն ունին քերականական որոշ օրէնքներ, որոնցմով կրնանք առաւելագոյն չափով բառնալ այն դժուարութիւնները, որոնք շուարումի կը մատնեն մեզ **«ճա»**-ին կամ **«ցօ»**-ին դիմաց։

Իմ հետաքրքրութեան գոհացում տալու համար՝ ստուգեցի որ Մալխասեան բառարանին մէջ **«ճ»**-ով սկսող բառերը գրաւեր են 27 էջ, մինչդեռ **«ց»**-ով սկսողները՝ 22 էջ։ Ծիգմէճեան վարդապետին բառարանին մէջ եւս (Հալէպ, 1957) **«ճ»**-ն գերակշիռ է. անիկա գրաւեր է 31 էջ, մինչ **«ց»**-ն ունի լոկ 11 էջ։ Իսկ Ռուբէն Ղազարեանի **«Գրաբարի հոմանիշների բառարան»**-ին մէջ **«ճ»**-ն գրաւեր է 6 էջ՝ **«ց»**-ի 5 էջերուն դիմաց։ Կրնանք ուրեմն անվարան ըսել, որ մեր լեզուին մէջ **«ճա»**-ով սկսող բառերը թիւով աւելի շատ են, քան **«ցօ»**-ով սկսողները։

Բայց այս հաստատումը երբեք չի նշանակեր, թէ բառերու կազմութեան մէջ **«ցօ»**-ն աւելի նուազ կ'օգտագործուի քան **«ճա»**-ն։ Ընդհակառակն։ Ես կ'ենթադրեմ որ **«ցօ»**-ն անհամեմատօրէն աւելի տարածուն է **բառերուն <u>մէջը</u> կամ վերջաւորութեան**, մանաւանդ որ անիկա հայերէնի բազմահազար բայերու խոնարհման ձե-ւերուն մէջ ունի մնայուն ու տիրապետող դիրք: Կը գրենք՝ խնդա**ց**, երգե**ց**ի, խօսե**ց**ան, նստե**ց**նել, մեռ**ց**նել, լա**ց**ող, հեռա**ց**ած, խմ**ց**ու**ց**է՛ք եւ այլն, մի՛շտ **«ցօ»**-ով: Դերանուններու (որոն**ց**, անոն**ց**, իրեն**ց**...) եւ գոյականներու վերջածանցներուն մէջ եւս (սուրիա**ց**ի, իտալա**ց**ի, գիւղա**ց**ի, հիւանդանո**ց**, ձեռնո**ց**, փեսա**ց**ու, սրտան**ց**, գրոյ**ց**, սա-ռոյ**ց**, նեղու**ց**, դեղնու**ց**...) մի՛շտ **«ցօ»**-ն է բացարձակ տիրապետողը: «Ցօ» կը դրուի նաեւ ձայնաւորներէ ետք (**բաց**, **ցեց**, **երէց**, **կից**, **գոց**), բացի «օձ» բառէն:

Ուրեմն, այս հաշուով, հայերէնի լայն աշխարհագրութեան մէջ **«ձա»**-ին ի՞նչ տեղ կը մնայ:

Կը մնա՜յ, անհո՛գ եղէք:

Հետեւեալ երեք օրինաչափական պարագաներուն՝ **«ձ»** գրեցէ՛ք.

ա) «Ն» գիրէն ետք. գա**նձ**, հու**նձ**ք, ը**նձ**ուղտ, ա**նձ**րեւ, ստա**նձ**նել եւ այլն:

բ) «Ր» գիրէն ետք. բա**րձ**ր, դա**րձ**, ա**րձ**ակ, փո**րձ**ել, ուղե**րձ** եւ այլն:

գ) «Ղ» գիրէն ետք. խ**ղձ**, դե**ղձ**, ատա**ղձ**, մ**ղձ**աւանջ, փ**ղձ**կիլ եւ այլն:

Այս երեք օրինաչափութիւններն ալ ու-նին սակայն փոքրաթիւ բացառութիւն-ներ, զորս պէտք է ճանչնա՛լ, սորվի՛լ եւ իւրացնե՛լ (օրինակ՝ յա**նց**անք, հա**րց**ում, քա**ղց**ր):

Այս «լպրծուն» անցարգելները եթէ շըր-ջանցեցիք անվտանգ՝ յաղթանակը ձե՛րն է...:

*

Աւիթով մը, դասարանը, աշակերտ մը գրատախտակին վրայ **«ձուկ»** բառը պիտի գրէր: Ցայտնապէս կը վարանէր՝ **«ձ»**-ո՞վ գրէ, թէ՞ **«ց»**-ով: Ու իմ օժանդակութիւնը խնդրեց կմկմալով.

— Պարո՛ն, «օձի՞ ձ»-ով կը գրուի, թէ՞...

— Անշո՛ւշտ որ «օձի ձ»-ով. ձուկն ու օձը երկուքն ալ կենդանիներ են, չէ՞,— պատասխանեցի կատակով:

Ուրիշ առիթով մըն ալ, աշակերտ մը ***«աներձագ»*** *բառը գրած էր «ց»ով։* ***«Աներցագ»։*** *Ու այս առթիւ ալ հարկ եղաւ բացատրել այս բարդ բառին երկու բաղկացուցիչները՝* ***«աներ»-ն*** *ու* ***«ձագ»-ը։*** *Աներձագը նոյն աներորդին է, այսինքն՝ այր մարդու մը կնոջ եղբայրը։*

Հոս, սակայն, պահ մը պիտի ուզէի կանգ առնել ***«ձագ»*** *բառին երկրորդ (եւ գրեթէ անծանօթ) իմաստին վրայ։*

Ձագը, ինչպէս գիտենք, հաւկիթէն նոր դուրս եկած թռչունն է. աղաւնիի ձագ, արծիւի ձագ եւ այլն։ Բայց նաեւ՝ որեւէ կենդանիի նորածինին տրուած անուն մըն է. կատուի ձագ, շան ձագ (այս մէկը՝ փաղաքշական հայհոյանք է նաեւ), իշու ձագ...։

Գործածական է ***«ձագուկ»*** *բառն ալ, որմով ընդհանրապէս կ՚ակնարկենք երեխաներուն.* ***«Ձագուկներդ մեծցեր են։ Սկսա՞ն դպրոց երթալ»։***

«Ձագ»-ին *երկրորդ իմաստն ալ «մեղուներու խումբ»-ն է. թէեւ ասոր աւելի գործածական բառը* ***«պարս»-ն*** *է։ Մեղուներու պարս։ Ըստ Մալխասեան բառարանին,* ***«ձագ»-ը*** *մեղուներու այն խումբն է, որ մայր թագուհիին հետ դուրս կու գայ փեթակէն՝ նոր ընտանիք կազմելու համար։ Բառարանը օրինակներ ալ տուած է.* ***«Ձագը բռնեցինք ու նոր փեթակին մէջ տեղաւորեցինք»։*** *կամ՝* ***«Ձագը փախաւ»։*** *Դեռ կայ աւելի հետաքրքրականն ալ։ Եթէ ձագը նոր փեթակին մէջ տեղաւորուելէ ետք մեղր շինեց, ապա այդ մեղրը շատ յարգի կ՚ըլլայ եղեր ու կը կոչուի «ձագուց մեղր»...։ Մեղուաբուծութեամբ զբաղողները հաւանաբար գիտեն այս բառերը։*

«Ձագ» *բառը սակայն, մեղրէն ու ձագուկներէն անդին, զիս կը տանի պատմական Հայաստանի խորերը՝ Այրարատ նահանգի Կոտայք գաւառը (այժմու Հայաստանի Հանրապետութեան սահմաններէն ներս), ուր կար,— եւ դեռ կայ,— ՁԱԳ կոչուած գիւղ մը։ Եւ հո՛ս է որ ծնած է Թ. դարու մեր ամէնէն համբաւաւոր կաթողիկոսը՝* ***Զաքարիա Ձագեցին։***

Ձագեցի հայրապետը Լուսաւորչի գահին բազմած այն բացառիկ եկեղեցականն էր, որուն ընտրութիւնը կատարուեցաւ արտասովոր ու գրեթէ աննախընթաց պարագաներու մէջ։ Արաբական ծանր տիրապետութեան շրջանն էր։ Հայկական բանակի սպարապետ Սմբատ Բագրատունին (հետագային՝ «Խոստովանող» մականուանեալ) կաթողիկոսական թափուր աթոռին համար թեկնածու ներկա-

յացուց Զաքարիա Ձագեցին, որ սակայն **աշխարհական անձ մըն էր**, չունէր եպիսկոպոսական աստիճան, չունէր նոյնիսկ պարզ վարդապետական կամ քահանայական կարգ։ Զարմանալիօրէն, այդ ժամանակաշրջանի մեր եկեղեցական բարձրաստիճան դէմքերը, բոլորը, զանց առնուեցան կաթողիկոսական թեկնածու ներկայանալու իրենց իրաւունքին մէջ ու անոնց փոխարէն՝ յառաջ մղուեցաւ Զաքարիա Ձագեցին (855 թ.)։ Կ'երեւի թէ արտակարգ արժանիքներ նկատուած էին անոր վրայ։ Ուստի, ան մէկ օրուան մէջ միանուագ ստացաւ եկեղեցական բոլո՛ր աստիճանները (սարկաւագութիւն, քահանայութիւն, վարդապետութիւն, եպիսկոպոսութիւն, կաթողիկոսութիւն) եւ անարգել բազմեցաւ հայրապետական գահին վրայ։ Այլ խօսքով, Ձագեցին առաւօտուն արթնցաւ իբրեւ աշխարհական մարդ, իսկ գիշերը անկողին մտաւ իբրեւ կաթողիկոս...

Բայց հետագայ դէպքերը ցոյց տուին, թէ ճի՛շդ ընտրութիւն մը կատարուած էր, քանզի Զաքարիա կաթողիկոս լիովին արդարացուց իր վրայ դրուած յոյսերը, եղաւ բազմարդիւն հովուապետ մը, գրական գործեր ալ արտադրեց (աստուածաբանական «ճառ»-եր, որոնք առանձին հատորով հրատարակուեցան Վենետիկ, 1995-ին), իմաստուն ու շրջահայեաց գործելակերպերով թեւ-թիկունք եղաւ Հայաստանի քաղաքական իշխանաւորներուն, ու ինչ որ ամենակարեւորն է՝ դիւանագիտական դժուարին ու համբերատար աշխատանքներով ենթահող պատրաստեց Բագրատունեաց թագաւորութեան ստեղծումին։ Իր վախճանումէն (876 թ.) ինը տարի ետք՝ ծնունդ առաւ Բագրատունեաց հարստութիւնը, որուն անդրանիկ գահակալը՝ Աշոտ Ա. արքան, երկար տարիներ համերաշխ գործակից ու լծակից մը եղած էր իրեն։

Եթէ Երեւան այցելէք, ուղղուեցէ՛ք մերձակայ Առինջ ու Գետարգել գիւղերը (Աբովեանի շրջան), որոնց շատ մօտիկը, վերոնշեալ պատմական Ձագ գիւղին հարեւանութեամբ, պիտի գտնէք միջնադարեան վերանորոգեալ սիրուն վանք մը՝ **Ձագավանքը**, ծանօթ նաեւ՝ Ս. Նշան անունով։ Կը պատմուի, թէ գրչութեան վաղեմի կեդրոն մը եղած է անիկա ու մինչեւ ԺԷ. դար՝ եպիսկոպոսանիստ էր։

*Իսկ ի՞նչ է **«ձագար»**-ը։*

Ասիկա խոհանոցի իրեղէններէն մէկն է, կոնաձեւ, վերի բաժինը՝ լայնաբերան, վարի բաժինը՝ նեղ ու խողովակաձեւ, որմով հեղուկներ կը լեցնենք շիշերու մէջ (ձէթ, օշարակ եւ այլն)։ Ձագարը անհրաժեշտ անօթ մըն է խոհանոցին մէջ։

Այս բոլոր բառերը գրեցէ՛ք... «օձի ձ»-ով։

«ՉԱ» ԵՒ «ՋԷ», ՋԵՂՉԵԼ, ՋԻՉԻԼ ՈՒ ՋՂՉԱԼ

Եթէ ինծմէ պահանջուի, որ թուեմ ամէնէն գործածական այն տասնհինգ հայերէն բառերը, որոնք «չա»-ով կը սկսին, պիտի պատասխանեմ.

— **Չակերտ, չիր ու չամիչ, չար, չարչարել, չափ, չէզոք, չղջիկ, չնչին** (աննշան), **չոր, չորս, չուան, չքաւոր, չքնաղ, Չինաստան։**

Նոյնը եթէ խնդրուի **«ջէ»**-ով սկսող բառերուն համար, պիտի պատասխանեմ.

— **Ջահ, ջաղացք, ջամբել, ջայլամ, ջանք, ջարդ, ջերմ, ջիղ, ջնարակ, ջինջ, ջատագովել, ջոկատ, ջորի, ջութակ, ջուր։**

Այս երեսուն բառերուն ուղղագրութիւնը եթէ իւրացուցիք, ապա ինքնաբերաբար ճիշդ ու անսխալ պիտի գրէք այն միւս բոլո՛ր հարիւրաւոր բառերը, որոնք կազմուած են վերիններէն՝ ածանցումով կամ բարդումով։ Օրինակ, եթէ ՉԱՓ բառը ճիշդ ուղղագրել գիտէք, բնականաբար անսխալ պիտի գրէք **չափագէտ, չափազանց, չափահաս, չափանիշ, չափաւոր, չափչփել** բառերը, որոնք ամէնքն ալ ունին միեւնոյն արմատը։ Կամ եթէ ՋՈՒՐ բառին ուղղագրութեան վստահ էք, ապա ճիշդ պիտի գրէք **ջրաբոյս, ջրբաշխ, ջրալի, ջրոտ, ջրախառն, ջրածին, ջրաղաց, ջրաղուէս, ջրաման, ջրամբար, ջրաներկ, ջրանիւ, ջրանցք, ջրդեղել, ջրվէժ, ջրհեղեղ, ջրօրհնէք, ջրմուղ, անձրեւաջուր** բառերը։

«Չա»-ով սկսող հայերէն բառերը մեծ թիւ մը չեն կազմեր. սահմանափակ են։ Միւս կողմէ սակայն, այս գիրը, իբրեւ նախադաս մասնիկ («ոչ»-ի իմաստով), գործածութեան անսահման դաշտ մը ունի իր առջեւ՝ բառերը ժխտականի վերածելու իր պարտականութեամբ. **Աստուած-չաստուած, մասնակցող-չմասնակցող, տես-չտես, գացի-չգացի, կ'երագէր-չէր երազեր։** Անիկա իր իւրայատուկ տեղն ունի նաեւ իբրեւ յետադաս մաս-

նիկ. գրիչ, ոսկերիչ, սափրիչ, մատնիչ, վարիչ, հսկիչ, կամ՝ վախելու, ընկալուչ, սրտառուչ, տեսուչ, կամ՝ փախչիլ, թռչիլ, դրպչիլ։

*Մինչդեռ, **«չէ»**-ին գործածութիւնը, բառասկիզբին, շատ աւելի յաճախադէպ է։ **«Ջէ»**-ն ինքզինք ցոյց կու տայ նաեւ ազգականական կապ արտայայտող գոյականներու սեռական-տրական հոլովի վերջաւորութեան. քոյր-քրոջ, կին-կնոջ, տագր-տագրոջ, տալ-տալոջ, ընկեր-ընկերոջ եւ այլն։*

*Ինչո՞ւ՝ չեմ գիտեր, ամէն անգամ որ **«չէ»** գիրին մասին խօսք բացուի, ես անմիջապէս կը յիշեմ մեր անմահանուն երգիծաբան Յակոբ Պարոնեանի նշանաւոր գործը՝ **«Ազգային ջոջեր»**-ը։*

*«**ՋՈՋ**»։ Երեք տառէ բաղկացեալ փոքրամարմին բառի մը մէջ՝ երկու **«չ»**-եր...։*

*Պարոնեան շատ սիրուած ու կարդացուած հեղինակ է։ Եւ ան, իր գրութիւններուն մէջ, երբեմն գործածեր է այնպիսի բառեր, անուններ կամ դարձուածքներ, որոնք հետագային կարծէք այլեւս նոյնացեր են իր անունին հետ։ Օրինակ, «Աբիսողոմ» անունը եթէ արտասանուի ձեր դիմաց, դուք ի՞նչ կամ զո՞վ կը մտաբերէք։ Կասկած չկայ, որ անմիջապէս կը յիշէք Պարոնեանի **«Մեծապատիւ մուրացկաններ»**-ը...։ «Պաղտասար» անունն ալ բան մը կը յիշեցնէ՞ ձեզի։ Ամենայն հաւանականութեամբ, ոչ ոք պիտի յիշէ ԺԸ. դարու պոլսահայ տաղասաց Պաղտասար Դպիրը, բայց ամէն ոք պիտի մտաբերէ Պարոնեանի **«Պաղտասար աղբար»** թատերգութիւնը...։*

*Նոյն է պարագան **«ջոջ»** բառին ալ։ Ասիկա զուտ «պարոնեանական» բառ մըն է եւ զուգահեռ կը քալէ Պարոնեանի անունին հետ, ահա արդէն շուրջ 130 տարիէ ի վեր։*

«Ջոջ» *կը նշանակէ մեծ, մեծաւոր, աւագ։ Այլ խօսքով՝ հանրային կեանքի մէջ երեւելի դէմք։ **«Գիւղին ջոջերը հաւաքուեցան գիւղապետին դղեակը ու ժողով գումարեցին»**։ կամ՝ **«Ասոնք մեր թաղին աղաներն են՝ ջոջերը»**։*

*Պարոնեան իր **«Ազգային ջոջեր»**-ուն մէջ երգիծական սուր բնութագրումներով ներկայացուցած է դիմաստուերները իր ժամանակաշրջանի պոլսահայ շուրջ երեսուն աւագ դէմքերու, աշխարհական ու եկեղեցական դասէն։ Հոն կը տողանցեն Ներսէս պատրիարք Վարժապետեանն ու Խորէն եպս. Գալֆայեանը (Նարպէյ), կաթոլիկ հայոց պատրիարք Անտոն Հասունեանը, խմբագիրներ Կարապետ*

Իւթիւճեանն ու Կարապետ Փանոսեանը, Սիմոն Ֆէլէկեանն ու Յովհ. Տէրոյենցը, բժիշկ-վիպագիր Յովսէփ Շիշմանեանն ու Խաչատուր Միսաքեանը, եւ տակաւին՝ Վահան Պարտիզակցին, տպագրիչ Յովհ. Միւհէնտիսեանը, ճարտարապետ Սարգիս պէյ Պալեանը, բարերար Մկրտիչ Էսայեանը, վարպետ դերասաններ Յակոբ Վարդովեանն ու Թովմաս Ֆասուլեաճեանը եւ ուրիշներ։

Կը տարուիմ մտածել, որ այս **«ջոջ»** բառը, Պարոնեանի ազդեցութեամբ, այլեւս մեր լեզուին մէջ զգեցած է հեգնական երանգ մը, ծաղրական ու ժխտական գոյն մը։

— Ազգային ջոջերը սրահին առաջին շարքի աթոռներուն վրայ բազմեր էին դարձեալ,— կ'ըսենք յաճախ, ոչ-անմեղ ակնարկութիւններով...։

— Ազգային ջոջերը իրենց գրպանները լեցուցին,— կը սիրէ բամբասել ժողովուրդը։

Եւ այսպէս շարունակ, գրոյցներ ու խօսակցութիւններ կը ծաւալի մեր ազգային ջոջերուն մասին՝ մերթ փսփսուքով, մերթ բարձրաղաղակ...։

Հարցում մը սակայն ինքզինք կը պարտադրէ այստեղ. եթէ նոր Յակոբ Պարոնեան մը յայտնուէր մեր մէջ ու նոյն գրական կծու ոճով, նոյն ճաղկող բնութագրումներով համարձակէր ներկայացնել մեզի ժամանակակից «ազգային ջոջեր»ու շարք մը, պիտի հանդուրժէի՞նք զինք, պիտի ծափահարէի՞նք, թէ՞... եօթը գիւղ անդին պիտի վտարէինք...։

Բառամէջի կամ բառավերջի **«չա»**-ն ու **«ջէ»**-ն ճիշդ ուղղագրելու համար պէտք է նկատի առնել հետեւեալ քերականական օրէնքները.

ա) **«Ն» գիրէն ետք «ջ» կու գայ**։ Օրինակ՝ մունջ, խխունջ, նարինջ, ջինջ, տրտունջ, տանջել, փունջ, լանջ, ննջարան, խնջոյք, խրխնջալ, յօրանջել եւ այլն։ Բացառութիւն են՝ շունչ, դունչ (անասուններու քիթ-բերանը), ինչ, մինչ, մանչ, կանչ, տենչ, հնչիւն, մունչել (առիւծին ձայնը)։

բ) **«Ր» գիրէն ետք ալ «Ջ» կու գայ։** Օրինակ՝ **արջ**, **որջ**, **երջանիկ**, **վերջ**, **հրջան**, **շուրջ**, **լուրջ**, **կամուրջ**, **մրջիւն**, **յորջորջել** (անուանել) եւ այլն։ **Բացառութիւն** է **փարչ** բառը (ջուրի սափոր)։ **Բայց** զգո՛յշ.— այս օրէնքին հետ աղերս չունին վարչութիւն, ոսկերչութիւն եւ նմանօրինակ բառեր, ուր արմատին՝ «վարիչ»-ին կամ «ոսկերիչ»-ին, «ի» ձայնաւորը ածանցումի ատեն ինկած է՝ պատճառ դառնալով որ իրարու կպչին **«ր»**-ն ու **«չ»**-ն…։

գ) **«Ղ» գիրէն ետք ալ «Ջ» կու գայ։** Օրինակ՝ **աղջիկ**, **չղջիկ**, **գեղջուկ**, **եղջիւր**, **գղջալ**, **առողջ**, **գաղջ** եւ այլն։ **Բացառութիւն** է **գեղչել** բայը։

*

Իմ վերնագրին մէջ գործածեր էի երեք բայեր, որոնք իրենց մէջ ունին «չր» հնչիւնը եւ իմաստի տեսակէտով ալ չփոթ կը յառաջացնեն յաճախ։ Սերտե՛նք։

ԶԵՂՉԵԼ։ Ամէն անգամ որ շուկայ կ՚իջնէք՝ ապրանք մը կամ սպառողական նիւթեր գնելու, միշտ… գեղչ կ՚ակնկալէք։ Ու բարեբախտաբար վաճառատուներ կան, որոնք մինչեւ 30-40 առ հարիւր գեղչ կը յայտարարեն պարբերաբար։ Ուրեմն, **«գեղչել»** կը նշանակէ գեղչ ընել, նուազեցնել, կրճատել, գնուած ապրանքի մը սակագինէն որոշ մաս մը պակսեցնել։ Երկրորդական իմաստով՝ անիկա կը նշանակէ նաեւ յապաւել, ջնջել, վերցնել։ Օրինակ՝ **«Խմբագիրը իմ յօդուածին մէջէն երկու հատուած գեղչած է»**, կը գանգատէր լրագրող մը։ Հականիշը՝ բարդել, յաւելուլ։

ԶԻՋԻԼ։ Այս բառին արմատը որոնելու համար՝ դիմեցի Աճառեանի **«Արմատական բառարան»**-ին։ Բայց բառը չկար։ Անմիջապէս ենթադրեցի, որ անիկա «էջ-իջնել» բառէն շինուած է, ուստի՝ ուղղուեցայ հո՛ն։ Ճիշդ էր։ Բառը կազմուած էր **«իջնել»** արմատէն, առջեւը՝ «զ» նախդիրով։ Ի՞նչ կը նշանակէ **«զիջիլ»**։

«Զիջիլ» կամ **«զիջանիլ»** կը նշանակէ տեղի տալ, կակղանալ, մեղմանալ, կամաւոր կերպով բանէ մը հրաժարիլ՝ յօգուտ ուրիշին։ Նախկին խիստ տրամադրութիւններէն նահանջել։ Զիջիլը որոշ խոնարհամտութիւն մը ցոյց կու տայ։ **«Իր տեղը զիջեցաւ ընկերոջ»** կ՚ըսենք, գնահատելով տուեալ անձին արարքը։ Կամ՝ **«Փոխադարձ զիջումներով հաշտուեցան ու բարեկամացան»**։

Եւ վերջապէս՝ **ԶՂՋԱԼ**։ Արմատը՝ զիղջ։ Կը նշանակէ ըրածին կամ չըրնելուն համար ցաւիլ, ափսոսալ։ **«Ափսո՜ս, ինծի առաջարկուած այդ պատուաբեր պաշտօնը պէտք է ընդունէի. հիմա կը զղջամ»**, կ՚ալաղէր բարեկամներէս մին։ Ուրիշ մը՝ **«Ամենամտերիմ ընկերս վիրաւորեցի անարգական խօսքերով. կը զղջամ վարմունքիս համար»**, կ՚ըսէր ինծի։ Իսկ երրորդ մըն ալ, իր փորձառութենէն մեկնած՝ **«Այդ մարդուն զղջումին շատ մի՛ հաւատար. այսօր կը զղջայ, սակայն վաղը նոյն բանը կ՚ընէ»**, դիտել կու տար ինծի։

«Զղջում»ը ունի իր կրօնաեկեղեցական իմաստն ալ։ Նախքան հաղորդութիւնը, երբ քրիստոնեայ մարդը կ՚ապաշխարէ ու իր մեղքերը կը խոստովանի «բոլորով սրտիւ», ան **զղջացած** կ՚ըլլայ ինքնաբերաբար։ Հականիշը՝ մեղանչել։

Եզրափակելէ առաջ այս լեզուական պտոյտը, իմ ընթերցողներուն ուշադրութիւնը կ՚ուզէի հրաւիրել եւս երկ-երկու բառերու վրայ։

«**Ջինջ**» **եւ «ոչինչ»**։ Չշփոթել այս երկուքին ուղղագրութիւնը։

«Ջինջ» կը նշանակէ յստակ, մաքուր, վճիտ։ Անկէ կու գայ **«ջնջել»** բայը՝ սրբել, մաքրել, վերացնել, անհետ դարձնել իմաստով։ **«Համերգը վերջին պահուն ջնջուեցաւ»** կամ **«Մահապատիժը ջնջուեցաւ»** կը կարդանք լրագրերուն մէջ։ Նոյն արմատէն են **անջնջելի**, **բնաջինջ ընել** եւ այլ բառեր։

Իսկ **«ոչինչ»**ը կազմուած է **«ոչ»** եւ **«ինչ»** բառերու միացումով եւ կը նշանակէ ոչ մէկ բան, անգոյութիւն, որեւէ բանի ժխտում։ Գործածական է **«առ ոչինչ համարել»** գրաբարաշունչ ըսելաձեւն ալ, որ կը նշանակէ ոչինչի տեղ դնել, չեղած սեպել։

Չշփոթել նաեւ «**մինչեւ**»-ն ու «**միջեւ**»-ը։ Առաջինը կ՚արտայայտէ ժամանակի սահման մը եւ ունի **«մինչ»** բառը իբրեւ արմատ (**«Պայքար մինչեւ յաղթանակ»**), իսկ երկրորդը կազմուած է **«մէջ»** արմատով. **«Հայ թերթը կամուրջ մըն է գրողին ու իր ընթերցողներուն միջեւ»**։

Համաձա՞յն էք։

«ՌԱ» ԵՒ «ՐԷ», ՌԱՀ ՈՒ ՌԱՆՁՊԱՐ, ՌԱՄԻԿ ՈՒ ՌԱՁՄԻԿ

*Երբ նախակրթարանի աշակերտ էինք, հայերէնի մեր ուսուցիչը **«ռ-ր»** նոյնահնչիւն տառերուն ուղղագրութեան վերաբերեալ կատարած էր կարեւոր հաստատում մը.*

*— «Ն» գիրէն առաջ եկող R հնչիւնը **ՏԵՒԱԲԱՐ ԳՐԵԼ** «ռ»-ով:*

*Օրինակներուն մէկ մասը ուսուցիչը ի՛նք կ՚արձանագրէր գրատախտակին վրայ, մնացեալն ալ մե՛նք կը փորձէինք գտնել. **բռնել, խառնել, առնել, մոռնալ, վերադառնալ, սպառնալ, եղեռն, ամառնային, ձմեռնային, ձեռնադրութիւն, բեռնակիր, գառնուկ, առնէտ, կռնակ, սառնարան, ձեռնոց, դռնապան, թոռնիկ, լեռնագնաց** եւ այլն:*

*Աւելի ուշ, երբ քիչ մը հասակ առինք ու խելահաս դարձանք, հայերէնի մեր ուսուցիչներէն մին նկատել տուաւ որ վերի օրէնքին մէջ կար բացառութիւն մը, զոր պարտաւոր էինք միտք պահել. **«զարնել»** բայը: Այս շատ գործածական բառը կը գրուէր «րէ»-ով, այլ ո՛չ թէ «ռա»-ով: Եւ ասիկա ունէր իր տրամաբանական բացատրութիւնը. **«զարնել»** բայը հին հայերէնի (գրաբարի) մէջ կը գործածուէր **«զարկանել»** ձեւով: Հոս, ինչպէս պիտի նկատէք, «ն» եւ «ր» տառերը քով-քովի չեն, հեռու են իրարմէ: Ժամանակի ընթացքին՝ բառամէջի «կա» վանկը ինկած է ու բառը կրճատուելով դարձած է **«զարնել»**:*

*Երկրորդ բացառութիւն մըն է **«վրնջել»**-ը (արմատը՝ **վրինջ**: Ծիշդ վերի օրինակին նման՝ այս բայանունին «ի» տառը ինկած է բայի վերածուելու ատեն, պատճառ դառնալով որ «ր»-ն ու «ն»-ն քով-քովի գան): Ասիկա ձիուն հանած ձայնն է, որ ունի հոմանիշ մըն ալ՝ **խրխնջել: «Նժոյգները կը վրնջեն՝ երբ տեսնեն իրենց տէրերը»**:*

*Նախակրթարանի իմ օրերէն կը յիշեմ **«ռա»**-ի առնչուող այլ պատմութիւն մըն ալ:*

*Անգամ մը, մեր դասընկերներէն մին գրատախտակին վրայ **«մեռել»** բառը գրած էր սխալ ուղղագրութեամբ. «մերել» («րէ»-ով):*

*Ուսուցիչը՝ պր. Արմէն Տէր Պետրոսեան (լոյսերու մէջ թող հանգչի), որպէսզի կարենայ մեր դասընկերոջ փոքրիկ ուղեղին մէջ քանդակել այդ բառին ճիշդ ուղղագրութիւնը, կաւիճը առաւ ու գրատախտակին վրայ արձանագրեց **«մեՌել»** բառը՝ **«ռա»** տառին պո-*

*չիկը անհամեմատօրէն երկնցնելով, այնքան որ՝ **«ռա»**-ն նմանեցաւ սնարի մէջ պառկած մեռելի մը, ոտքերը հորիզոնական երկարած ու գլուխը՝ բարձի մը վրայ...։ Դեռ աւելին, մեր հնարամիտ ուսուցիչը մեռելի նմանող այդ երկարագի «ռ»-ն կիսաբոլորակ գիծով մը «ծածկեց», որպէս թէ պատանք մը կամ սաւան մը ըլլար ատիկա՝ դիակին վրայ գոցուած...։ Շատ տպաւորիչ գիւտ մըն էր։ Անմոռանալի ու անջնջելի պատկեր մը։*

*

*Հայերէնի ուղղագրութեան մէջ **«ռա»**-ի ու **«րէ»**-ի չփոթը բաւական տարածուն է, մանաւանդ բառերուն մէջտեղը եւ վերջաւորութեան։*

*Նախ ըսեմ որ **«ռա»**-ն համազօր է կրկնակ **«րէ»**-ի։ Անիկա ձայնեղ բաղաձայն մըն է, որ մեր շրթունքէն դուրս կու գայ որոշ թրթռացումով մը։*

*Մալխասեան բառարանին մէջ **«ռա»**-ով սկսող բառերը գրաւեր են ընդամէնը տասնմէկ էջ։ Բայց եթէ աչք մը նետենք Աճառեանի **«Արմատական բառարան»**-ի բառացանկերուն վրայ, պիտի անդրադառնանք որ **«ռա»**-ով սկսող ու մեր աւօրեային մէջ գործածական արմատ բառերուն թիւը տասըն չ'անցնիր։ Թուե՛նք. **ռազմ** (ճակատամարտ), **ռահ**, **ռեհան** (մանիշակագոյն կամ կանաչ տերեւներով հոտաւէտ բոյս մը), **ռամիկ**, **ռետին**, **ռոճիկ** (թոշակ, աւուրչէք), **ռումբ**, **ռունգ** (քիթին ծակերը, որմէ կու գայ՝ **ռնգեղջիւր**), **ռուպ** (խաղողի եփած ու թանձրացեալ ջուրը, «պէքմէզ»)։ Ասոնց վրայ կ'աւելցնեմ **ռաբունի** եւ **ռաբունապետ** բառերը, որոնք թէեւ յստակօրէն օտար լեզուներէ փոխառեալ են, սակայն առատօրէն կը գործածուէին միջին դարերուն՝ բնորոշելու համար զարգացեալ ու գիտնական վարդապետները (օրինակ՝ Վահրամ Ռաբունին, որ **ԺԳ**. դարուն հռչակաւոր իմաստասէր մըն էր Կիլիկիոյ մէջ)։ Այս բուռ մը բառերը սորվիլը դժուա՞ր է։*

*Ինչ կը վերաբերի **«րէ»**-ին, ապա՝ ի մե՛ծ ուրախութիւն իմ ընթերցողներուն, ըսեմ որ հայերէնի մէջ **«րէ»**-ով սկսող բառ չունինք, բացի ՐՈՊԷ բառէն, որ արդէն յունարէնէ փոխառեալ բառ է ու կը* նշանակէ **ակնթարթ, երկվայրկեան**։ Ուստի, այժմէն իսկ չեշտեմ, որ R հնչիւնով սկսող մեր բոլո՛ր անուններն ու մականունները, տեղանունները, գոյականներն ու բայերը պէտք է գրել **«ռա»**-ով։ Ուրեմն գրել՝ Ռուբէն, Ռոպեր, Ռոստոմ, Ռափայէլ, Ռեմէոս, Ռուպինա, Ռուզան, Ռոզին, Ռաքէլ, Ռեբեկա, Ռիմա, Ռուսիա, Ռումանիա, Ռաքքա, Ռոստով, Ռապամ, Ռասմկէլէնեան, Ռադուպեան, Ռէիսեան, Ռուսինեան, Ռշտունի եւ այլն։

Այստեղ, բացառութիւն մը պիտի ընենք արեւելահայ մեր անմահանուն վիպագրին՝ ՐԱՖՖԻ-ին (Յակոբ Մելիք Յակոբեան), որ իր գրչանունը սովոր էր ստորագրել «րէ»-ով։ Պարագայ մը, որ նուիրականացաւ մեր գրականութեան պատմութեան մէջ ու այդպէս ալ աւանդուեցաւ իրերայաջորդ սերունդներու։ Այլապէս, մեզի ծանօթ միւս «ՌաՖՖի»-ները աներկբայօրէն կարելի է գրել **«ռա»**-ով։

Սա պահուն կը յիշեմ ԺԲ. դարու մերականաւոր կաթողիկոսը՝ Ներսէս Շնորհալին, որուն **«Առաւօտ լուսոյ»** շարականը, ինչպէս ծանօթ է, կը բաղկանայ այբուբենի իրերայաջորդ տառերով սկսող երեսունվեց տուներէ, այբէն մինչեւ քէ։ Տեսնե՛նք, թէ **«ռ»** եւ **«ր»** տառերը ինչպիսի՛ արտայայտութիւն գտած են Շնորհալիի գրչին տակ.

Ռետի՛նդ քաղցու,
Ռա՛մ հոգւոյս արբո,
Ռահ ցոյց ինձ լուսոյ։

(Քու քաղցր բալասանդ խմցո՛ւր իմ անտաշ հոգիիս ու լուսաւոր ճամբայ ցոյց տուր ինծի)։

Րաբո՛ւնդ երկնաւոր,
Րոտեա՛ զաշակերտս
Րամից երկնայնոց։

(Երկնաւո՛ր վարդապետ, միացո՛ւր աշակերտս,- գի՛ս,- երկնայիններու երամին)։

Կը տեսնուի, որ Ներսէս Շնորհալին գործածած է **«ռետին»** (բառացի՝ բուսախէժ, գրենական պիտոյքներու կողքին գործածուող առաձգական նիւթ մը՝ ջնջան), **«ռամ»** (գռեհիկ, հասարակ), **«ռահ»** (ուղի, ճամբայ), **«րաբուն»** (վարդապետ, Աստուած, կը գրուի նաեւ «ռա»-ով), **«րոտել»** (միացնել, կցել, զօդել, այժմ՝ անգործածական բայ մը) եւ **«րամ»** («երամ»-ին կրճատումը) բառերը, վարպետօրէն եւ իմաստալից ագուցումով։

«Ռ-ր» շփոթը իր գլուխը կը ցցէ գլխաւորաբար բառերուն մէջտեղը եւ վերջաւորութեան։ Զորօրինակ, ինչո՞ւ **«ռա»**-ով կը գրուին **աթոռ, ախոռ, բառ, ծառ, ծառայ, կշիռք, ուռկան, օճառ, առիւծ, անտառ, բեւեռ, առտու, առաւօտ, զեփիւռ, ժառանգ, ապառաժ, առագաստ, կեռաս, սխեռ, կռիւ, կռունկ, կռթնիլ, պառկիլ, մաքառիլ, պառակտել, վաճառել** եւ անհամար բառեր։ Զունինք ո՛չ մէկ բացատրութիւն։ Այս եւ բազմաթիւ այլ բառերու ուղղագրութիւնը հարկ է իւրացնել սերտողութեամբ։

Ասոնց կողքին սակայն, եթէ ուշադրութեամբ ու քննական ակնոցով մօտենանք մեր կարդացած բառերուն, պիտի նկատենք որ անոնցմէ շատ-շատեր **«ռա»**-ով կը վերջանան՝ պարզապէս որովհետեւ անոնց բուն արմատին մէջ առկայ է **«ռն»** բաղադրիչը· սակայն դարերու հոլովոյթով՝ **«ն»**-ն ինկեր է ու մնացեր է լոկ **«ռ»**-ն։ Օրինակ՝ **ամառ-ն, ձմեռ-ն, դուռ-ն, բեռ-ն, նուռ-ն, գառ-ն, թոռ-ն** եւ այլն (բոլորն ալ ներկայիս կը գրենք առանց **«ն»**-ի)։ Ասոնք ածանցումի կամ բարդումի ատեն ընդհանրապէս կը վերաշահին իրենց կորսնցուցած **«ն»** տառը եւ կու տան **բեռնակիր, նռնենի, գառնարած, թոռնուհի** եւ այլն։

Վերը, տեղ մը, յիշեցի **«առնել»** բայը։ Եթէ ուշադիր ըլլանք՝ այս բառին արմատով կազմուած բոլո՛ր բարդ ու ածանցաւոր բառերը աներկբայօրէն պիտի գրենք **«ռա»**-ով· **փորձառու, ակնառու** (աչքառու), **վրիժառու, կապալառու** (պայմանագրով մը շինարարական որոշ աշխատանք յանձն առնող անձ), **վաշխառու** (ապօրինի ու անիրաւ տոկոսով դրամ պարտք տուող անձ), **ապառիկ** (պարտքի թողուած, ոչ կանխիկ), **անառիկ** (անմատչելի, աննուաճելի), **անաչառ** (անկողմնակալ, արդարամիտ), **բացառիկ, սրտառուչ** (սրտաշարժ, յուզիչ), **ապառնի, առուծախ, առեւանգել, թափառիլ, շուրջառ** (եկեղեցական զգեստ), **հոգէառ**...։ Բայց քանի՞ հայ ընթերցող կ՚անդրադառնայ, թէ **ակնառու**-ին կամ **անառիկ**-ին մէջ տեղաւորուած «առու» կամ «առիկ» յետադաս մասնիկները կու գան «առնել» բայէն...։ Ահա հո՛ս թաղուած է բառերուն գաղտնիքը, աւելի ճիշդ՝ խորհուրդը։

Շատ հետաքրքրական պարագայ մը կը ներկայացնէ ուղղագրութիւնը այն բառերուն, որոնք թէեւ իրենց արմատին մէջ **«ռա»**-ով կը գրուին, սակայն **«ն»** հնչիւնին **«ռա»**-էն հեռանալուն պատճառով՝ նորակազմ բառերու մէջ կը սկսին գրուիլ **«րէ»**-ով։ Ասիկա անշուշտ նոր բարդութիւններ կը ստեղծէ հայերէնի ուղղագրութեան մէջ ու կ՚ընդլայնէ շփոթի ու դժուարութեանց ծիրը։ Օրինակ, **դառնալ** բայը կը վերածուի **դարձ**-ի (տարեդարձ, վերադարձ, դարձդարձիկ, դարձուածք), **համբառնալ**-ը՝ **համբարձում**-ի, **յառնել**-ը՝ **յարութիւն**-ի (արեւելահայերէնի մէջ յաճախ գործածուող **արի՛** ու **արի՛ք** հրամայական եղանակի եզակի-յոգնակի բայերը եւս,— վե՛ր կաց, ելէ՛ք իմաստով,— ծագում կ՚առնեն **«յառնել»** բայէն) ։

*

Շփոթեցուցիչ պարագայ ունին **«ձերբակալել»** ու **«ձերբազատել»** բայերը, որոնք թէեւ կու գան **«ձեռք»** բառէն, սակայն կը գրուին **«րէ»**-ով, որովհետեւ կազմուած են գրաբար **«ձերբ»** («ձեռք»-ին գործիական հոլովը՝ **ձեռքով**) եւ համապատասխանաբար՝ **«կալանել»** (բռնել, կապել) ու **«ազատել»** բայերէն...։ **«Ձեռն»** արմատով շինուած միւս բառերը կը պահեն իրենց ուղղագրութիւնը. ձեռագիր, ձեռագործ, ձեռակերտ, ձեռարուեստ, ձեռնակապ, ձեռնափայտ, ձեռնառումբ, ձեռնոց, ձեռնարկ, ձեռնադրել, առատաձեռն, ձեռնածու (աճպարար), ձեռնասուն (մէկու մը ձեռքին տակ սնած՝ դաստիարակուած, հովանաւորեալ), ձեռներէց (ձեռնարկու, համարձակ), ձեռնհաս (անհրաժեշտ հեղինակութեամբ օժտուած, ատակ), ձեռաձիր (սպասեակներու տրուած փոքր նուէր, «պաղշիշ»), ձեռամբարձ (ձեռքերը բարձրացուցած), ձեռնադաշնակ (աքորտէոն), ձեռնուիլ, ձեռնունայն վերադառնալ (ձեռքը պարապ՝ ապարդիւն վերադառնալ), ձեռնամուխ ըլլալ (ձեռնարկել), ձեռնպահ մնալ (չէզոք մնալ), առիթ ընձեռել, անձեռնմխելի անձնաւորութիւն (անհպելի), առձեռն բառարան, ձեռաց խաչ, ձեռնտու պայմաններ եւ այլն։

Ասոր հակառակն ալ կայ. ԵՐԵՔ-ը կու տայ **եռագոյն, եռավանկ, եռանկիւն, եռայարկ, եռոտանի, եռօրեայ, եռեակ**։ Ինչո՞ւ...։ Երեքին արմատը ԵՐԻՐ է։ «Ի» տառին սղումով՝ երկու «ր»-երը իրարու կը միանան (երր) ու կը վերածուին «ռ»-ի (եռ)...։

«Ռ-ր» շփոթը բառնալու համար նկատի պէտք է ունենալ նաեւ քանի մը շահեկան օրէնքներ.

ա) **Կան** մեծաթիւ բառեր, որոնք «**ԱՌ**» նախածանցով կը սկսին՝ **դէպի, մինչեւ, համար, վերաբերող** նշանակութեամբ։ Օրինակ՝ **առժամեայ, առյաւէտ, առնուազն, առանձին, առանց, զառանցել** (ցնդաբանել), **առարկել, առարկայ, առհասարակ, առտնին** (տնային), **առաջ, առաւել, առընթեր** (յարակից, կողքին), **առողջ, առընչութիւն, առկախ, առօրեայ, առհաւատչեայ** (երաշխիք, հաւաստիք), **առինքնել** (հրապուրել, հմայել)։ Մնացեալ բոլոր նախածանցներուն, վերջածանցներուն կամ մասնիկներուն մէջ «րէ»-ն կ՚իշխէ միահեծան։

բ) **Ռ**-ով վերջացող արմատ բառերը եթէ կրկնութեամբ նոր բառեր կազմեն՝ առաջին «ռ»-ն կը փոխուի «ր»-ի. **բարբառ** (բառ-բառ), **գրգիռ** (գիռ-գիռ), **թրթիռ** (թիռ-թիռ), **սարսուռ** (սառ-սառ)։ **Բայց** հոս ալ բացառութիւններ կան՝ **ծուռումուռ, վառվռուն, եռուզեռ, թռվռալ, գոռգոռալ**։ **Իսկ** եթէ արմատին կրկնութեամբ յառաջացած բառը բնաձայնութիւն է՝ ապա «ռ»-ն կը մնայ անփոփոխ՝ **կռկռալ, ճռճռալ, մռմռալ** (կատուն)...։

գ) «**Ջ**»-էն առաջ միշտ «ռա» կու գայ, այլ ո՛չ թէ «րէ»։ Օրինակ՝ **թռչուն, հռչակ, կառչիլ, խռչափող, պռռչտուք**։ **Բացառութիւն է «առջի»** բառը։

դ) **Ունինք** կրկնակ «ր»-ով բառեր՝ **մրրիկ, անդորր, տարր, օրրան, բերրի, երրորդ, չորրորդ**։

*

Ըսի, թէ «ռա»-ով սկսող հայերէն բառարմատները թիւով չափազանց սահմանափակ են, այլեւ՝ օտարամուտ։ **Այս** բառերէն մէկն ալ **«ռանչպար»**-ն է, որ երբեմն կը գրուի **«ռենչպէր»** ձեւով։

Զգալի է որ օտար ծնունդ է։ **Մալխասեան** բառարանը կը հաւաստիացնէ, որ պարսկերէնէ փոխառեալ է։ **Կը** նշանակէ **հողագործ, երկրագործ, աշխատաւոր**։ **Հ.Յ.Դ.**-ի քայլերգը իր առաջին իսկ տողին վրայ կը յիշէ ռանչպարը՝ իբրեւ համակիր տարր ու նեցուկ.

Մշա՛կ, բանուո՛ր, ռենչպէ՛ր աղբէր,
Արի՛ք միանանք, յառաջ գնանք...

Այս քայլերգին բառերը գրած ու եղանակը յօրինած է երգահան-խմբավար Գրիգոր Սիւնի (1876—1939)։

«Ռանչպար» բառը իմ առջեւ կը բանայ գրական հորիզոն մը։

Անմիջապէս կը յիշեմ խորհրդահայ գրող **Խաչիկ Դաշտենցի** (1910—1974) շատ նշանաւոր մէկ վէպը (ինք նախընտրած էր կոչել «վիպասք»), որուն մէջ բաբախուն ու կարօտալից էջերով ան կը խօսէր նախաեղեռնեան շրջանի մեր Ֆետայական շարժումներուն մասին՝ Սասնոյ լեռներուն վրայ կամ Մշոյ դաշտի երկայնքին…։

Խօսքը կը վերաբերի **«Ռանչպարների կանչը»** հատորին։

Խ. Դաշտենց բնիկ սասունցի էր, Սասնոյ Դաշտադէմ գիւղէն։ Եղեռնի օրերուն կորսնցուց իր ընտանիքը, հասակ առաւ Արեւելահայաստանի որբանոցներուն մէջ։ 30-ական Թուականներուն աչքի սկսաւ զարնել իր բանաստեղծական գործերով, սակայն աւելի ուշ՝ համբաւ ձեռք բերաւ իբր արձակագիր, մա՛նաւանդ երբ 1956-ին լոյս ընծայեց **«Խոդեդան»** վէպը, իր հայրենի բնօրրանին՝ Սասնոյ կեանքէն վերցուած։ Այդ լեռնաշխարհին վիճակուած ահաւոր ճակատագիրը, անոր շինական ժողովուրդին բռնագաղթը 1915-ին եւ յետոյ՝ գոյատեւելու վճռակամութիւնը, նախանիւթերն էին այս վէպին։

«Խոդեդան»-ին չափ ու աւելի՝ լայն արձագանգ Թողուց նաեւ **«Ռանչպարների կանչը»**։ Հոս կ՚երեւէին զօր. Անդրանիկն ու Գէորգ Չաւուշը, Աղբիւր Սերոբն ու Սօսէ Մայրիկը, Արաբօն, Ջօլօն, Մօրուք Կարօն, զօր. Սմբատը, Փեթարայ Իսրօն, Սպաղանաց Մակարն ու Հրայր Դժոխքը…, բոլորն ալ իրական մարդիկ, որոնք սակայն առասպելացած էին Դաշտենցի գրչին տակ։ Տարօնի ազատագրական շարժումը վիպականացուած էր լայն պաստառի վրայ՝ ԺԹ. դարու վերջերէն մինչեւ Մեծ Եղեռն ու աւելի՛ անդին՝ 20-ական Թուականներ։ Աշխարհագրական ու ազգագրական որքա՜ն տեղեկութիւններով յագեցած գործ էր ասիկա։

Դիւրին չէր այսպիսի նիւթեր մշակել սովետական շրջանին, երբ կարմիր գրաքննութիւնը խստաբիբ կը հսկէր հրատարակուող մէն մի տողի կամ բառի վրայ...։ Դաշտենց, արդէն, իր ողջութեան պիտի չկարենար հրատարակել զայն, հանդիպելով արգելքներու։

Հեղինակին կանխահաս մահէն 2 տարի ետք է միայն (1976-*ին*), *որ* ***«Ռանչպարներ»-ուն*** *մէկ մասը տպուեցաւ* ***«Սովետական գրականութիւն»*** *ամսագրին մէջ։ Յաջորդ տարի*, 1977-*ին*, *Պէյրութի ԷՏՎԱՆ հրատարակչութիւնը* (*Եդ. Պողպատեան*) *նոյնը արտատպեց առանձին գիրքով* (200 *էջ*), *դասական ուղղագրութեամբ։ Արձագանգը մեծ եղաւ։ Ամէն ոք հարց կու տար, թէ Դաշտենց ինչպէ՞ս յանդգներ էր գրել այս բաները...։*

Այո՛, Խաչիկ Դաշտենց ի՛նչ որ գրէր՝ տուրք կու տար միայն ու միայն իր սրտի ձայնին...։ Շատերուն յայտնի է ***«Իմ ուղին»*** *խորագրով իր նշանաւոր ոտանաւորը.*

Հպարտ անցայ իմ ուղին,
Ձեր չարքերին խորթացած,
Պաշտամունքի խորանին
Ո՛չ մի պատրոյգ չվառած։

Եթէ որոշ տեղերում
Մի քիչ տաք ճարպ է ծորել,
Այդ էլ ես չեմ մեղաւոր,
Խմբագիրներն են արել։

Դաշտենց այն համոզումն ունէր, որ «ծախու-վարձկան» գրիչներ կ'արժեզրկեն իրենք զիրենք, կը դատապարտուին պատմութեան դատաստանին առջեւ։ ***Ի*** *վերջոյ՝ «յարդը գնում է, ցորենն է մնում»...*

Տարիներ պէտք է անցնէին՝ որպէսզի 1984-*ին*, *վե՛րջապէս, Երեւանի «Սովետական գրող» հրատարակչատունը լոյս ընծայէր Դաշտենցի* ***«Ռանչպարների կանչը»*** *ամբողջութեամբ* (*աւելի քան* 500 *էջ*), 50.000 *տպաքանակով։ Երանելի՜ շրջան՝ ընթերցասիրութեան ու գրասիրութեան տեսակէտէ։*

Ասիկա սասունցի խրոխտ գրողին ու իր ռանչպարներուն յետ մահու յաղթանակն էր անկասկած...

*

«Ռա»-ով սկսող գործածական բառ մըն ալ **«ռահ»**-ն է, զոր յիշած եմ վերնագրիս մէջ։ Ռահ։ Այսինքն՝ ճամբայ, ուղի, ճանապարհ, շաւիղ։ Այս արմատէն ծնունդ կ'առնեն **ռահահորդ**-ը (ճանապարհորդ), **ռահացոյց**-ը (ուղեցոյց) ու մանաւանդ **ռահվիրայ** բառը, որ շատ գործածական է ու կը նշանակէ առաջամարտիկ, նախակարապետ, փոխաբերաբար՝ ջահակիր, դրօշակիր։ **«Խաչատուր Աբովեան արեւելահայ գրականութեան ռահվիրաներէն մին կը նկատուի»**, կը կարդանք դասագիրքերու մէջ։ **«Ներսէս Շնորհալի, իր դարուն, միջեկեղեցական յարաբերութիւններու պանծալի ռահվիրայ մըն էր»**, կը կարդանք այլուր։

Իսկ ի՞նչ են **«ռամիկ»**-ն ու **«ռազմիկ»**-ը։ Զգո՛յշ, չշփոթել զանոնք իրարու հետ։

Ռամիկը (արմատը՝ ռամ) հասարակ դասակարգի մարդն է, ժողովուրդին հասարակ խաւը։ Այս նոյն արմատէն շինուած է **«ռամկավար»** բառը, որ կը նշանակէ ժողովրդավար եւ որ անունն է հայ դասական կուսակցութիւններէն մէկուն (Ռամկավար Ազատական Կուսակցութիւն, ՌԱԿ)։ ՌԱԿ-ը հիմնուեցաւ 1921-ին Պոլսոյ մէջ, Հայ Սահմանադրական Ռամկավար Կուսակցութեան եւ Վերակազմեալ Հնչակեաններու (Ազատականներ) միաձուլումով։ Մինչեւ 90-ական թուականներ՝ ՌԱԿ մշակութային աշխոյժ գործունէութիւն կը ծաւալէր գաղութներու մէջ, մանաւանդ իր մամուլի օրկաններով ու հեղինակաւոր խմբագիրներով։

«Ռամիկ»-էն կու գայ անշուշտ **«ռամկօրէն»** բառն ալ, որով կը բնորոշուի աշխարհաբարի կազմաւորումէն առաջ գործածուող հայերէն ռամիկ, ժողովրդային, թրքախառն ու ոչ-յղկուած լեզուն։ Զարթօնքի շրջանի մեր գրողներն ու մամուլը մեծ ճիգով մը թօթափեցին ռամկօրէնը ու ճամբայ հարթեցին պերճափայլ ու գեղեցիկ աշխարհաբարին։

Իսկ **«ռազմիկ»**-ը մարտիկն է, զինուորը, պատերազմի ճակատ մեկնող տղան։ Արական ընդհանրացած անուն է։ Յիշե՛նք հայրենի բանաստեղծ **Ռազմիկ Դաւոյեանն** ու թատերագէտ **Ռազմիկ Մաղոյեանը**։ Բայց **«Ռազմիկ»**-ը իր մասնաւոր տեղն ունի նաեւ հայ մամուլի պատմութեան մէջ։ Կրցայ ստուգել, որ այս տիտղոսով հայերէն թերթեր հրատարակուած են Պուլկարիոյ, Թիֆլիսի, Երեւանի, Փարիզի ու Պէյրութի մէջ։ Պուլկարիոյ **«Ռազմիկ»**-ը քաղաքական լրագիր էր, լոյս տեսած է Ֆիլիպէ, 1905—1909, գլխաւորաբար գրագէտ Ռուբէն Զարդարեանի խմբագրութեամբ։

Ռ. Զարդարեանի խմբագրած «Ռազմիկ»-ը

Աւելի ուշ, 1937—1944, կրկին Պուլկարիոյ մէջ, հրատարակուած է այլ **«Ռազմիկ»** մըն ալ, Կարօ Գէորգեանի խմբագրութեամբ ու չեշտուած ցեղակրօն հայեցքով։

Իսկ Պէյրութի **«Ռազմիկ»**-ը լոյս կը տեսնէ 1983-էն ի վեր. ունի երիտասարդական ու գաղափարախօսական բովանդակութիւն։ Անիկա պաշտօնաթերթն է Հ.Յ.Դ. ԼԵՄ-ի շրջանակին։

Ռահվիրայ մըն ալ ան՝ իր կալուածին մէջ։

«ՎԷՒ» ԵՒ «ՒԻՒՆ», ՎԱՃԱՌԵԼ, ՎՃԱՐԵԼ ՈՒ ՎՃՌԵԼ

Հայոց այբուբենին երեսուներորդ տառն է **«վ»**-ն, որուն անունն է **«վեւ»**: Անկէ երեք տառ ետք ունինք նմանահնչիւն տառ մը եւս՝ **«ւ»**, զոր մեր դպրոցականները սովորաբար կը կոչեն «պզտիկ վ»...: Բայց այս անուանումը ռամիկ է: Տառը պէտք է կոչենք իր հարազատ անունով՝ **«ւիւն»**:

Քերականութեան դասագիրքերու մէջ այս տառին անուանումը, ըստ հեղինակներու համոզումին, գրուած կը տեսնենք երեք տարբեր ուղղագրաձեւերով. «վիւն», «հիւն» եւ «ւիւն»: Իմ նախընտրութիւնը կ'երթայ վերջինին՝ ելլելով այն սկզբունքէն, թէ իւրաքանչիւր տառի անունը կը սկսի նոյն ա՛յդ տառով:

Այս **«ւ»** գիրը մեր այբուբենին մէջ կ'առանձնանայ հանգամանքով մը, որ բացառիկ է ու եզակի. հայերէնը բացարձակապէս չունի բառ մը, որ սկսի «ւիւն»-ով: Հայերէն բառարաններուն մէջ, ուրեմն, 38 տառի փոխարէն՝ կը գտնէք լոկ 37 տառերով սկսող հազարաւոր բառեր, իսկ «ւիւն»-ին սիւնակը կը մնայ դատարկ ու ամայի...: «Իւն»-ը պարտականութեան կը կանչուի միայն բառերուն մէջը կամ վերջաւորութեան. ըստ երեւոյթին, Մեսրոպ Մաշտոց միջնապահի կամ յետսապահի պաշտօն տուեր է անոր...:

Մինչդեռ, որքա՜ն բախտաւոր է անոր դասակից «վ»-ն՝ «վեւ»-ը: Մեր լեզուին մէջ զարմանալիօրէն անհամար բառեր ունինք «վեւ»-ով սկսող:

Իմ սիրելի Մալխասեան բառարանը «վեւ»-ին յատկացուցած է 75 եռասիւնակ էջ: Այլ խօսքով՝ «վ»-ով սկսող բառերը առանձինն գիրք մը կրնան կազմել...: Որեւէ դպրոցական հայ պատանի առանց դժուարութեան կրնայ շարայարել «վեւ»-ով սկսող 40-50 բառ: Մէկդի թողլով շատ գործածականները, ես ալ, իմ կարգին, արձանագրեմ սիրուն բառերու փունջ մը. **վաղահաս** (շուտ հասնող), **վաղեմի** (հինաւուրց, նախնի), **վայնասուն** (ճիչ, լաց ու կոծ), **վաշտ** (զօրագունդ), **վառօդ** (պայթուցիկ նիւթ), **վարազ** (վայրի խոզ), **վարար** (յորդ, առատօրէն հոսող), **վարկած** (կարծիք կամ են-թադրութիւն), **վարձակալ** (վարձով բնակող անձ, վարձուոր), **վարս** (մազ), **վաւաշոտ** (սեռայնօրէն խիստ ցանկասէր), **վերասլաց** (եր-կինք սլացող), **վերծանել** (դժուար ընթեռնելի գրուածք մը կարդալ), **վերնախաւ** (բարձր աստիճանի մարդիկ), **վերջընթեր** (վերջինէն ան-միջապէս առաջ եղածը), **վէմ** (ժայռ), **վիթխարի** (շատ մեծ), **վհատիլ** (յուսահատ ըլլալով՝ թուլնալ), **վսեմ** (բարձր, փառաւոր), **վտառ** (ձուկերու խումբ)։

«Վ»-ն առատօրէն մեզի կը հրամցնէ նաեւ արական գեղեցիկ ա-նուններու շարք մը. **Վազգէն ու Վազրիկ, Վահան ու Վահագն, Վա-հէ ու Վաչէ, Վահրիճ ու Վարագ, Վաղարշ ու Վահրամ, Վարանդ ու Վարդան, Վարդգէս ու Վարուժան, Վիգէն ու Վրէժ, Վրոյր ու Վա-նիկ**...։

Բայց միայն արական անուննե՞ր...։

Ինծի այնպէս կը թուի, թէ «վեւ»-ով սկսող բառեր շատ լայն տեղ ունին մեր կրօնական ապրումներուն եւ եկեղեցական կեանքին մէջ եւս։

*Նախ, մեր եկեղեցական կարգ մը տօները՝ **Վերափոխումն Ս. Աս-տուածածնի, Վարդանանք, Վարագայ Ս. Խաչ, Վերացումն Ս. Խաչի** (Խաչվերաց), **Վարդավառ**...։ Յետոյ, բազմաթիւ բառեր, որոնք սա կամ նա ձեւով կ՚առնչուին եկեղեցւոյ։ Զորօրինակ, մենք կրնա՞նք մեր կուսակրօն եկեղեցականները պատկերացնել առանց **վեղարի** (սեւ ծածկոյթով գլխանոցը)։ Կրնա՞նք զանց առնել խորաններու **վարագոյրը** (Թէ-քէեան գրած էր. **«Եկեղեցին հայկա-կան մեծ վարա-գոյր մէ բա-նուած, որուն ե-տեւ, սկիհին մէջ կ՚իջնէ ի՛նքը՝ Աստուած»**...), պատարագիչի զգեստին անբաժանելի մասը չէ՞ **վակասը** (հաստ ու կանգուն օձիքը, որ կը դրուի ուսերուն վրայ՝ կիսաբոլորակ)։ Դեռ կայ **վերարկուն** (կղերականին սեւ սքե-մը, լայն թեւերով պատմուճանը), կայ եկեղեցւոյ **վերնատունը** (ուր-կէ կ՚երգէ դպրաց դասը), կան **վանք** ու **վանահայր**, **վանական ու վարդապետ**, եկեղեցին հարուստ է **վկաներով** (հաւատքի սիրոյն նա-*

Վակաս

հատակուածներ, մարտիրոսներ), ունինք **վկայարաններ** (մատուռ), կայ **վեհափառ** (կաթողիկոսին տրուած տիտղոս) ու **վեհարան** (կաթողիկոսի նստավայր), **վիճակ** (առաջնորդական թեմ) ու **վերաբերում** (պատարագի ընթացքին սկիհին խորան բերուիլը ու հանդիսաւոր կերպով պատարագիչին յանձնուիլը), **վերացնո՛ղ** շարականներ…։

Ներսէս Շնորհալին ալ, իր **«Առաւօտ լուսոյ»** շարականին երեսուներորդ տունը կազմած է սա՛պէս.

Վասն գթութեան,
Վասն ողորմութեան,
Վերստին կեցո՛։
(Գթութեան ու ողորմութեան համար՝ ապրեցո՛ւր զիս վերստին)

Ահա այսքա՛ն խնկաբոյր **«վ»**, ամէն կողմ ու ամէն առթիւ…։

*

Հիմա եկէ՛ք սերտենք, թէ որո՞նք են «վեւ»-ի ու «ւիւն»-ի գործածութեան ոլորտները մեր լեզուին մէջ։

«Վ» գիրը կարելի է գործածել թէ՛ բառին սկիզբը, թէ՛ մէջը եւ թէ՛ վերջը։

ա) Յայտնի է ամէնուն, որ «վը» հնչիւնով սկսող բոլոր բառերը անպայման պիտի գրուին «վեւ»-ով, որովհետեւ «ւիւն»-ով սկսող բառ գոյութիւն չունի հայերէնի մէջ։ Առանց վարանումի պիտի գրենք, ուրեմն, **վագր, վազել, վէպ, Վրաստան, վշտանալ, վի-ճիլ, վիշապ, վախ, վայր, վերջ, վստահ, վարել** եւ այլն։

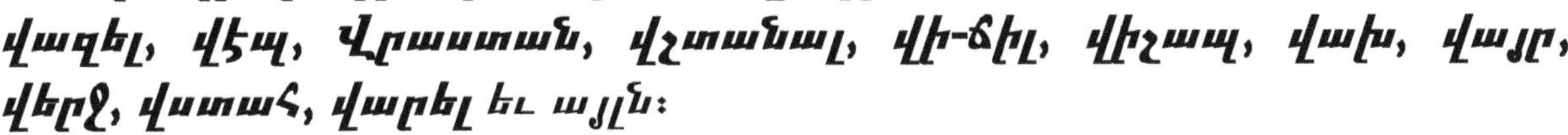

«Վ» գիրով սկսող արմատ բառերը երբոր մտնեն բարդ կամ ածանցեալ բառերու կառոյցին մէջ՝ կը պահպանեն իրենց գոյութիւնը անխաթար։ Բացատրե՛նք. առնենք վերեւ նշուած բառերուն վերջին հինգը ու անոնցմով կազմենք բարդ կամ ածանցաւոր բառեր.

- Վախ – **անվախ, մտավախութիւն** (ածանցաւոր ու բարդածանց)
- Վայր – **բնակավայր, միջավայր** (բարդ)
- Վերջ – **շաբաթավերջ, տարեվերջ** (բարդ)
- Վստահ – **անվստահելի, ինքնավստահ** (ածանցաւոր ու բարդ)

- Վարել — **կառավարութիւն, զօրավար, նաւավար, քաղաքավար** (բարդածանց ու բարդ)

Կը տեսնուի, որ նորակազմ բառերուն մէջ արմատ բառին «վ»-ն պահեց իր գոյութիւնը, «ւ»-ի չփոխուեցաւ։ Ասիկա քերականական հաստատուն ու անբեկանելի օրէնք է։

բ) Թէ՛ բառին սկիզբը, թէ՛ մէջը եւ թէ՛ վերջաւորութեան՝ գրեթէ բոլոր ձայնաւորներէն ետք (մեծամասնութեամբ՝ ա-ե-ի) լսուող «վը» հնչիւնը կը գրուի «ւ»։ Օրինակ՝ աւետիս, աւազ, կարաւան, գրաւել, Եւա, Լեւոն, Ղեւոնդ, Ժընեւ, տձեւ, կեղեւ, անձրեւ, Երեւան, Սեւան, առջեւ, հովիւ, պատիւ, լրիւ, առթիւ, կուիւ, յանցաւոր, հանգստաւէտ, դեղնաւուն, հիւանդ, դիւանագէտ, ճիւաղ...։ Ձայնաւորներու այս կանոնին մէջ բացառութիւն է միայն «ո»-ն, որուն կը յաջորդէ «վ» գիրը։ Օրինակ՝ ծով, կով, գովք, ապահով, կողով, կորով, ժողովուրդ, թովիչ, խորոված։ Ուշադիր ընթերցողը պիտի նկատէ անշուշտ, որ «ո»-ին յաջորդող «վը» հնչիւնը «ւիւն»-ով գրուելու պարագային՝ տուեալ հնչիւնը պիտի վերածուի «ու»-ի, ու հետեւաբար՝ ամբողջ բառը պիտի այլանդակուի ու դառնայ անիմաստ...։ Օրինակ՝ **«ծով»**-ը պիտի կարդացուի ու հնչուի **«ծու»**, իսկ **«գովք»**-ը՝ **«գուք»**...

Միւս կողմէ, ի՞նչ ընել՝ երբ մեր կարգ մը հեղինակաւոր գրողները իրենց մականունը գրած են սխալ ուղղագրութեամբ ու այդպէս ալ նուիրականացուցած են զայն։ Օրինակ, **«Հայու բեկորներ»**-ու լիզպոնաբնակ նշանաւոր հեղինակը իր անուն-մականունը գրած ու ստորագրած է տեւաբար «Վահրամ **Մավեան**» ձեւով, ինչպէս որ ժամանակակից իսթանպուլահայ բանաստեղծ մըն ալ շարունակ ստորագրած է «Խորէն **Մանավեան**» ձեւով։ Մինչդեռ օրէնքը կը թելադրէր, որ այս մականունները գրուէին **«Մաւեան»** եւ **«Մանաւեան»** ձեւերով։

գ) «Վը» հնչիւնը կը լսենք նաեւ հայերէնի անթիւ-անհամար բառերու մէջ՝ երբ **«ու»** ձոյլ ձայնաւորը սեղմուած է բաղաձայն ու ձայնաւոր երկու գիրերու միջեւ։ Օրինակ՝ **Աստուած** (կը հնչուի Աստված), **աղուէս** (կը հնչուի աղվէս), **քուէ** (քվէ), **նուագ** (նվագ), Յունուար (Յունվար), **խեղդուիլ** (խեղդվիլ), **սիրուած** (սիրված), **պատուիրել** (պատվիրել), **պահուըտիլ** (պահվըտիլ), **լուացուիլ** (լվացվիլ), **աղուոր** (աղվոր), **բանուոր** (բանվոր), **արուեստ** (արվեստ), **նուիրում** (նվիրում), **հարուած** (հարված), **հագուիլ** (հագվիլ), **ագ-**

նուօրէն (ազնվօրէն)։ Այս օրէնքին մէջ բացառութիւն կը կազմեն քանի մը բառեր միայն՝ **Սիլվա** (փոխանակ գրելու «Սիլուա»), **սոր-վիլ** (փոխանակ գրելու «սորուիլ», որովհետեւ այս բային նախնական ձեւը **սովորիլ** է, արմատին մէջ «վ» ունի) եւ **ժողվել** (փոխանակ գրելու «ժողուել», որովհետեւ այս բային ալ նախնական ձեւը **ժողո-վել** է, արմատին մէջ նմանապէս «վ» ունի)։

Այս առթիւ նշենք նաեւ իրանահայերու յատուկ ուղղագրաձեւը։

Ինչպէս ծանօթ է, անոնց լեզուն արեւելահայերէն է։ Չեն հետեւիր սակայն Հայաստանի «աբեղեանական» ուղղագրութեան, այլ կը պահեն մեսրոպեան դասական գրելաձեւը՝ միա՛կ շեղումով մը. բազաձայն ու ձայնաւոր գիրերու մէջ սեղմուած «ու»-ն կը փոխարինեն «ւիւն»-ով։ Այլ խօսքով՝ կը գրեն **թւական, կալւած, Աստւածածին, հազւադէպ, պատրւակ, փւած, կառուցւած, մղւած** եւ այլն։

դ) «Վօ» հնչիւնով սկսող բառերը մի՛շտ գրել «ո»-ով։ Օրինակ՝ ոգնի, ոչխար, ոսկի, ոսպ, ոտանաւոր, որոշել, ոգեւորել, ոլորել, ողբալ...։ Բացառութիւն է **վոհմակ** (գայլերու կամ գազաններու խումբ) բառը։

ե) «Իւն»-ը կը գործածենք արեւելահայերէնի կրաւորական բայերուն ներկայ եւ անկատար անցեալ ժամանակները գրելու ատեն։ Օրինակ, կարդացուիլ՝ **կարդացւում է**, բերուիլ՝ **բերւում են**, ստացուիլ՝ **ստացւում են**, խանգարուիլ՝ **խանգարւում էին**, քննադատուիլ՝ **քննադատւում էր**...։

Ունինք կրաւորական կարգ մը բայեր, որոնց հիմքին մէջ արդէն «վը» հնչիւնը կայ զոյգ «ու»-երով, ինչպէս է պարագան, զորօրինակ, **կեղուուիլ** կամ **թօթուուիլ** բայերուն (կը հնչենք կեղվըվիլ\թօթվվիլ)։ Այսպիսի բայերու խոնարհումը ուղղագրական լուրջ դժուարութիւններ կը ստեղծէ սովորաբար։ Ինչպէ՞ս պիտի գրենք ասոնց ներկայ ու անցեալ ժամանակները։ **«Այդ նարինջը դժուար կեղուուեցաւ»**։ Կամ՝ **«Բոլոր գորգերը թօթուուած են»**։ Երկու «ու»-երը պահուեցան քով-քովի։

զ) Իրենց մէջ «վը» հնչիւնը ունին նաեւ «ութիւն»ածանցով վերջացող շարք մը գոյականներ, ուր դա՛րձեալ երկու «ու»-եր քով-քովի եկած կ՚ըլլան։ Ասոնք «իւ»-ով («իվ» հնչիւնով) կամ «ու»-ով վերջացող բառերու ածանցումներ են։ Օրինակ, **ազնիւ՝ ազնուութիւն** (կը կարդացուի **ազնվութիւն**), նախապատիւ՝ **նախապատուութիւն**, պատասխանատու՝ **պատասխանատուութիւն**, հաշուետու՝ **հաշուետուութիւն**, տեղեկատու՝ **տեղեկատուութիւն** եւ այլն։

Արեւմտահայերէնի արդի քերականագէտները իրարու կից զոյգ «ու»-երու կուտակումը բառնալու համար կ'առաջարկեն առաջին «ու»-ն փոխարինել «ւիւն»-ով, այսինքն՝ գրել **ազնւութիւն**, **պատասխանատւութիւն**, **թօթւուած**, **կը կեղւուի** եւ այլն։ Կոկիկ եւ ակնահաճոյ։

է) «Իւն» տառը «ի» ձայնաւորին կցուելով կը յառաջանայ **«իւ»** երկբարբառը, որ ձոյլ ձայնաւորի արժէք ունի միաժամանակ։ Բառին սկիզբը եւ գոյականներու «ութիւն» վերջածանցին մէջ անիկա երկբարբառ է ու կը հնչուի «եու»։ Օրինակ՝ **իւրայատուկ**, **իւղ**, **իւրաքանչիւր**, **իւրացնել**, **Իւզպաշեան**, **խաղաղութիւն**, **գեղեցկութիւն**, **յաղթութիւն**։

Նոյն «իւ»-ն ձոյլ ձայնաւոր է բառերուն մէջը՝ երբ իրմէ ետք բաղաձայն մը կու գայ, ինչպէս՝ **գիւղ**, **գիւտարար**, **սիւնազարդ**, **Սիւնիք**, **փիւնիկ**, **սկիւռ**, **արիւն**, **առիւծ**, **պայթիւն** եւ այլն։ Սակայն բառերու վերջաւորութեան անիկա կը հնչուի «իվ», կը կորսնցնէ իր ձայնաւորի հանգամանքը ու կը սեպուի ձայնաւորի (ի) եւ բաղաձայնի (ւ) պարզ կապակցութիւն մը ։ Օրինակ՝ **թիւ**, **անիւ**, **կռիւ**, **հաշիւ**, **պատիւ**, **հովիւ**, **արծիւ**, **հազիւ**։ Ասոնք բոլորը բառակերտումի ատեն կ'ենթարկուին հնչիւնափոխութեան ու կը տեսնենք որ «իւ»-ն վերածուեցաւ «ու»-ի։ Օրինակ, վերի բառերէն կը յառաջանան **թուական**, **անուաւոր** (անիւ ունեցող), **կռուազան**, **հաշուապահ**, **պատուաբեր**, **հովուական**, **արծուաբիբ**, **հազուադէպ**...։ «Իւ»-ն «իվ» կը հնչուի նաեւ երբ տեղ կը գրաւէ բառամէջին, ձայնաւորէ մը առաջ, օր.՝ **դիւան**։

ը) Առանձնապէս ուշադրութեան առարկայ պէտք է դառնայ **ԳԷՈՐԳ** բառին ուղղագրութիւնը։ Մեր դպրոցականները, ջախջախիչ մեծամասնութեամբ, սխալ կը գրեն այս այնքա՛ն տարածուն ու գործածական անունը՝ միշտ խաբուելով անոր երկրորդ վանկէն բխող «վը» հնչիւնէն։ Կը գրեն Գեւորգ, Գեւորք, Գեվորգ, Գէւորգ ու այլ խայտաբղէտ եւ զարմանազան անընդունելի ձեւերով։ Մինչդեռ, այս բառին մէջ «վ» կամ «ւ» չկայ։ Պարզապէս՝ **Գէորգ**։ Յիշել ձեր ապրած քաղաքին Ս. Գէորգ եկեղեցին, Էջմիածնայ Գէորգեան ճեմարանը, Ամենայն Հայոց Գէորգ Զ. Չէօրէքճեան իմաստուն հայրապետը, Ֆետայական շարժումի առասպելական հերոս Գէորգ

Ջաւուշը, հայրենի բանաստեղծ Գէորգ Էմինը եւ Մուրացանի նշանաւոր պատմավէպը՝ **«Գէորգ Մարզպետունի»**-ն։

*

Կը վերադառնամ իմ վերնագրին։

Վաճառել, վճարել եւ վճռել։ Երեք նմանահունչ բառեր, որոնք երբեմն շփոթ կը յառաջացնեն թէ՛ իմաստային ու թէ՛ ուղղագրական տեսակէտով։

Սերտենք զանոնք մի առ մի։

ՎԱՃԱՌԵԼ· կը նշանակէ ապրանքը ծախել, առեւտուր ընել, ի պահանջել հարկին՝ սակարկելով։

Ստուգաբանական բառարանները կը նշեն, որ **«վաճառ»** արմատ բառը մեզի հասած է հին պարսկերէնէն՝ պահլաւերէնէն։ «Վաճառ» կը նշանակէ շուկայ, առուծախ։ Բոլորիս ծանօթ **«պազար»** բառն ալ հոսկէ կուգայ, իբրեւ «վաճառ»-ին աղաւաղուած մէկ տարբերակը։

Մեր նախնիները շատ սիրած են կ'երեւի այս բառը, իւրացուցած են զայն ու կազմած են անով բազմաթիւ բարդ բառեր՝ ասպարէզային իմաստով· **գրավաճառ, գորգավաճառ, ծաղկավաճառ, թըղթավաճառ, պայուսակավաճառ, կաթնավաճառ, մածնավաճառ, պտղավաճառ, նպարավաճառ, ձկնավաճառ, կերպասավաճառ, ակնոցավաճառ, հնավաճառ, մսավաճառ, երկաթավաճառ, մանրավաճառ** (փերեզակ) եւ այլն, եւ այլն։

«Վաճառել» բայը, փոխաբերաբար, կը գործածուի երբեմն ժխտական իմաստով։ **«Յուդան իր վարդապետը վաճառեց 30 արծաթով»**, կը գրէ Աւետարանը։ Կամ յաճախ ականջալուր կ'ըլլանք դժբաբորբոք մարդոց ընդվզումին.**«Դուք դաւաճաններ էք։ Դուք ձեր ազգը վաճառեցիք թշնամիին՝ անձնական շահու համար»**։ Կամ՝ **«Այդ հըրապարակագիրը իր գրիչը վաճառած է պետական սա կամ նա վերնախաւին»**։ Այս բոլոր օրինակներուն մէջ՝ «վաճառել» բայը ունի «դրամի սիրոյն մատնել, ծախել, դաւաճանել, խիղճի դէմ գործ կատարել» իմաստը։

Բառարանին էջերուն մէջ կարճ պտոյտ մը՝ մեր դիմաց պիտի հանէ այն բառերը, որոնք **«վաճառ»** արմատէն գոյացած են։

Ահա՛, օրինակ, **վաճառանիշ** բառը։ Սիրուն բառ մըն է, որով կը բնորոշենք առեւտրական այն դրոշմը, զոր գործարանները կը դնեն կամ կը փակցնեն իրենց արտադրած ապրանքին վրայ (trade-mark)։

Վաճառաշահ բառն ալ նոյնքան սիրուն է։ Անով կը բնորոշենք այն քաղաքները, ուր ծաղկուն եւ շահաւէտ առեւտուր կայ։ Կը կարդանք․**«Հալէպն ու Պաղտատը հինէն իվեր ճանչցուած են իբրեւ վաճառաշահ քաղաքներ»**։ Կամ՝ **«Հին Հայաստանի վաճառաշահ գլխաւոր քաղաքներն էին Դուինն ու Անին»**։

Լսա՞ծ էք **վաճառագիր** բառը։ Ասիկա ձեզի ծանօթ facture-ն է, այսինքն՝ ծախուած ապրանքներուն հետ տրուած հաշուեգիրը կամ հաշուեցոյցը, ուր նշուած կ'ըլլայ ապրանքին տեսականին, քանակն ու գինը։

Հանդիպա՞ծ էք **վաճառաչնչութիւն** բառին։ Իրաւաբանական կալուածին մաս կազմող մասնագիտական բառ մըն է այս, որուն երկրորդ բաղադրիչը «չնչել» բայն է։ Երբ գնորդը տեսնէ, թէ իր գնած ապրանքը վատորակ է, իրաւունք ունի վաճառքը չեղեալ համարելու։ Այս իրաւունքը կը կոչենք վաճառաչնչութիւն։

Տակաւին ունինք **տօնավաճառ** (fair), **ժամավաճառ** (ժամերու վատնում), **հատավաճառ**, **վաճառասրահ**, **վաճառատուն**, **վաճառատեղի** բառերը, որոնք շատ գործածական են։

Թերեւս զարմանաք, եթէ յայտնեմ որ **Վաճառ** անունով գիւղ մը ու մինչնադարեան վանք մը ունեցած ենք Արցախի Խաչէն գաւառին մէջ, նոյնանուն գետակի մը եզրին։ Հասան-Ջալալեան իշխաններուն պատկանող կալուած մը եղած է ան, այժմ՝ կիսաւեր։ Մինչեւ ԺԳ․ դար՝ շէն էր ու մարդաշատ։ Բայց երբ օտար նուաճողներ աւերեր են զայն, բնակիչները ստիպողաբար անցեր են Վաճառ գետի հանդիպակաց ափը, հատեր են մօտակայ անտառը ու քիչ մը անդին հիմներ **Ծմակահող** գիւղը, որ կը գոյատեւէ առ այսօր։

«Վաճառ»-էն սերած ամէնէն նշանաւոր բառը, սակայն, **«վաճառական»**-ն է։ Ասիկա այն անձն է, որ կը զբաղի վաճառականութեամբ, մեծաքանակ կամ փոքրաքանակ։ Ապրանք կը ներածէ կամ կ'արտածէ, կը կազմակերպէ անոր ցրուումը, կ'ապահովէ նիւթական շահեր ու տնտեսական հրապարակի վրայ կը դառնայ նկատառելի ուժ։ Պետական համակարգի մէջ վաճառականութիւնը խթանող կառոյցը կը կոչուի «Առեւտուրի նախարարութիւն»։

Որքան ալ **«վաճառական»** բառը մեզ քաշէ դէպի շուկայ ու դրամական աշխարհ, այնուհանդերձ ան աղերս ունի նաեւ… գրականութեան հետ։

*Շէյքսփիրի ամէնէն ծանօթ թատերգութիւններէն մին **«Վենետիկի վաճառականը»** չէ՞։ Աւելի քան 400 տարիէ իվեր չարունակ ընթերցուող, բեմականացուող, վերատպուող ու այլազան լեզուներու թարգմանուած միջազգային դասական գործ մըն է այս, որ հայերէնի ալ վերածուած է ԺԹ. դարուն, քանի մը տարբերակներով։ Նախ երեւցած է Զմիւռնիոյ **«Ցաւերժահարս»** կիսամսեայ հանդէսին մէջ, 1862-ին, մաս առ մաս, իզմիրցի մտաւորական Կարապետ Տէտէեանի թարգմանութեամբ։*

Երկրորդ թարգմանութիւն մը կը նկատուի արեւելահայ դերասան ու թատերական գործիչ Գէորգ Ջմշկեանինը, աւելի ուշ՝ թիֆլիսահայ գրող Գէորգ Բարխուդարեանինը, 1879-ին։ Սակայն կը թուի թէ գործին լաւագոյն թարգմանութիւնը պիտի մնայ նշանաւոր շէյքսփիրագէտ ու պարսկահայ դիւանագէտ Յովհաննէս Խան Մասեհեանինը, որ տպուած է Վիեննա, 1922-ին։

***«Վենետիկի վաճառականը»** ներկայացուած է հայկական բեմերու վրայ ալ, 1860-ականներէն սկսեալ։ Գոնէ յիշենք, որ 1974-ի Դեկտեմբերին Վարուժան Խտրշեան իր «**Թատրոն** 67»-ով բեմ հանած է զայն Պէյրութի մէջ, բազմաթիւ անգամներ, ինք ալ մարմնաւորելով Շայլոքի դերը։ Բայց, ըստ **«Բագին»** ամսագրի մեկնաբանութեան, «չէր յաջողած չունչ տալ անոր»...։*

*Մեր գրական փոքր ածուին մէջ եւս ունինք «վաճառականներ», որոնք նկատուած են... «անբախտ»։ Այո՛, մանկապատանեկան գրականութեան սիրելի գրքոյկներէն մին է Յովհաննէս Թումանեանի **«Անբախտ վաճառականները»**։ Լոռեցի մեր անմահանուն հեքիաթագիրը տակաւին 17 տարեկան էր (1886)՝ երբ գրի առաւ զայն, նիւթը վերցնելով ժողովրդային բանահիւսութենէն։*

Անբա՛խտ վաճառականներ՝ Զղջիկն ու Ճայը։

Ի՞նչ կը պատմէ Թումանեան. օր մը, այս երկու թռչնազգիները որոշեցին վաճառական դառնալ։ Դիմեցին իրենց բարեկամ Փուշին ու պարտքով-տոկոսով դրամ առին անկէ։ Ճայը մեկնեցաւ հեռու երկիրներ՝ մինչեւ Արաբիա ու Հնդկաստան, մեծաքանակ ապրանք-

ներ գնեց, ամբարեց զանոնք նաւու մը մէջ ու ճամբայ ելաւ։ Անկանխատեսելի աղէտ մը պատահեցաւ սակայն ծովուն վրայ. փոթորիկը խորտակեց նաւը, ընկղմեցուց զայն, ապրանքները ամբողջովին փճացան...։ Ճայը անճրկեցաւ, մտածեց՝ թէ ինչպէ՞ս պիտի արդարացնէր այս կորուստը իր գործընկերոջ՝ Չղջիկին։ Որոշեց կորսուիլ, անհետանալ։ Մինչ այդ, Չղջիկը երկա՜ր ու սրտատրոփ սպասեց Ճային վերադարձը։ Չկար ան։ Չվերադարձաւ։ Ո՛չ իսկ լուր մը ղրկեց պատահած ահաւոր աղէտին մասին։ Ու ահա՝ Չղջիկը իր դիմաց գտաւ Փուշը, որ եկած էր իր իրաւունքը պահանջելու, խոստացուած պարտքը գանձելու...։ Հիմա ի՞նչ ընէր Չղջիկը։ Ան իր ունեցածն ու չունեցածը ծախու հանեց՝ պարտքին գէթ մէկ մասը հատուցանելու համար։ Յետոյ փախաւ գնաց՝ իր ամօթը պարտկելու նպատակով...։ Այդ օրէն ասդին,— կը պատմէ Թումանեան,— Չղջիկը ցերեկները կը պահուըտէր ու միայն գիշերները կը թռչտէր, որպէսզի խուսափի ծանօթներէն ու մա՛նաւանդ պարտատէրէն։ Իսկ Ճայը շարունակ կը պտտկէր ծովուն վերեւ՝ փնտռելու համար իր կորսնցուցած ապրանքները...։

Իսթանպուլահայ մեր սիրելի բանաստեղծը՝ Զարեհ Խրախունի, **«Անբախտ վաճառականները»** արեւմտահայերէնի վերածած էր գեղեցկօրէն, 1969-ին, Թումանեանի ծննդեան հարիւրամեակին առիթով։ Գործը հրատարակուած է քանիցս։

Մեր մամուլին մէջ եւս կայ **«Վաճառական»** մը։

Այո՛, զուտ առեւտրական բովանդակութեամբ շաբաթաթերթ մըն է այս, որ լոյս տեսած է *Թիֆլիս*, 1866—1867, ընդամէնը՝ չուրջ վաթսուն թիւ։ Զայն հրատարակած ու խմբագրած են Թիֆլիսեցի երկու մտաւորականներ՝ Գէորգ Տէր Աղեքսանդրեանց եւ Աղեքսանդր Երից-

№ 27 — № 27

ՎԱՃԱՌԱԿԱՆ

ԱՌԱՋԻՆ ՏԱՐԻ

եանց։ Թերթը փորձած է օժանդակել հայ վաճառականներուն՝ թէ՛ առեւտրական շուկայէն նորութիւններ հաղորդելով, թէ՛ ալ վաճառականութեան մասին տեսական յօդուածներ հրամցնելով։

Օ՛, հայ վաճառականները, որոնք այնքան տիրապետող ներկայութիւն էին Պարսկաստանէն ու Հնդկաստանէն մինչեւ Վենետիկ ու Լեհաստան...։

Մեր մէջ, կարծէք, մասնաւոր ճիգ թափուած է՝ հասակ առնող սերունդներուն մօտ վաճառականութեան խանդը կենդանի պահելու։ Վենետիկի Մխիթարեաններէն Հ. Իգնատիոս Փափազեան 1824-ին հրատարակած է **«Կրկնատումար վաճառականութեան»**-ը, որ տոմարագիտութեան հատոր մըն է։ Նոյն հեղինակը, երկու տարի ետք, հրատարակած է **«Պատճէնք նամակաց վաճառականութեան»** վերնագրով այլ ուղեցոյց մըն ալ՝ բացատրելու համար թէ վաճառականները ի՛նչպէս պէտք է նամակցին իրենց օտարերկրացի գործընկերներուն հետ, ի՛նչպիսի ոճ ու բովանդակութիւն պէտք է ունենան վաճառականական բնոյթի նամակները...։

Եթէ պրպտենք Պոլիս տպագրուած հայերէն գիրքերու ցուցակները, այնտեղ պիտի գտնենք բազմաթիւ հատորներ, որոնք ուղեցոյց եւ օժանդակ հանդիսացած են հայ վաճառականներուն, պէսպիսուն ծանօթութիւններով։ Կ՚արժէ գոնէ յիշել Սիմոն Ջէօմլէքճեանի **«Առաջնորդ վաճառականաց կամ տարերք առեւտրական գիտութեան»** խորագրեալ իրերայաջորդ տասնեակ տետրերը, չահեկան բովանդակութեամբ, որոնք լոյս ընծայուած են 1901-ին։ Ու չմոռնանք, որ Պոլսոյ հայկական դպրոցներուն մէջ վաճառականական գիտելիքներ անգամ դասաւանդուած են՝ յա՛տկապէս պատրաստուած դասագիրքերով։

Դեռ կայ հայ վաճառականութեան պատմութիւնը, որ առանձինն ծաւալուն նիւթ է, հետաքրքրական եւ ուսանելի միաժամանակ։ Յիշենք գրագէտ Յարութիւն Գ. Մրմըրեանի **«Թուրքահայոց հին վաճառականութիւն եւ վաճառական (1741—1890)»** հատորը, տպուած՝ Պոլիս, 1908-ին։ Ու անկէ առաջ՝ Յովհաննէս Յովակիմեանի **«Պատմութիւն նախնեաց վաճառականութեան եւ ճանապարհ հարստութեան»**-ը (Փարիզ, 1860) եւ Հայկ Տէր Աստուածատուրեանցի **«Հայ վաճառականութիւնը Ռուսիայում՝ Է.-ԺԸ. դար»** (Փարիզ, 1906)։

Փակելու համար այս գլուխը, նշենք **«վաճառական»** գոյականին զգեցած ժխտական մէկ իմաստը եւս։ Ժողովուրդը շարունակ կը դանդատի.

— Այսօրուան բժիշկներն ու հոգեւորականները մէկ-մէկ վաճառականներ են...։

Իսկ ես կը սրբագրեմ.

— Այսօրուան ԿԱՐԳ ՄԸ բժիշկներն ու հոգեւորականները վաճառականի հոգեբանութեամբ ու մտայնութեամբ կը շարժին...։

*

Հիմա սերտենք **«վճարել»** բայը, որ դարձեալ պահլաւերէնէն կու գայ։

Անմիջապէս պէտք նկատէք, որ բառը «րէ»-ով կը գրուի, այլ ոչ թէ «ռա»-ով։

Այսինքն, եթէ **«վաճառել»**-ուն արմատը **վաճառ** է, **«վճարել»**-ուն արմատն ալ **վճար** է, որ կը նշանակէ վարձք։

Ուստի, «վճարել», կը նշանակէ գնուած ապրանքի մը գինը հատուցել կամ կատարուած աշխատանքի մը պատուագինը տալ, աշխատանքը վարձատրել, հաշիւները մաքրել։ Օրինակ՝ **«Կ'արտօնէ՞ք որ փոխարժէքին կէսը կանխիկ վճարեմ, կէսն ալ՝ յառաջիկայ ամիս»։**

Ունինք **կանխավճար** եւ **մասնավճար** բառերը, որոնք շատ գործածական են։

Մեր միութիւնները իրենց անդամներէն կը գանձեն տարեկան **անդամավճարներ**։

«Վճարել» փոխաբերաբար կը նշանակէ նաեւ որոշ նպատակի մը համար զոհաբերութիւն կատարել, տուժել, վնաս կրել։ Օրինակ, **«Հայութիւնը արեան շատ սուղ գին վճարեց երկու Աշխարհամարտերու ընթացքին»**։

*

Եւ վերջապէս՝ **«վճռել»**. այսինքն՝ որոշում կայացնել։

Բայը յառաջ կու գայ **«վճիռ»** գոյականէն (չշփոթել **«ոճիր»**-ին հետ)։

Նախորդ զոյգ բառերուն նման՝ այս եւս հին պարսկերէնէն եկած բառ է, որ կը նշանակէ անհատի մը կամ պաշտօնական մարմինի մը կամ դատական ատեանի մը որոշումը։

Վճիռ արձակել՝ հրամայել։ Վճիռներուն ամէնէն ծանրը ու սարսափելին, անկասկա՛ծ, **մահավճիռն** է։ Իսկ մահավճիռի ամէնէն հին ու նախնական ձեւն է **գլխատումը**։ Ֆրանսական Յեղափոխութեան շրջանին սկսաւ գործածուիլ գլխատումի յատուկ սարք մը (սուր դանակով, որ վերէն կ՚իջնէր մահապարտին գլխուն ու զայն կ՚անջատէր իրանէն...), որուն հայերէնով կու տանք **կառափնատ** անունը (Ֆրանսերէն՝ *կիյոթին*։ «Կառափ» կը նշանակէ գլուխ, գագաթ)։

Հարց կրնաք տալ բնականաբար.«Մահավճիռը կարելի՞ է ջնջել»։

Այո՛, եթէ **վճռաբեկ ատեանը** այդ մասին որոշում կայացնէ։

Վճռաբեկ ատեանը, ուրեմն, դատական այն բարձրագոյն ատեանն է, որ բողոքի կամ գանգատի հիման վրայ՝ կը վերանայի նախադատ ատեանի որոշումները, կրնայ վերաքննել կամ բեկանել զանոնք, ի պահանջել հարկին՝ նոր վճիռներ արձակել։

Ունինք երկու ածականներ, որոնք մէկ գիրի տարբերութեամբ յաճախ կը շփոթուին իրարու հետ. **վճռակամ** եւ **վճռական**։ Իմաստային նրբերանգ մը կը զատորոշէ զանոնք իրարմէ։

«Վճռակամ» կը նշանակէ ամուր կամքով, հաստատակամ։ Գոյականը՝ **վճռակամութիւն**։ Օրինակ՝ **«Բանակը վճռակամ է՝ պաշտպանելու երկրին սահմանները ամէն տեսակ ոտնձգութիւններու դէմ»**։

Իսկ **«վճռական»** կը նշանակէ յախուռն ու խիզախ որուշումներ տուող եւ անոնց վրայ հաստատ կեցող, անառարկելի դիրք բռնող, վերջնական, արմատական, հատու։ Գոյականը՝ **վճռականութիւն**։ Օրինակ՝ **«Վճռական պատասխա՛ն տուէք. պիտի գա՞ք, թէ՞ ոչ»**։

Ջրոյցս կ՚աւարտեմ թեւաւոր խօսքով մը.**«Սողոմոնեան վճիռ»**։

Կը պատմուի որ Հրէաստանի Սողոմոն Իմաստուն թագաւորը (ապրած՝ մեզմէ երեք հազար տարի առաջ) անգամ մը վկան դարձաւ երկու կիներու զարմանալի մէկ վիճաբանութեան։ Վէճին խնդրոյ առարկան երեխայ մըն էր։ Կիներէն իւրաքանչիւրը կը պնդէր, թէ երեխան իրն էր, թէ միւսը՝ ստախօս էր, երեխային հարազատ մայրը չէր։

Երբ վէճն ու ամբաստանութիւնը շարունակուեցաւ երկար, այն ատեն Սողոմոն Իմաստուն որոշեց... կիսել երեխան։ Այո՛, իմաստուն արքան վճռեց ու հրահանգեց մանուկը երկուքի բաժնել...։ Կիներէն մին՝ ստախօսը, համաձայն գտնուեցաւ այս որոշումին, *մինչ երեխային խսկական մայրը սարսափահար բացականչեց.«Ջէ՛, չկիսէք երեխան, ողջ-առողջ տուէ՛ք անոր»։*

Կեղծիքը բացայայտուած էր։ Երեխան յանձնուեցաւ իր հարազատ մօր…։

ԿԷՏԱԴՐՈՒԹԻՒՆ

Կէտադրութիւնը ուղղագրական կէտերու կամ նշաններու գիտութիւնն է, անոնց ճիշդ գործածութիւնը։

Պատկերացուցէք տպագիր էջ մը, որ բնաւ կէտադրութիւն չունի։ Կարելի՞ է կարդալ զայն անսայթաք ու բնական կշռոյթով։ Անկարելի է։ Գաղափարները պիտի խառնուէին իրարու, տողերը յաճախ իմաստազուրկ պիտի թուէին, տրամաբանական դադարի կամ շնչառութեան առիթ ալ պիտի չունենաք...։

Կէտադրութեան,— այս պարզագոյն՝ ստորակէտի մը,— կարեւորութիւնը հասկնալու համար կ՚առաջարկեմ բաղդատել հետեւեալ երկու նախադասութիւնները.

— Աշխատասէ՛ր եղիր եղբօրդ պէս, ծոյլ մի՛ ըլլար։

— Աշխատասէ՛ր եղիր, եղբօրդ պէս ծոյլ մի՛ ըլլար։

Ինչպէս կը տեսնուի, փոխեցինք լոկ ստորակէտին տեղը։ Առաջինը կը նշանակէ, թէ եղբայրդ աշխատասէր է. դո՛ւն ալ պէտք է նմանիս իրեն։ Մինչդեռ երկրորդին մէջ՝ եղբայրդ վատահամբաւ ծոյլ մըն է, ու դուն պէտք չէ՛ նմանիս իրեն...։

Վերյիշենք նաեւ հետեւեալ դասական կրկնօրինակը, որ թագաւորի մը կամ դատաւորի մը գրաւոր հրահանգն է.

— Կախե՛լ, պէտք չէ ներել։

— Կախել պէտք չէ, ներե՛լ։

Այսինքն՝ ստորակէտ մը կրնայ պատճառ դառնալ մէկու մը կախաղան բարձրանալուն կամ ներումի արժանանալուն...։

Ուրեմն, կէտադրական նշանները անհրաժեշտ են՝ գրութիւն մը ճիշդ կարդալու ու անոր պարունակած միտքերուն հարազատօրէն թափանցելու համար։ Ճշգրիտ կէտադրութիւնը գրագիտական ճաշակի ու հմտութեան ցուցանիշ է։

Կարդա՛նք հետեւեալ կաղապարատիպ նախադասութեան երեք տարբերակներն ալ.

Արդէն հասաւ քու մեկնելու ժամը։

Արդէն հասա՞ւ քու մեկնելու ժամը։

Արդէն հասա՛ւ քու մեկնելու ժամը։

Առաջին նախադասութեան մէջ պարզ հաստատում մը ըրինք։ Երկրորդով՝ հարցում ուղղեցինք։ Երրորդով՝ չեշտուած յուզականութիւն մը արտայայտեցինք։

*

Հայերէնի մէջ ունինք տասնհինգի չափ կէտադրական նշաններ, որոնք կը բաժնուին երեք խմբաւորումներու․

ՏՐՈՀՈՒՄԻ ՆՇԱՆՆԵՐ

«Տրոհել» կը նշանակէ իրարմէ բաժնել, զատել։ Հետեւաբար՝ «տրոհում» կը նշանակէ բաժանում։

Մեր քերականութեան մէջ տրոհումի նշաններն են ***վերջակէտը, միջակէտը, ստորակէտն ու բութը։*** *Այս չորս նշաններն ալ մեր գրած կամ ընթերցած բառերն ու նախադասութիւնները «կը տրոհեն», այսինքն՝ կը բաժնեն իրարմէ։ Սերտենք զանոնք մի առ մի։*

ՎԵՐՋԱԿԷՏ (։) **—** *Վերջակէտը, իբրեւ պատկեր, կը բաղկանայ ուղղահայեաց դիրքով երկու կէտերէ։ Իր այս ձեւով՝ անիկա հայերէնի մէջ կ՚օգտագործուի ԺԱ․-ԺԲ․ դարերէն սկսեալ։*

Իւրաքանչիւր անկախ միտք կամ նախադասութիւն (նոյնիսկ եթէ մէկ բառէ կը բաղկանայ) վերջակէտով կը վերջանայ։ Ուրեմն, «դադար»ի իմաստ մը ունի ան։ Օրինակ՝

- Մեր դպրոցը կը գտնուի դիմացի թաղին մէջ։ Անիկա ունի երկյարկանի շէնք մը ու ընդարձակ բակ մը։ Հիմնուած է 1927-ին։ Աշակերտութեան թիւը ներկայիս վեց հարիւրի չափ է։

Ինչպէս կը տեսնուի, երեք վերջակէտերով իրարմէ տրոհեցինք վերի պարբերութեան մայր գաղափարները ու ընթերցումը դիւրասահ դարձուցինք որոշ ճայնական «դադար»ներով։ Պարբերութիւնը աւարտեցինք չորրորդ վերջակէտով մը։

Զմոռնալ․— կարճ նախադասութիւնները աւելի առոյգ են ու մատչելի, քան երկարապատում նախադասութիւնները, որոնք թէ՛ շնչահատ կ՚ընեն ընթերցողը, թէ՛ միտքերը կը տարտամեցնեն, թէ՛ ալ ուռուցքներ կը լարեն քերականական ու ոճային սխալներու…։

Վերջակէտ չի դրուիր վերնագրերու կամ ենթավերնագրերու քով։

Համակարգչային գրութեանց մէջ վերջակէտը կը յաջորդէ նախորդ բառին՝ առանց բացատի, իսկ վերջակէտէն ետք կը թողուի մէկ բացատ։ Վերջակէտի մը յաջորդող բառը կը սկսի գլխագրով։

ՄԻՋԱԿԷՏ (·) — Նախադասութիւնները բաժնելու համար՝ միջակէտը քիչ անգամ կը գործածուի։ Մտքով իրարու սերտօրէն ագուցուած, սակայն որոշ ինքնուրոյնութիւն ունեցող երկու նախադասութիւններ կարելի է տրոհել միջակէտով։ Նոյնը կարելի է ընել՝ երբ նախադասութեան մը յաջորդող երկրորդ նախադասութիւնը առաջինին բացատրութիւնն է, պարզաբանումը, որովհետեւ միջակէտը հետեւութեան ցուցանիշ է՝ իրմէ ետք գալիք նախադասութեան համար, կամ ունի «այսինքն»ի իմաստ։ Օրինակ՝ **«Դասախօսութեան ներկայ չկրցայ ըլլալ երէկ· այդ անձրեւոտ օդին ինչպէ՞ս դուրս ելլէի տունէն»**։ Կամ՝ **«Զարմիկին տուած հարցաթերթիկը գտա՞ր· ես ձանձրացայ փնտռելէ»**։ Կամ՝ **«Շատախօսութիւն պիտի չընեմ· ինչ որ ըսի՝ յստակ է ու անհերքելի»**։ Կամ՝ **«Միասնականութիւն· ա՛յս է մեր փրկութեան ճանապարհը»**։ Կամ՝ **«Լինե՞լ, թէ՞ չլինել· սա՛ է խնդիրը»** (Շէյքսփիր)։ Վերջակէտին հետ համեմատած՝ միջակէտը աւելի նուազ «դադար» մը կը թելադրէ։

Միջակէտը կը գործածուի ուրիշ շարք մը պարագաներու մէջ եւս։ Թուե՛նք·

- Չակերտի մէջ առնուած ուղղակի խօսքէն առաջ։ Օրինակ՝

Տնօրէնը յայտարարեց·«Վաղը կը ստանաք ձեր վկայականները»։

Այս միեւնոյն նախադասութիւնը կարելի է գրել առանց չակերտի՝ ուղղակի խօսքը առնելով առանձին տողի վրայ ու անոր սկիզբը դնելով անջատման գիծ մը·

Տնօրէնը յայտարարեց·

— Վաղը կը ստանաք ձեր վկայականները։

Երկու պարագաներուն ալ՝ միջակէտը կը պահպանուի։

- Միջակէտը միակ նշանն է, որով կրնանք կրճատումի ենթարկել բառերն ու բառակապակցութիւնները։ Օրինակ՝ **Հ·** Ղեւոնդ Ալիշան (Հայր Ղեւոնդ), Կոմիտաս **վրդ·**, Շահան **եպս·**, Սահակ **կթղ·**, **պր·** Անդրանիկ, **տիկ·** Հուիփ, **օրդ·** Սիլվա, **Տ·** Յուսիկ **քհնյ·** (Տէր\քահանայ), **Յովհ·** Թումանեան, **Գր·** Արծրունի, **ազգ·** գերեզմանատուն, Հայկազեան **վրժ·**, **Հ·Բ·Ը·Մ·**, **Ս·Օ·Խաչ** (Սուրբհայ Օգնութեան Խաչ), **Հ·Հ·** (Հայաստանի Հանրապետութիւն), **Ս·** Աստուածածին եկեղեցի, **տոքթ·** Անտոնեան, **Կ·** Պոլիս (Կոստանդնուպոլիս), **Բ·** Դուռ (Բարձրագոյն Դուռ), **թրգմ·** (թարգմանութիւն), **Ք· ա·** (Քրիստոսէ առաջ), **Եչ·** (Հինգշաբթի) եւ այլն։

• *Համարակալութեան ատեն՝ նախ թուումին նախորդող նախադասութեան վերջաւորութեան, ապա տուեալ թիւին կամ տառին կից։ Օրինակ՝*

Վանայ լիճին չորս կղզիներն են.

1. ***Լիմ***
2. ***Կտուց***
3. ***Աւտէր***
4. ***Աղթամար***

Վերի թուանշանները (որոնք կը կարդացուին իբրեւ դասական թուական՝ առաջին, երկրորդ, երրորդ...) կարելի է փոխարինել այբուբենի տառերով ալ։

• *Այբուբենի տառերուն կից դրուած միջակէտը՝ այդ տառերը կը վերածէ դասական թուականի։ Օրինակ՝* ***Դ. կարգ*** *(չորրորդ),* ***ԺԲ. դար*** *(տասներկուերորդ),* ***Ժ. հատոր*** *(տասներորդ)։*

• *Միջակէտը կարգ մը վերնագրերու մէջ ալ կարելի է գործածել՝ եթէ տուեալ վերնագրին մէկ բաղադրիչը միւսին լրացուցիչ միտքն է։ Օրինակ՝* ***«Վենետիկ. կոնտոլներու քաղաքը»****, կամ՝* ***«Դաւիթ Բէկ. ազատագրական պայքարի շրջան մը»։ «Պատերա՞զմ, թէ՞ խաղաղութիւն. սթափելու պահը»։***

• *Ոմանք կը սիրեն երբեմն միջակէտ գործածել համադասական նախադասութիւններու միջեւ՝ փոխան ստորակէտի կամ վերջակէտի։ Օրինակ՝* ***«Անտառը խիտ էր եւ անկոխ. բարձրահասակ մացառներուն մէջէ՛ն միայն կարելի էր ճամբայ բանալ. ծառերն ալ այնքան թաւ էին, որ երկինքը չէր տեսնուեր»։***

Ծիշդ վերջակէտին նման՝ համակարգչային գրութեանց մէջ միջակէտը կը յաջորդէ նախորդ բառին՝ առանց բացատի, իսկ միջակէտէն ետք կը թողուի մէկ բացատ։ Հայերէնի միջակէտը, իբրեւ նշան, այլ լեզուներու մէջ (անգլերէն, արաբերէն եւ այլն) ընդունուած է իբրեւ վերջակէտ։

ՍՏՈՐԱԿԷՏ (,) *— Այս նշանին գործածութիւնը յարաբերաբար աւելի ծանօթ է։*

• *Ամէն բանէ առաջ՝ անով կը տրոհենք նախադասութեան մը համադաս անդամները։ Օրինակ՝* ***«Յակոբը, Վաչէն, Անին ու Սեւանը միեւնոյն դասարանն են»*** *(չորս ենթականեր)։ Կամ՝* ***«Երեխաները գծեցին, ներկեցին եւ զարդեր պատրաստեցին»*** *(երեք ստորոգիչ-*

*ներ)։ Համադաս վերջին երկու անդամներուն միջեւ սովորաբար տեղ կը գրաւէ **«ու»** կամ **«եւ»** շաղկապը։*

*• Յետոյ կը տրոհենք բարդ նախադասութեան մը բաղկացուցիչ համադաս նախադասութիւնները։ Օրինակ՝ **«Վազգէն Շուշանեան ծնած էր Ռոտոսթօ, ապրած ու ստեղծագործած էր Ֆրանսա, աշխատակցած էր հայ մամուլին ու շատ սիրուած էր երիտասարդ ընթերցողներու կողմէ»**։ Կամ՝ **«Գիւղացի ծերունին այդ առաւօտ շատ կանուխ արթնցաւ, ջրեց տան բակը, պտուղի սնտուկները կարգի դրաւ ու մեկնեցաւ կալին ուղղութեամբ»**։*

*• Կը բաժնենք գլխաւոր նախադասութիւնը՝ անոր յաջորդող երկրորդական (ստորադաս) նախադասութենէն։ Օրինակ՝ «Շատ կը սիրուէր իր շրջապատէն, **որովհետեւ** ծառայասէր էր ու ազնիւ»։ **Կամ՝ «Յայտնեց, թէ** այլեւս պիտի չվերադառնայ իր հին պաշտօնին»։ **Ինչպէս** կը տեսնուի, ստորակէտը դրինք ստորադաս նախադասութիւնը սկսող շաղկապէն առաջ։ Ստորադասական շաղկապներ են՝ **որ, որպէսզի, որովհետեւ, քանի որ, մինչեւ որ, թէ, թէեւ, թէպէտ, եթէ, մինչ, հետեւաբար, մանաւանդ որ** եւ այլն։*

*• Կը զատենք միջանկեալ նախադասութիւնը՝ երկու կողմէն։ Օրինակ՝ «Մայր ու աղջիկ, **միեւնոյն խորհրդաւոր ժպիտով**, իրենց հայեացքը ուղղեցին երիտասարդին կողմը»։ **Կամ՝** «Այդ պարտէզին մէջ, **ընկուզենիի մը կողքին**, փայտեայ լքեալ տնակ մը կար»։ **Կամ՝** «Այդ ուսանողը, **ըստ ինծի**, կրնայ պատուաբեր արդիւնք ձեռքբերել»։*

*• Համադասական շաղկապներէն առաջ ալ անպայման ստորակէտ կը դրուի։ Այս շաղկապներն են՝ **իսկ, բայց, սակայն, մինչդեռ, նոյնիսկ, այլեւ, մանաւանդ, այնուամենայնիւ, այսուհանդերձ, կամ ալ, ապա թէ ոչ, եւ ոչ թէ** եւ այլն։*

• Անպայման ստորակէտ կը դրուի յարաբերական դերանուններէն առաջ։ Եւ ուշադիր պէտք է ըլլալ՝ որ այդ ստորակէտը դրուած ըլլայ յարաբերական դերանունին ու իր յարաբերեալին ճի՛շդ մէջտեղը։ Օրինակներ՝

*- Կը յաջողի **ա՛ն, որ** լաւ կ՚աշխատի։*
*- Կը յաջողին **անո՛նք, որոնք** լաւ կ՚աշխատին։*
*- Ասիկա այն **տունն է, ուր** ընակած էինք անցեալին։*
*- Թերթերը գուժեցին Չրչիլի **մահը, որ** պատահած էր առջի օր։*

- Ջօպանեան տարիներո՛վ հրատարակեց **«Անահիտ»**-ը, որ մշակութային հանդէս մըն էր։

• Ստորակէտով կը բաժնենք կոչականն ու ձայնարկութիւնը՝ իրենց կից գտնուող բառերէն։ Օրինակ՝

- Ո՜, որքան հիացումով դիտած էի հայ զինուորներու այդ փառաւոր տողանցքը։

- Տղա՛ք, հեռացէ՛ք հոսկէ։

- Խարբերդի ոսկեղէն դաշտը, աւա՜ղ, հայաթափուեցաւ լրիւ։

• Ստորակէտ կը պահանջեն զուգադիր շաղկապները, որոնք կը կապեն իրարու ագուցուած երկու նախադասութիւններ։ Միտք պահել հետեւեալ զոյգ կաղապարները.

- Ոչ թէ կարդաց գիրքը, այլ միայն թղթատեց զայն (ոչ թէ…, այլ)։

- Ոչ միայն կարդաց գիրքը, այլեւ թելադրեց զայն իր ընկերներուն (ոչ միայն…, այլեւ)։

• Հարկ է ստորակէտով տրոհել անուանական բարեւներն ու մաղթանքներն ալ.

— Բարի լոյս, պր. Յակոբ։

— Ցտեսութիւն, տիկ. Մարալ։

— Յաջողութի՛ւն, տղա՛ք։

• «Եւ» շաղկապէն առաջ կարելի է ստորակէտ դնել՝ եթէ նախադասութեան երկրորդ բաղադրիչը ունի առաջինէն տարբեր ենթակայ մը։ Օրինակ՝ **«Քամին փչեց, եւ պատուհանին փայտեայ փեղկերը իրարու զարնուեցան»։**

Իբրեւ եզրակացութիւն կրնանք նշել, որ ընթերցման պահուն ստորակէտը **ակնթարթային** դադար մը կ'ենթադրէ, միջակէտը՝ **զգալի** դադար մը, իսկ վերջակէտը՝ **լայնաշունչ** դադար մը։

Ընթերցումի պահուն՝ ստորակէտին վրայ՝ մեր ձայնը թեթեւօրէն կախեալ կը մնայ դէպի վեր, իսկ վերջակէտին վրայ՝ ձայնը կը մարի, կը հանգչի։

ԲՈՒԹ (՝) — Առհասարակ կը գործածուի զեղչեալ բառի մը փոխարէն։ Օրինակ՝ **«Մենք գաւաթ մը սուրճ ապսպրեցինք, իսկ ան՝ թէյ»**։ Կամ՝ **«Երէց զաւակը Հայաստան փոխադրուեցաւ, իսկ փոքրը՝ Գանատա»**։ Կամ՝ **«Տնօրէնին հրահանգով ժողովի հրաւիրուեցան ուսուցիչները՝ կարգապահական հարցեր քննարկելու համար»։**

• Բութով կ՚անջատենք բացայայտեալը բացայայտիչէն։ Օրինակ՝

- Սկիւտարի Սոխակը՝ Պետրոս Դուրեան, մահացաւ 21 տարեկանին։

- Պր. Զօլաքեան՝ Հայերէնի մեր ուսուցիչը, հրատարակեց քերականութեան դասագիրք մը։

- Ծանօթացայ իր երեք մանչ զաւակներուն՝ Տիգրանին, Տարօնին եւ Վարանդին։

Ինչպէս կը նկատուի, բացայայտիչը (Պ. Դուրեան\Հայերէնի մեր ուսուցիչը) ստորակէտով կը բաժնուի նախադասութեան յաջորդ անդամներէն, եթէ կան։ Այս վերջին օրէնքը զանց կ՚առնուի 4 գլխաւոր պարագաներու մէջ.

- Եթէ բացայայտիչը դրուած է սեռական հոլովով ու յատկացուցիչն է իրեն հետեւող գոյականի մը։ Օրինակ՝ **«Ան երկար սպասեց իր քրոջ՝ Արաքսիին ժամանումին»։**

- Եթէ բացայայտիչը կը կրէ յետադրութիւն մը (կապ)։ Օրինակ՝ **«Մեծն Տիգրան դաւադրութեան ենթակայ դարձաւ իր իսկ զաւկին՝ կրտսեր Տիգրանի կողմէ»։**

- Եթէ բացայայտիչին կը յաջորդէ էական բայ մը։ Օրինակ՝ **«Ցաղթականը տղաս՝ Վազգէնն էր»։**

- Երբ բացայայտիչը անուղղակի խնդիրն է իրեն յաջորդող բայի մը։ Օրինակ՝ **«Այս բոլորը ձեր դրացիէն՝ Վահրամէն իմացանք»։**

• Բութ կը գործածենք իրարմէ զատելու համար բառեր, որոնք թէեւ քով-քովի են, սակայն իրարու չեն վերաբերիր։ Օրինակ՝ **«Քու՝ եղբօրս նուիրած գիրքդ հետաքրքրական էր»։** Կամ՝ **«Ուսուցիչին՝ տղուն ըրած թելադրանքները ապարդիւն չանցան»։**

• «Այսպէս», «ինչպէս», «այսինքն», «օրինակ» բացատրական բառերէն ետք եւս բութ կը դրուի։ Օրինակ՝ **«Որոշեց չշարունակել ուսումը, այսինքն՝ հրաժարեցաւ իր մեծագոյն երազէն»։**

• Բութ կ՚ուզուի նախադաս ստորադասական նախադասութիւններէն ետք։ Օրինակ՝ **«Քանի որ թերացած էր իր պարտականութեան մէջ՝ պատյաէն զրկուեցաւ»։** Կամ՝ **«Եթէ տեսակցիլ կ՚ուզէք՝ հրամմեցէ՛ք»։** Կամ՝ **«Ինչ որ ձեզի պատմեցի՝ ամբողջ իրականութիւնն է»։**

ԱՌՈԳԱՆՈՒԹԵԱՆ ՆՇԱՆՆԵՐ

Առոգանութիւնը բառերը ուղիղ արտասանելու արուեստն է։

Ինչպէս բանաւոր, այնպէս ալ գրաւոր արտայայտութեան մէջ՝ մեր ձայնին կու տանք որոշ ելեւէջներ, որպէսզի լսողը հասկնայ թէ կը հրամայե՞նք, կը հարցնե՞նք, թէ՞ կը զարմանանք...։ Գրաւոր արտայայտութեան մէջ այս զանազանութիւնը ձեռք կը բերուի առոգանութեան նշաններով։

Հայերէնը ունի առոգանութեան երեք նշան՝ շեշտ, պարոյկ եւ երկար։

ՇԵՇՏԸ (՛) ունի հրամայական կամ յորդորական բնոյթ։ Զայն կը դնենք այն բառին վրայ, զոր կ՚ուզենք բարձր կամ սուր ձայնով արտասանել։ Եւ այստեղ, առաջին հերթին, մեր դիմաց կու գան բայերու հրամայական եղանակի խոնարհումի հաստատական ձեւերը՝ **գնա՛**, **խմէ՛**, **լիշէ՛**, **տեսէ՛ք**, **ուրախացէ՛ք** եւ այլն։ Ուշադրութիւն.— խնդրանք, աղաչանք կամ մեղմ յորդոր արտայայտող հրամայական բայաձեւերէն կարելի է զեղչել շեշտը։ Օրինակ՝ **«Կը խնդրեմ, տուէք ինծի վերջին առիթ մը՝ մեղքերս քաւելու համար»**։

Շեշտը, առհասարակ, կը դրուի վերջին ձայնաւորին վրայ։ Ձայնաւորներէն միայն «ըթ»-ն է որ շեշտ չ՚առներ. **«Գլո՛ւխը վիրաւորուեցաւ»**։ **«Նորը լաւ չէ, հի՛նը լաւ էր»**։ Շեշտը դրինք «ըթ»-ին նախորդո՛ղ ձայնաւորին վրայ։ Բնաձայնութիւններուն մէջ «ըթ»-ը կարելի՛ է շեշտադրել։ Օրինակ՝ **«Առաստաղէն ջուր կը կաթէր. Թը՛փ-Թը՛փ-Թը՛փ...»**։

• Հրամայական եղանակի ժխտական խոնարհաձեւի պարագային՝ շեշտը բային վրայ չի դրուիր, այլ՝ «մի» արգելականին վրայ. **մի՛ խնդաք**, **մի՛ ծաղրէք**, **մի՛ յուսահատիր**, **մի՛ ամչնար** եւ այլն։ Իսկ յարադրաւոր (երկու բառէ կազմուած) բայերու պարագային՝ շեշտը կը թառի առաջին բաղադրիչին վրայ, ինչպէս՝ **նե՛րս մտէք**, **կա՛նգ առէք**, **ձե՛ռքդ տուր** եւ այլն։

• Ընդհանրապէս շեշտ կ՚առնեն **«ամենեւի՛ն»**, **«երբե՛ք»**, **«բնա՛ւ»** բառերն ալ՝ երբ առանձին կը գործածուին։ **Մա՛նաւանդ**, **գո՛նէ**, **մի՛միայն**, **նո՛յնիսկ**, **նո՛յնքան** բառերուն շեշտը սովորաբար կը դրուի առաջին վանկին վրայ։

*Անդէմ նախադասութիւններն ալ կրնան շեշտ առնել։ Թատերասրահներու մէջ, յաճախ, պատէն կախուած ցուցանակ մը կը յուշէ.***«Ջծխե՛լ»։***

• Շեշտ կը պահանջեն նաեւ բոլոր կոչականները, երբեմն ալ՝ ձայնարկութիւններ։ Այսպէս.

— Տղա՛ք, վաղը պիտի մեկնեղուինք ակումբը։

— Սիրելի՛ հանդիսականներ, կ՚ողջունենք ձեզ յարգանքով *(երբ կոչականը կը բաղկանայ մէկէ աւելի բառերէ, շեշտը կը դնենք նախավերջին բառին վրայ)։*

— Օ՛ն, բարձրացուցէ՛ք դրօշակները։

Անպայման շեշտ կ՚առնեն ***«այո՛», «ո՛չ», «չէ՛»*** *պատասխանական բառերը (վերաբերական բառեր), որոնց կից ստորակէտ ալ կը դրուի՝ եթէ նախադասութիւնը դեռ կը շարունակուի։*

Օրինակ՝

— Այդ քերթուածը գոց սորվեցա՞ր։

— Ո՛չ, ժամանակ չունեցայ։

• Կրկնադիր բառերն ալ շեշտ կը պահանջեն։ Օրինակ՝ ***«Թէ՛ կերան-խմեցին, թէ՛ պարեցին»։*** *կամ՝* ***«Վահէ-Վահեան թէ՛ բանաստեղծ է, թէ՛ արձակագիր, թէ՛ խմբագիր եւ թէ՛ գրաքննադատ»։*** *կամ՝* ***«Կա՛մ Հալէպ պիտի մնայ եւ կա՛մ Հայաստան ներգաղթէ»։*** *կամ՝* ***«Ո՛չ լսեցինք, ո՛չ տեսանք»։***

«Ալ» *բառն ալ շեշտ կ՚առնէ՝ երբոր գործածուած է «այլեւս» իմաստով։ Մուշեղ Իշխան գրած էր.*

- Ա՛լ կը բաւէ, Տէ՛ր Աստուած, մեր տունն ու տեղ դարձուր մեզ...։

ՊԱՐՈՅԿԸ (՞) *կը դրուի հարցում արտայայտող դերանուններուն կամ բառերուն վրայ։ Կը կոչուի նաեւ «հարցման նշան»։ Օրինակներ.*

— Ինչո՞ւ կու լաս։ Մայրի՞կդ կը փնտռես։

— Ո՞վ կ՚ուզէք։

— Քանի՞ տարեկան էր ողբացեալը։

— Որչա՞փ պարտական եմ քեզի։

— Նամակը հասա՞ւ։

— Զ՚ո՞ւզեր մեզի ընկերանալ։

Պարոյկը տարբերակն է լատիներէնի հարցման նշանին՝ ?-ին, զոր մենք չենք գործածեր։

Հայերէնը հաւանաբար աշխարհի միակ լեզուն է, ուր հարցման նշանը պարտադրաբար նախադասութեան աւարտին չի դրուիր (եւրոպական լեզուներու կամ արաբերէնի նման), այլ կարելի է զայն դնել նախադասութեան ո՛րեւէ մէկ անդամին վրայ, ըստ պահանջքի։

Պարոյկ ստացող բառը արտասանելու ատեն մեր ձայնը քիչ մը կը բարձրանայ։

- Պարոյկը ուր որ դրուի՝ տուեալ բա՛ռն է որ հարցական դիմագիծ կը ստանայ։ Սերտեցէ՛ք հետեւեալ չորս օրինակները·

— Դուն այսօր թատրո՞ն պիտի երթաս։ (Պատասխանը՝ «Ո՛չ, երգահանդէսի պիտի երթամ»)։

— Դուն այսօ՞ր թատրոն պիտի երթաս։ (Պատասխանը՝ «Ո՛չ, վա՛ղը պիտի երթամ»)։

— Դուն այսօր թատրոն պիտի երթա՞ս։ (Պատասխանը՝ «Այո՛, պիտի երթամ»)։

— Դո՞ւն այսօր թատրոն պիտի երթաս։ (Պատասխանը՝ «Չէ՛, եղբա՛յրս պիտի երթայ»)։

- Հարցական բառեր կամ նախադասութիւններ կապող «թէ» շաղկապը պարոյկ կ՚ուզէ։ Օրինակ՝ **«Շարունակե՞նք պայքարիլ, թէ՞ զէնքերը վար դնենք»**։ Կամ՝ **«Կարմի՞րը նախընտրեցիր, թէ՞ կանաչը»**։ Կամ՝ **«Մնա՞մ, թէ՞ մեկնիմ»**։ Նախադասութիւնները ունին երկու հարցում, հետեւաբար՝ երկու պարոյկ։

- «Միթէ» բառին պարագային՝ պարոյկը կը դնենք «ի» գիրին վրայ։ **«Մի՞թէ տեղեակ չէր պատահածներէն»**։

«Քանիերորդ» բառն ալ, բացառաբար, պարոյկ կ՚առնէ «ի» գիրին վրայ։ **«Քանի՞երորդ ճամբորդութիւնդ է այս մէկը»**։

ԵՐԿԱՐԸ (՜) բացականչութեան նշան է։ Կը դրուի այն բառերուն կամ ձայնարկութիւններուն վրայ, որոնք կ՚արտաբերուին բացականչութեամբ կամ երկարաձգութեամբ։ Շեշտին պէս՝ ա՛ն եւս կը դրուի տուեալ բառին վերջին ձայնաւորին վրայ·

- Ի՜նչ անբեկանելի ու զօրաւոր հաւատք է այս։

- Արցախի կարգ մը գիւղերը, աւա՜ղ, հայաթափուեցան մեր աչքերուն դիմաց։

- Օ՛, որքան կարօտցեր եմ զինք (ձայնարկութիւն)։
- Սագօ՛, լաւ բան չես ըներ...։
- Օգնեցէ՛ք, օգնեցէ՛ք, հրդեհ կայ տան մէջ (հրամայական բայը չեշտի փոխարէն ստացաւ երկար)։

Երկարը միշտ ալ յուզական երանգ մը կու տայ նախադասութեան։ Մինչ այդ նպատակով ալ, մեր հէք բանաստեղծը՝ Մեծարենց, իր քերթուածներէն մէկուն մէջ՝ հրամայական բայերուն վրայի չեշտը փոխարինած էր երկարով.

Շողա՛, շողա՛, բարի՛ արեւ, հիւանդ եմ։

Իսկ Դ. Վարուժան բացականչած էր.

Ցանէ՛, ցանէ՛ նոյնիսկ հեռու սահմանէն,
Աստղերու պէս, ալիքներու պէս ցանէ՛։

● Երկար նշանը կրնանք դնել հեգնական կամ ժխտական իմաստով գործածուած բառին վրայ։ Օրինակ՝ **«Ապետակա՛ն Ֆրանսան սառնասրտութեամբ յանձնեց Կիլիկիան Թուրքերուն»**։ Կամ՝ **«Քաղաքակի՛րթ Եւրոպան բարոյական դասեր կու տայ մեզի»**։

ԲԱՑԱՅԱՅՏՈՒԹԵԱՆ ՆՇԱՆՆԵՐ

Այս նշանները արտասանական բնոյթ չունին, այլ միայն կը նպաստեն բառերու կամ նախադասութիւններու զանազան յարաբերութիւնները երեւան հանելու, բացայայտելու։

Բացայայտութեան նշանները, շատ-շատերու մօտ, չփոթի առիթ կը ստեղծեն։ Մեր ուսանողները չակերտը կը շփոթեն փակագիծին հետ, անջատման գիծը՝ միութեան գծիկին հետ, կախման կէտը՝ բազմակէտին հետ։

Սերտե՛նք իւրաքանչիւրը առանձնաբար։

ՉԱԿԵՐՏԸ (« ») գլխաւորաբար կը ծառայէ ուրիշին ուղղակի խօսքը մէջբերելու համար։ Չակերտ բանալէ առաջ միջակէտ կը դրուի.

- Մայրս յաճախ կը խրատէր.«Տա՛սը չափէ, մէ՛կ կտրէ»։

Այս նախադասութիւնը, ինչպէս անգամ մը նկատել տուի միջակէտին առիթով, կարելի է գրել հետեւեալ ձեւով ալ.

Մայրս յաճախ կը խրատէր.

— Տա՛սը չափէ, մէ՛կ կտրէ։

• Գիրքերու, թերթերու, արուեստի գործերու անունները, մէջբերուած յօդուածներու վերնագրերը՝ բոլո՛րն ալ չակերտի մէջ կ՚առնուին։ Նմանապէս՝ հիմնարկներու, ձեռնարկութիւններու անունները։ Օրինակ՝

*- Անդրանիկ Ծառուկեան երկար տարիներ հրատարակեց **«Նայիրի»** շաբաթաթերթը։*

*- Պատանի տարիքիս երեք անգամ կարդացած եմ Պարոնեանի **«Մեծապատիւ մուրացկաններ»**-ը։*

*- Կոմիտասի **«Կռունկ»**-ը յուզեց ամբողջ սրահը։*

*- Գիրքը լոյս տեսաւ **«Սեւան»** հրատարակչատունէն։*

*- Հիւրերը իջեւանեցան **«Անի»** պանդոկը, **«Հրազդան»** մարզադաշտին դիմաց։*

*- Բանուորները բոլորն ալ կ՚աշխատէին **«Ռընօ»**-ի գործարանը։*

*- Շուրջ քսանհինգ տարի պաշտօնավարեց **«Ռէօթըրս»** լրատու գործակալութեան կեդրոնատեղիին մէջ։*

• Բաղդատել.

- Հայրենիքը դժուարին շրջանէ մը կ՚անցնի ներկայիս։

*- **«Հայրենիք»**-ը դժուարին շրջանէ մը կ՚անցնի ներկայիս։*

*Ա. նախադասութեամբ կ՚ակնարկենք մեր հայրենիքին՝ Հայաստանին, մինչ Բ. նախադասութեամբ կրնանք նկատի ունեցած ըլլալ, զորօրինակ, Պոսթըն հրատարակուող **«Հայրենիք»** լրագիրը։ Չակերտը ամբողջովին փոխեց նախադասութեան իմաստը։*

• Չակերտի մէջ կ՚առնուին որեւէ հեղինակէ կատարուած երկար կամ կարճ մէջբերումները։ Չակերտ չգործածելու պարագային՝ մէջբերումը կարելի է կատարել տողին սկիզբը դրուած անջատման գիծի մը ետեւէն։

• Չակերտի մէջ կ՚առնուին նաեւ հեգնական ու ծաղրական եղանակով կամ հակառակ նշանակութիւն ունեցող բառերը։ Օրինակ՝

- Այդ «իմաստուն»-ը այնպիսի անհեթեթ արտայայտութիւններ ունեցաւ, որ բոլորին ծիծաղը շարժեց։

- Շա՛տ «համեստ» է. որքան շատ գովաբանես, ինքզինք այնքան երջանիկ կը զգայ:

• *Վերջապէս, չակերտին կը դիմենք որեւէ բառ կամ կապակցութիւն ընդհանուր խօսքէն անջատելու եւ տարբերակելու համար: Համակարգչային արդի գրաշարութեան մէջ, երբեմն, նոյն բանը կրնանք ընել տառատեսակը* ***ընդգծելով***, *ինչպէս նաեւ* ***թաւ*** *կամ* ***շեղ*** *գրատեսակ օգտագործելով:*

ՓԱԿԱԳԻԾԸ **()** *կը գործածուի բառի մը կամ անունի մը մասին յաւելուածական կարճ տեղեկութիւն տալու համար: Օրինակ՝*

- Պէրպէրեան վարժարանը (Պոլսոյ լաւագոյն դպրոցներէն մին) Եղեռնէն ետք Գահիրէ փոխադրուեցաւ:

- Ֆրանսահայ վիպագիր Հրաչ Զարդարեան (նահատակ գրագէտ Ռուբէն Զարդարեանի զաւակը) սեւեռումի ենթարկեց սփիւռքեան մեր կեանքին խոցելի երեւոյթները:

- Աւետիք Իսահակեան ծնած է Ալեքսանդրապոլ (այժմ՝ Կիւմրի):

• *Փակագիծի մէջ կ'առնուին նաեւ մեր կողմէ նշուած գիրքի մը մատենագիտական տեղեկութիւնները: Օրինակ՝* ***(«Ուղեւորութիւն Ատրպատականի հայոց թեմում», հեղ.՝ Գրիգոր եպս. Չիֆթճեան, Թաւրիզ, 2017, 546 էջ):***

• *Փակագիծը առատօրէն կը գործածուի թատերգութիւններու բնագրին մէջ՝ երբ հեղինակային նշումներ կ'աւելցուին դերակատար հերոսներու երկխօսութեանց վրայ: Օրինակ՝*

ԿԱՅՍՐԸ — (Կը մտնէ շատ դանդաղ ու խիստ մռայլ եւ լուռ կը նայի քիչ մը) Ի՞նչ կ'ընես հոս:

ԹԷՕՖԱՆՕ — (Ընդոստ) Վա՜յ, ի՛նչպէս վախցուցիր ինծի:

(Լեւոն Շանթի «Կայսրը» երկէն)

• *Փակագիծին աջակողմեան թեւը առանձինն կը գործածենք թուարկումի համար ալ: Օրինակ՝*

Ածականները հայերէնի մէջ երկու տեսակ են.

ա) Որակական ածականներ

բ) Յարաբերական ածականներ

• *Եւ վերջապէս նշենք, որ համակարգիչի վրայ ձեռնտու են փակագիծի քանի մը տեսակներ՝ կիսաբոլորակ, ուղղանկիւն եւ երկթեւ:*

ԱՆՋԱՏՄԱՆ ԳԻԾԸ (—) *կը դրուի նոր տողին ներսէն՝ մէկու մը ուղղակի խօսքէն առաջ, բացատով։ Անիկա կ'օգտագործուի հետեւեալ պարագաներուն մէջ եւս.*

• *Երկու թուականներու միջեւ՝ «մինչեւ» իմաստով։ Օրինակ՝*

- ***Բանաստեղծ Պ. Դուրեան ծնած ու մեռած է Պոլիս*** **(1851—1872)։**

- ***Դարմանատունը բաց է ամէն օր, առաւօտեան ժամը*** **9.00—12.00։**

• *Թատերական գործերու մէջ՝ հերոսներու անուններին ու անոնց ուղղակի արտայայտութեանց միջեւ։ Օրինակ՝*

ՎԱՍԱԿ — Ժողովուրդը ոչխար է, ոչխար, ինչպէս որ տանիս՝ այնպէս ալ կ'երթայ...

ՎԱՐԴԱՆ — Ժողովուրդը ո՛ւժ եւ տոկուն կա՛մք է, լսէ՛ իր ձայնը...

ՎԱՍԱԿ — Բայց ժողովուրդը մե՛նք է որ կը դարբնենք։ Երեսուն տուներ այս կարծիքէն են։

ՎԱՐԴԱՆ — Մենք ժողովուրդին յատկութիւննե՛րը միայն կը յղկենք...։ Իր էութի՞ւնը, ի՛նքը կը կազմէ, ի՛նքը կը դարբնէ...։ Վա՛յ այն ժողովուրդին, որ իր էութեա՛մբ կ'օտարանայ...։

(*Հրանդ Մարգարեանի «Վարդանանք» թատերախաղէն*, 1978)

• *Բառարաններու մէջ՝ բառին ու անոր մասին տրուած բացատրութեան միջեւ։ Օրինակ՝*

ՄՈԳ — Զրադաշտական դենի կրօնաւոր, կախարդ, աստղագէտ։

ԵՐԿՆԱՔԵՐ — Բարձրայարկ շէնք։

• *Անջատման գիծը, երբեմն, կրնանք միացնել իրմէ առաջ դրուած ստորակէտի մը ու այդպիսով կազմել համակցեալ նշան մը, որ ունի իր գործածութեան յատուկ ոլորտները.*

- *Կը տրոհենք մե՛ր իսկ տուած մէկ հարցումին անմիջական պատասխանը։ Օրինակ՝* ***«Ո՞վ պիտի լուծէ այս հարցը,— յայտնի չէ»։ «Ի՞նչ է մեզ յուզող գլխաւոր հարցը,— արտագաղթը»։ «Վայելքը ո՞ւր փնտռել, երազի՞ն մէջ, թէ՞ կեանքին,— չվճռեցինք տակաւին...»։***

- *Կը տրոհենք միջանկեալ նախադասութիւնը՝ երկու կողմէն։ Օրինակ՝* ***«Հայերէնի մեր ուսուցիչները,— բոլորն ալ հեզահամբոյր մարդիկ,— անմոռանալի տպաւորութիւններ թողած են մեր վրայ»։*** *Արտօնուած է, որ այս միջանկեալ նախադասութիւնը տրոհուի նաեւ սոսկ անջատման գիծերով, առանց ստորակէտի։ Այսինքն՝* ***«Հայերէնի մեր ուսուցիչները — բոլորն ալ հեզահամբոյր մարդիկ — ան-***

մոռանալի տպաւորութիւններ թողած են մեր վրայ»։ Անշուշտ, մի-ջանկեալ նախադասութիւնը կարելի է առնել նաեւ փակագիծի մէջ։ Ուրեմն՝ **«Հայերէնի մեր ուսուցիչները (բոլորն ալ հեզահամբոյր մարդիկ) անմոռանալի տպաւորութիւններ թողած են մեր վրայ»։**

- Կը տրոհենք ուղղակի խօսքը՝ անոր յաջորդող հեղինակային խօսքէն։ Օրինակ՝

— Նորե՞ն գողնոցդ աղտոտեր ես, Իսկուհի՛,— բարկացաւ մայրը իր աղջկան։

— Առաջի՞ն անգամն է որ այս քաղաքը կ՚այցելէք,— հարցուց վա-րորդը օտարականին։

— Պոլիսը շատ պիտի սիրէք,— ըսաւ Վահրամ,— աշխարհագրական աննման դիրք մը ունի։

ՄԻՈՒԹԵԱՆ ԳԾԻԿԸ (-), *որ աւելի կարճ է անջատման գիծէն, կը միացնէ երկու բառեր՝ իբրեւ բառական մէկ ամբողջութիւն, ա-ռանց բացատի։ Օրինակներ՝* **«տուն-տուն պատեցաւ ու դէպքը պատմեց ամէնուն»։ «Տեսակ-տեսակ ծաղիկներ ժողվեց»։ «Դեռ գրել-կարդալ չի գիտեր»։ «Ոլոր-մոլոր կածաններէ մագլցեցան լեռն ի վեր»։ «ԲԱԳԻՆ-ը գրական-մշակութային պարբերաթերթ է»։ «Զօր. Անդրանիկ խորհրդանիշն է մեր ազգային-ազատագրական պայքարին»։ «Հայ-վրացական յարաբերութիւնները ե՞րբ պիտի բա-րելաւուին»։ «Այցելեցինք Թումանեանի տուն-թանգարանը»։**

• *Միութեան գծիկը կը գործածուի ցոյց տալու համար մօտա-ւոր թիւեր կամ բաշխական թուականներ։ Օրինակ՝* **«Հինգ-վեց ժա-մէն ճամբորդը հասած պիտի ըլլայ իր երկիրը»։ «Երեք-չորս քիլօ խնձոր գնեցի»։ «Աշակերտները չորս-չորս ներս առնուեցան»։**

• *Անով կը գրենք երկու բաղադրիչով կազմուած յատուկ ա-նուններն ու մականունները՝* **Նար-Դոս, Գամառ-Քաթիպա, Վահէ-Վահեան, Սայաթ-Նովա, Զորք-Մարզպան, Տարօն-Տուրուբերան, Հիլտա Գալֆայեան-Փանոսեան** *եւ այլն։*

• *Անով կը միացնենք թուային միաւորն ու տառային միաւո-րը՝ իբրեւ մէկ ամբողջութիւն։ Օրինակ՝* **«Նշուեցաւ Միսաք Մեծա-րենցի ծննդեան 100-ամեակը»։** *կամ՝* **«Ամսուն 10-ին վերադարձած կ՚ըլլայ արձակուրդէն»։** *կամ՝* **«Բժիշկին դարմանատունը կը գըտ-նուի 3-րդ յարկին վրայ»։**

• Յապաւուած կամ կրճատուած անուններու հոլովական վերջաւորութիւնները՝ **ՄԱԿ-ի ընդհանուր ժողով, ՀՕՄ-էն եկած օժանդակութիւն, Հ.Բ.Ը.Մ.-ի դրասենեակ, Վազգէն Ա.-ի պատգամը** եւ այլն։

• **Փոխ, ներ, միջ, յետ** բաղադրիչներով սկսող բառերը գծիկ չեն պահանջեր։ Կը գրենք՝ **փոխնախարար, փոխտնօրէն, միջեկեղեցական, միջհամայնքային, ներկուսակցական, ներազգային, յետեղեռնեան**...։

Եւ վերջապէս՝ նշենք ափսոսանքով, որ համակարգչային գրաշարութեան մէջ անջատման գիծն ու միութեան գծիկը զատորոշելի չեն այլեւս։ Թելադրելի է ուստի, որ անջատման գիծը պահպանենք՝ միութեան զոյգ գծիկներու կցումով (--)։

ԿԱԽՄԱՆ ԿԷՏԸ (...) կը բաղկանայ հորիզոնական դիրքով երեք կէտերէ։ Զայն կը գործածենք նախադասութեան միտքը կամ անկէ ցոլացող թաքուն յուզումը կիսաւարտ ձգելու նպատակով, որպէսզի ընթերցողը ի՛նք զգայ ու ապրի այդ յոյզը կամ մտորումը։

Կախման կէտը թէեւ առաւելաբար կը դրուի նախադասութեան աւարտին, այնուհանդերձ կարելի է զայն գործածել նախադասութեան սկիզբը ու մէջտեղն ալ։ Մասնաւորաբար թատերական երկերու մէջ, կախման կէտին յաճախակի գործածութեամբ՝ հեղինակը կը ջանայ իր հերոսին չափազանց յուզուած կամ այլայլած հոգեվիճակը բացայայտել։ Օրինակ՝

— Ի՞նչ...ի՞նչ ըսիր...անկարելի է նման բան...։ Զեմ հաւատար որ ինքնասպան եղած կրնայ ըլլալ...։ Զէ՛, չէ՛..., սխալ է այս լուրը։ Աստուա՛ծ իմ, այս ինչ աղէտ պայթեցաւ մեր գլխուն...։

Կախման կէտը շատ դիպուկ կերպով կրնանք գործածել նաեւ երգիծանքի մէջ, ծիծաղելիութիւնը ուշագրաւ դարձնելու համար։ Օրինակ՝ **«Պատկերացուցէ՛ք փիղ մը... յախճապակիի վաճառատան մը մէջ»**։ Կամ՝ **«Այսքան երկար սպասումէ ետք... լեռը մուկ մը ծնաւ»**։

ԲԱԶՄԱԿԷՏԸ (....) կը բաղկանայ չորս կամ աւելի կէտերէ։ Հեղինակը դիտմամբ կ՚ընդհատէ իր խօսքը, թերեւս անվայել կամ անպատշաճ համարելով նկարագրել տեսարան մը, որ ընթերցողին կողմէ կրնայ պատկերացուիլ դիւրութեամբ։ Օրինակ՝

- Ներքին անզսպելի կրակ մը բոցավառեց զիրենք յանկարծ, տաք-տաք համբոյրներ փոխանակեցին իրարու հետ, ապա մարեցին սենեակին լոյսերը ու անձնատուր եղան զերազոյն հաճոյքին.....

• Բազմակէտը նաեւ գեղչման նշան է։ Երբ ընդարձակ մէջբերումի մը կարգ մը տողերն ու հատուածները աւելորդ կամ անկարեւոր սեպենք՝ այդտեղ բազմակէտ կը դնենք, հատուածին կրճատուած, գեղչեալ ըլլալը հասկցնելու համար։

ԱՊԱԹԱՐՑԸ (’) կը գործածենք գեղչուած ձայնաւորին փոխարէն, յա՛տկապէս բայերու ներկայ եւ անկատար անցեալ ժամանակի «կը» մասնիկին «ըթ» գիրին սղման ատեն։ Օրինակ՝ **«Դրացիները կ’օգնէին իրեն տեւաբար, կ’եփէին իր ճաշը, կ’իջեցնէին զինք պարտէզ՝ մաքուր օդ շնչեցնելու համար»։**

Ժխտական **«չ»** մասնիկին քով ալ ապաթարց կը դրուի, ՄԻՄԻԱՅՆ մէկ պարագայի՝ երբ կը գործածենք ձայնաւորով սկսող բայի մը սահմանական եղանակի ներկայ ժամանակի եզակի Գ. դէմքը։ Օրինակ՝ **«Զ’ուզեր այդ պարտականութիւնը ստանձնել»։ «Պետութիւնը չ’արտօներ որ ցոյցեր կատարուին»։ «Տունէն դուրս չ’ելլեր բնաւ»։** Այս միակ պարագայէն զատ՝ «չ» մասնիկը ո՛չ մէկ ատեն ապաթարց կ’առնէ։

ԵՆԹԱՄՆԱՆ (-) այն գծիկն է, որով կը կիսենք բառերը տողադարձի ատեն։ Երբ կարելի չըլլայ բառ մը նոյն տողին վրայ գրել լրիւ, ապա ստիպուած ենք զայն կիսել տողին վերջաւորութեան. տողադարձել։

Տողադարձ կատարելու համար նկատի պէտք է ունենալ 3 մայր սկզբունքներ.

ա) Վանկատում, որ հիմքն է տողադարձին։ Օրինակներ՝ **պարտիզպան (կամ պարտիզ-պան), դա-սարան (կամ դասա-րան), խաղաղութիւն (կամ խաղա-ղութիւն, խաղաղու-թիւն), լու-սաւոր (կամ լուսա-ւոր), գի-շերապահ (կամ գիշե-րապահ, գիշերա-պահ)։**

բ) Ստուգաբանական տողադարձ կիրարկել՝ հո՛ն ուր պէտք է։ Այստեղ նկատի չ’առնուիր վանկատումը։ Օրինակ՝ **այս-օր, այսինքն, ամէն-օրեայ, բազմ-ամեայ, բաց-արձակ, կենս-ուրախ,**

շրջան-աւարտ, շարժ-առիթ, մեն-երգ, դիրք-որոշում, հատ-ընտիր, տաք-արիւն, համա-լսարան, համա-կրանք, մակա-գրել, խմբա-գրել, նորա-ստեղծ, բանա-ստեղծութիւն, չարա-դրութիւն, պարտա-դրել, բացա-տրական, բանջար-եղէն, երկարա-կեաց, թեր-աճ, փոխ-արժէք, մակ-երես, գեր-իշխել, ապ-ազգային, գոյն-զգոյն, մէկ-զմէկու եւ այլն։

գ) Այնպէս մը տողադարձել, որ թէ՛ բառին արտաքին պատկերը չձեւափոխուի, թէ՛ ալ տողադարձուած բառը ճիշդ հնչուի ու կարդացուի։ Այսինքն՝ աչքն ու ականջը գոհացում ստանան միաժամանակ։ Կարելի եղածին չափ խուսափիլ սուղ «ըթ»-ի գործածութենէն։ Երկբարբառը (իա, ուա, ուե, ուի...) անցընել վարի տողը՝ զինք նախորդող բաղաձայնին հետ միասին, ինչպէս՝ **Սու-րիա, Իտա-լիա, Մա-րիամ, ամ-պիոն, ով-կիանոս, հե-քիաթ, Աս-տուած, պա-տուէր, զի-նուոր, կախակա-յուած, նա-յուածք, հա-շուեց, կարդա-ցուիլ, ար-ծուիկ, լե-զուական, մա-հուան, խա-բուած, արժանապա-տուութիւն...**։ Պատճառական բայերու «ցնել» վերջաւորութեան պարագային՝ «ց» գիրը թողուլ վերի տողին վրայ՝ **յոգնեց-նել, կերց-նել, հարց-նել...**։

Թելադրելի է չտողադարձել այն բառերը, որոնք իրենց առաջին վանկին մէջ ունին միակ բաղաձայն գիր մը՝ սուղ «ըթ»-ով։ Օրինակ՝ սպայ, նուէր, նուագ, Դուին, քուէ, բլուր, բժիշկ, գլուխ, խրատ, զգալ, չտապ։ Առաջին վանկին մէջ երկու կամ երեք բաղաձայնի գոյութեան պարագային՝ կարելի՛ է տողադարձել սուղ «ըթ»-ի օժանդակութեամբ։ Օրինակ՝ **խըմ-բակ, պըղ-տոր, վըս-տահ, գըն-դակ, շըր-ջել, մթըն-շաղ, Մկըր-տիչ, խընդ-րայարոյց, հընդ-կահաւ** եւ այլն։

ԲՈՎԱՆԴԱԿՈՒԹԻՒՆ

ՀԵՂԻՆԱԿԻՆ ՀՐԱՏԱՐԱԿԵԱԼ ՆԱԽՈՐԴ ԳՈՐԾԵՐԸ

1. ***«Մհերին աչքերը»*** *(առողջապահական խրատներ հայ փոքրիկին), արաբերէնէ թարգմանութիւն, Հալէպ*, 1995, 24 *էջ*։
2. ***«Յաւերժօրէն սիրելի "մերին Պոլիսը"»***, *Իսթանպուլ*, 2003, 176 *էջ, հրատարակութիւն «Մարմարա» օրաթերթի*։
3. ***«Դասընթացք Հայ Եկեղեցւոյ պատմութեան»*** *(սկիզբէն մինչեւ ԺԲ. դար), մեքենագիր, օգտագործելի՝ Համազգայինի Հալէպի Հայագիտական Հիմնարկէն ներս*, 2009։
4. ***«Պուէնոս Այրէս, Արմենիա փողոց»*** *(նոթեր եւ նիշեր Հարաւային Ամերիկայէն), Գալիֆորնիա*, 2014, 204 *էջ*։
5. ***«Դեգերումներ հայ գիրի եւ պատմութեան գետեզրին»*** *(Ա. հատոր), Հալէպ*, 2016, 320 *էջ, հրատարակութիւն «Այգ» մատենաշարի (թիւ* 20)։
6. ***«Լեռնականներու վերջին շառաւիղը՝ Սիմոն Սիմոնեան»***, *Երեւան*, 2016, 68 *էջ*։
7. Simon Simonian . The last scion of the mountaineers, *անգլերէն թարգմանութիւն՝ Վահէ Աբէլեանի, Միացեալ Նահանգներ*, 2017, 140 *էջ*։
8. ***«Դեգերումներ հայ գիրի եւ պատմութեան գետեզրին»*** *(Բ. հատոր), Հալէպ*, 2018, 320 *էջ, հրատարակութիւն «Այգ» մատենաշարի (թիւ* 22)։
9. ***«Սփիւռքահայ գրականութիւն»*** *(գրական դէմքեր եւ ընտրանի նմուշներ), մեքենագիր, օգտագործելի՝ Համազգայինի Հալէպի Հայագիտական Հիմնարկէն ներս*, 2020։
10. ***«Դեգերումներ հայ գիրի եւ պատմութեան գետեզրին»*** *(Գ. հատոր), Հալէպ*, 2021, 320 *էջ*։

Հեղինակին հասցէն՝ E-mail: sharoyanlevon@gmail.com

Published by www.ConsiderConsultancy.com
Director: Hrach Kalsahakian

Շառոյեան Լեւոն
Գրականաշունչ պտոյտ՝
այբուբենի տառերուն հետ

ՀՏԴ 811.19
ԳՄԴ 81.51
Շ 326

ISBN 978-9939-0-3999-2

ISBN 978-9-93-903999-2
9 789939 039992 >

www.ingramcontent.com/pod-product-compliance
Ingram Content Group UK Ltd.
Pitfield, Milton Keynes, MK11 3LW, UK
UKHW061706190726
13853UKWH00008B/2441